本书受到 2021 年湖北省社科基金后期资助项目"新时代普通高校体育治理结构优化研究"（编号：2021323）的支持。

Research on the Governance Structure Optimization
of Physical Education in Chinese Universities

汪如锋◎著

中国普通高校
体育治理结构优化研究

中国社会科学出版社

图书在版编目（CIP）数据

中国普通高校体育治理结构优化研究/汪如锋著.—北京：中国社会科学出版社，2022.9

ISBN 978-7-5227-0793-8

Ⅰ.①中… Ⅱ.①汪… Ⅲ.①高等学校—体育教学—教学管理—中国 Ⅳ.①G807.4

中国版本图书馆 CIP 数据核字（2022）第 152949 号

出 版 人	赵剑英
责任编辑	黄 晗
责任校对	朱妍洁
责任印制	王 超

出　　版	中国社会科学出版社
社　　址	北京鼓楼西大街甲 158 号
邮　　编	100720
网　　址	http://www.csspw.cn
发 行 部	010-84083685
门 市 部	010-84029450
经　　销	新华书店及其他书店
印　　刷	北京明恒达印务有限公司
装　　订	廊坊市广阳区广增装订厂
版　　次	2022 年 9 月第 1 版
印　　次	2022 年 9 月第 1 次印刷
开　　本	710×1000　1/16
印　　张	20
插　　页	2
字　　数	308 千字
定　　价	108.00 元

凡购买中国社会科学出版社图书，如有质量问题请与本社营销中心联系调换
电话：010-84083683
版权所有　侵权必究

前　言

高校体育不仅具备强健体魄、愉悦身心的运动价值，而且拥有锤炼意志、健全人格的教育功能。高校体育治理结构，是体育治理过程中权力分配架构和权力运行机制的组织与制度安排，优化高校体育治理结构有助于推动高校体育职能的有效发挥。近年来，大学生体质健康低水平徘徊的现实，折射出对高校体育治理效能提升的愿望；利益相关主体参与缺位的困境，揭示了高校体育治理的组织制度建设有待加强；高校体育工作管理体制的路径依赖，期待高校体育治理结构进行必要调整。本书在剖析高校体育治理结构问题与困境基础上，尝试重构高校体育各利益主体权力架构和制度体系，建立更加多元开放的治理结构和运行机制，为普通高校体育治理创新改革提供理论参考和实践借鉴。

本书基于"行动者—系统—动力学"理论，融合治理理论和利益相关者理论，形成理论分析框架——"SPE"协同理论，借助扎根理论确立了体育治理结构研究的三个核心要素：治理主体、治理制度和治理环境，运用文献研究法与调查法（问卷调查、个案访谈、实地调研），展开学理研究与实践路径探索，梳理新中国成立以来高校体育治理结构的历史经验，分析西方发达国家高校体育治理结构的特征，调查当前中国高校体育治理结构的实然状态、面临的挑战与困境，结合新时代中国普通高校体育治理结构的现实情景与治理愿景，提出中国普通高校体育治理结构优化的模型与建议。

回溯中国普通高校体育治理结构的演进历史，大致可分为三个阶段：新中国成立与建设时期的机械模仿与自主探索阶段（1949—1977年）、国家改革开放时期的艰难恢复与稳步发展阶段（1978—2011年）、进入新时代以来的锐意改革与特色重塑阶段（2012年至今）。深究其发展动因，国家文件法规是高校体育治理结构变迁的主要驱动力，经济社会发展促进高校体育价值功能的进一步彰显，国家体育事业转型升级为高校体育提供了新机遇，高校人才培养新定位带来高校体育综合职能的新转变。总结高校体育治理的历史经验发现，高校体育管理模式始终坚持以行政管理体制为主导、高校体育管理架构以教学部门为主体、高校体育管理制度以贯彻执行上级文件为主旨。

普通高校体育尽管在职能发挥中取得了较大成效，但在治理结构方面依然存在诸多矛盾与困境，具体表现为：第一，因学校对体育工作重视不足、国家对高校体育监管不够，造成国家相关政策贯彻执行不彻底；第二，由于高校体育管理体制与运行机制呈现路径依赖，带来的是治理创新能力不足，迫切要求高校体育从管理走向治理；第三，高校职能部门赋予师生体育权利的意识不强、高校师生主动参与体育治理的动力不足，以及高校体育教师群体的治理主体缺位，致使师生体育权利保障不足；第四，高校体育制度建设滞后，导致高校诸多事务无章可循或行政指令代替治理规律，高校体育治理法治化进程有待提速；第五，由于政府作为高校体育外部治理主体的单一性、高校相关规章制度不完善，造成体育治理环境不佳，组织机构运行缺乏活力且泛行政化等问题突出。

研究表明，美国、德国、英国等西方发达国家高校由于高校体育治理起步早，大学体育生活化普及程度较高，加之校园体育竞技文化历史悠久，各大学建构和形成了较为完善的治理组织架构、制度体系与环境保障，如美国通过校际体育联赛构建高校体育治理体系、德国通过培育社团组织提升高校体育治理效能、英国通过政府宏观调控配置高校体育治理资源。其特点体现为治理主体的多样性与代表性、治理制度的渐进性与科学性、治理环境的适宜性与协同性。促进高校体育利益主体参与共同治理、建构和完善强有力的执行制度体系、密切和强化高校与政府互动关系、推进高校学生体育社团组织培育和构建体教融合育人机制等经验，值得国内高校选择性地学习借鉴。

基于中国高校体育治理的历史成就和现实诉求，结合西方高校的优化经验，立足高校体育新发展格局，本书构建了"塔式"高校体育治理结构优化模型，将高校体育治理监督体系、决策体系与执行体系进行了组织结构重新安排，以明晰高校体育事务各责任主体的责权边界，并形成相对合理的权力制衡约束机制和权力运行传导机制。本书从组织架构、治理主体、治理制度、治理环境等方面，给出中国普通高校体育治理结构的优化建议：第一，在组织创新方面，构建高效协同化的体育治理组织架构，重组优化高校体育决策部门、执行部门和监察部门配置，成立校体育工作领导小组、组建实体机构校体育工作委员会、设立学校体育服务中心、配备专职管理人员和工作人员；第二，在治理主体方面，平衡权力配置、扩大师生民主参与渠道，密切和强化高校体育治理主体间的协同联动关系；第三，在治理制度方面，建构和完善科学决策制度、高效执行制度及务实监察制度，促进高校体育治理制度化、规范化与法治化，形成协同均衡的高校体育治理制度；第四，在治理环境方面，充分利用政府政策法规环境，建设和优化高校体育制度运行的软硬件环境，形成内外双循环一体化的高校体育治理环境。

目　　录

第一章　绪论 …………………………………………………… (1)

第一节　选题缘由 ……………………………………………… (1)
一　高校体育治理效能期求提升 …………………………… (2)
二　高校体育管理体制需要调整 …………………………… (4)
三　高校体育治理结构亟待优化 …………………………… (5)

第二节　研究意义 ……………………………………………… (7)
一　理论意义 ………………………………………………… (8)
二　实践意义 ………………………………………………… (9)

第三节　研究文献综述 ………………………………………… (11)
一　高校体育管理研究 ……………………………………… (13)
二　高校体育治理研究 ……………………………………… (20)
三　高校体育治理结构研究 ………………………………… (24)
四　研究评价与趋势展望 …………………………………… (40)

第四节　研究对象、思路与方法 ……………………………… (42)
一　研究对象 ………………………………………………… (42)
二　研究思路 ………………………………………………… (42)
三　研究方法 ………………………………………………… (43)

第五节　研究重难点和创新点 ………………………………… (46)
一　研究重点与难点 ………………………………………… (46)
二　研究创新点 ……………………………………………… (49)

第二章 关于普通高校体育治理结构的理论认识 ……………… (52)
第一节 核心概念界定 ……………………………………… (52)
一 高校体育 …………………………………………… (52)
二 治理结构 …………………………………………… (55)
三 高校体育治理结构 ………………………………… (57)
第二节 理论基础分析 ……………………………………… (58)
一 治理理论 …………………………………………… (58)
二 利益相关者理论 …………………………………… (62)
三 "行动者—系统—动力学"理论 ………………… (64)
第三节 本研究的理论分析框架 …………………………… (67)
一 理论框架的形态阐释 ……………………………… (69)
二 理论框架的要素分析 ……………………………… (70)
三 理论框架的特征解读 ……………………………… (72)

第三章 中国普通高校体育治理结构的历史回溯 ……………… (75)
第一节 高校体育治理结构的历史阶段特征 ……………… (75)
一 新中国成立与建设时期：机械模仿与自主探索 …… (76)
二 国家改革开放时期：艰难恢复与稳步发展 ……… (80)
三 进入新时代以来：锐意改革与特色重塑 ………… (85)
第二节 高校体育治理结构的历史变迁动因 ……………… (89)
一 经济和社会发展促进高校体育价值功能彰显 …… (89)
二 国家体育事业转型发展生发高校体育新动力 …… (92)
三 高校人才培养新定位带来高校体育职能转变 …… (93)
第三节 高校体育治理结构的历史经验反思 ……………… (96)
一 高校体育治理模式始终坚持行政主导 …………… (96)
二 高校体育治理架构以教学部门为主体 …………… (98)
三 高校体育治理制度主要贯彻上级文件 …………… (102)

第四章 中国普通高校体育治理结构的现状考察 ……………… (105)
第一节 调查核心要素确立 ………………………………… (105)

一　扎根理论方法的运用 …………………………………（106）
　　二　研究抽样与资料处理 …………………………………（107）
　　三　核心要素模型的构建 …………………………………（117）
第二节　高校体育治理结构调查设计与过程 …………………（119）
　　一　调查问卷设计 …………………………………………（119）
　　二　调查样本选取 …………………………………………（126）
第三节　高校体育治理结构调查结果分析 ……………………（130）
　　一　当前高校体育治理结构总体评价 ……………………（130）
　　二　治理主体—制度—环境与高校体育治理效果的
　　　　相关性 ……………………………………………………（131）
　　三　治理主体—制度—环境对高校体育治理效果的
　　　　回归分析 …………………………………………………（133）
　　四　体育治理效果的中介效应 ……………………………（141）
第四节　高校体育治理结构问题聚焦 …………………………（142）
　　一　高校体育治理组织机构职责缺失 ……………………（143）
　　二　高校体育治理利益主体参与缺位 ……………………（155）
　　三　高校执行文件与制度建设待强化 ……………………（162）
　　四　高校体育软硬件环境保障待完善 ……………………（166）

第五章　中国普通高校体育治理结构问题成因探析 …………（171）
第一节　历史因素与现实因素：管理体制固化、管理观念
　　　　滞后 ……………………………………………………（172）
　　一　体育管理体制机制呈现路径依赖 ……………………（173）
　　二　体育职能部门领导管理观念陈旧 ……………………（178）
第二节　主观因素与客观因素：革新意愿欠缺、体育地位
　　　　弱势 ……………………………………………………（183）
　　一　校领导缺少治理改革创新主动性 ……………………（183）
　　二　高校体育工作整体处于弱势地位 ……………………（185）
第三节　外部因素与内部因素：外部监管松散、内部执行
　　　　欠佳 ……………………………………………………（187）

一　高校体育文件落实监管缺位 …………………………………（188）
　　二　国家体育文件贯彻高校执行偏差 ……………………………（190）

第六章　部分发达国家高校体育治理结构经验分析 …………………（195）
第一节　部分发达国家高校体育治理结构形成的路径 …………（195）
　　一　美国：借助校际体育联赛构建高校体育治理体系 …………（197）
　　二　德国：利用培育社团组织提升高校体育治理效能 …………（203）
　　三　英国：通过政府宏观调控配置高校体育治理资源 …………（206）
第二节　部分发达国家高校体育治理结构呈现的特征 …………（211）
　　一　高校体育治理主体的多样性与代表性 ………………………（212）
　　二　高校体育治理制度的渐进性与科学性 ………………………（214）
　　三　高校体育治理环境的包容性与协同性 ………………………（216）
第三节　部分发达国家高校体育治理结构构建的经验 …………（218）
　　一　鼓励和促进体育利益主体参与治理 …………………………（219）
　　二　建构和完善强有力的执行制度体系 …………………………（220）
　　三　密切和强化高校与政府的互动关系 …………………………（221）
第四节　部分发达国家高校体育治理结构的局限与启示 ………（224）
　　一　部分发达国家高校体育治理结构的局限 ……………………（224）
　　二　部分发达国家高校体育治理结构的启示 ……………………（226）

第七章　中国普通高校体育治理结构优化策略 ………………………（231）
第一节　高校体育治理结构优化的目标与原则 …………………（232）
　　一　高校体育治理结构优化的目标 ………………………………（232）
　　二　高校体育治理结构优化的原则 ………………………………（235）
第二节　高校体育治理结构优化的模型构建 ……………………（239）
　　一　高校体育治理"塔式"结构模型创设 ………………………（239）
　　二　高校体育治理"塔式"结构层次解读 ………………………（242）
　　三　高校体育治理"塔式"结构要素阐释 ………………………（243）
　　四　高校体育治理"塔式"结构具体职能剖析 …………………（250）
第三节　高校体育治理结构优化的落实建议 ……………………（255）

  一 搭建高效协同的高校体育治理主体组织架构 …………(255)
  二 重塑多元主体联动的高校体育治理关系 ……………(258)
  三 健全科学规范的高校体育治理制度体系 ……………(263)
  四 营造校内外双循环的高校体育治理环境 ……………(268)

第八章 结论 ……………………………………………………(281)

第一节 主要观点 ……………………………………………(281)

  一 优化高校体育治理结构是新时代高校体育履行职责
    使命的必然选择 ……………………………………(281)
  二 "塔式"结构模型可作为高校体育治理结构优化的
    努力方向 ……………………………………………(282)
  三 构建高效协同化的组织架构是高校体育治理优化的
    组织保障 ……………………………………………(282)
  四 利益相关主体间的联动是高校体育治理结构优化的
    行动者保证 …………………………………………(283)
  五 科学务实的制度建设是高校体育治理结构优化的
    系统保证 ……………………………………………(283)
  六 内外环境循环驱动是高校体育治理结构优化的动力
    保证 …………………………………………………(283)

第二节 研究局限 ……………………………………………(284)

  一 样本分布的广泛性与样本抽取的代表性 ……………(284)
  二 高校类型的差异性与研究结论的适切性 ……………(284)

第三节 后续研究设想 ………………………………………(285)

  一 针对本书的结论拟展开实证探索 ……………………(285)
  二 高校体育治理效能评价标准研究 ……………………(285)
  三 社会力量参与高校体育治理探究 ……………………(286)

参考文献 ……………………………………………………………(287)

第 一 章

绪　　论

第一节　选题缘由

高校体育是国家教育部明确规定的大学生必修课程,旨在通过体育教育与体育活动,使大学生"享受快乐、增强体质、健全人格、锤炼意志",在运动中发展出有益心理、道德与社会层面的价值观。高校体育工作是促进大学生体魄强健的重要手段,是国家实施健康中国战略和体育强国战略的重要支点,是为党育才、为国育人的重要途径。立足新发展阶段,中国高等教育面向未来,最关键的是大学要真正回归到人才培养的核心使命和任务上来[1],把提高学生体质健康、体育促进身心和谐发展,作为学校体育工作的核心任务[2]。"青年兴则国家兴,青年强则国家强"[3],而健康则是"青年兴""青年强"的基石。纵观世界一流大学,办学模式各不相同,但对学校体育的重视却是高度一致的,部分世界知名大学也因体育而蜚声国际。

多年来,高校体育在培养体魄强健、身心健康的社会主义建设者和接班人工作中做出了巨大贡献,在肯定历史成就的同时,我们也应该看到,高校体育治理成效和治理水平距离国家与人民满意的结果还有一定

---

[1]　林建华:《面向未来的中国高等教育》,《教育研究》2019 年第 12 期。
[2]　刘玉、朱毅然:《新时代我国体育治理的经验审视、时代使命与改革重点》,《天津体育学院学报》2021 年第 1 期。
[3]　习近平:《决胜全面建成小康社会　夺取新时代中国特色社会主义伟大胜利——在中国共产党第十九次全国代表大会上的报告》,《人民日报》2017 年 10 月 28 日第 1 版。

差距，实际工作中还存在诸多亟须解决的问题。比如：为什么大学生体质健康状况多年得不到明显扭转；为什么国家不断出台法规文件来加强高校体育工作而执行落实情况不佳；为什么作为利益相关者的高校师生在学校体育治理中却话语权缺失；为什么高校体育沿袭多年的管理体制弊端凸显而改革乏力；为什么高校体育运动委员会的应尽职能发挥不足；为什么谈起高校体育多数人的印象是"高校体育工作＝体育部/学院的工作"；等等。针对上述问题，可能有多种解释和答案，有的措施也许可解决一部分问题，然而这种"缝缝补补"式的改进办法，显然已不适应新时代推进高等教育治理现代化的改革举措。通过探究高校体育治理中的深层次矛盾，剖析形成高校体育治理困局的原因，进而提出高校体育治理改革措施建议，将有利于高校体育综合育人职能的全面彰显和有效发挥。

高校体育治理话题是近十年来学者才逐步关注的领域，不是因为高校体育没有治理的必要，而是高校体育治理主体间的利益冲突不像高校学术权力与行政权力那么尖锐明显，加之高校体育更多体现了政府意志，学界对治理现状与问题的关注多体现在体育课程教育教学改革和校园体育文化构建等层面。随着党和国家对高校体育工作的进一步重视，学生公民意识增强带来体育治理话语权的需求，教职工体育健身权利诉求也进一步显性化，过去一个部门（体育部）管到底的管理模式显然已经难以适应新时代的要求，高校体育治理结构必然要进行改革创新，治理结构优化自然成为改革创新的研究焦点。

一 高校体育治理效能期求提升

大学生体质健康低水平徘徊，高校体育治理效能有待提升。体育是教育的重要组成部分，其功能既包括锻炼身体、增强体质，也包括塑造品格、养成精神[1]。提升学生身心健康水平、促进其德智体美劳全面发展，是学校体育的历史责任与时代使命。著名教育家蔡元培先生认为"完全人格，首在体育"。作为学校体育的最后阶段，高校体育在深化青

---

[1] 周叶中：《高度重视体育的育人功能（新论）》，《人民日报》2021年4月9日第7版。

年体育价值认同,实现体育健身个体人本价值、强国价值、社会价值、学科价值协调发展方面,具有关键的地位和作用。这一地位和作用,很大程度上最终体现在大学生身心健康水平上,大学生体质健康水平是衡量大学生综合素质的重要标尺,也是开展教育督导评估工作的重要指标[1]。从理论上讲,在国家重视、社会支持、高校努力下,大学生身心健康水平应该较为理想,但事实并非如此。

国务院办公厅《关于强化学校体育促进学生身心健康全面发展的意见》(国办发〔2016〕27号)指出,"学校体育仍是整个教育事业相对薄弱的环节,学生体质健康水平仍是学生素质的明显短板。"2020年1月3日,由中国青年报社等机构共同发布的《2020中国大学生健康调查报告》显示,大学生体育核心素养不高,高校体育运动健康促进工作有待强化。多年来大学生体质状况堪忧,已成为高等教育中的突出问题和社会关注的热点问题。多年来,高校体育经历了"劳卫制""为国争光计划""素质教育""快乐体育""成功体育""终身体育""健康第一""体教融合"等系列教育理念的更迭,如今似乎出现了无所适从的迷茫。究其原因,有其多年来"应试教育指挥棒"的历史问题,也有学生"喜欢体育但不喜欢体育课"的客观现实困境,其中一个根本性要素不容忽视,即高校体育治理效能问题[2]。随着中国探索现代大学制度步伐的加快和完善,高校内部治理结构目标的提出,创新大学课程管理制度已经成为改革中国现行教育教学管理弊端、提升大学课程质量的重要手段,同时也为高校体育治理改革创新提供了契机。2020年10月15日,中共中央办公厅、国务院办公厅印发《关于全面加强和改进新时代学校体育工作的意见》(简称"《意见》")指出,"学校体育是实现立德树人根本任务、提升学生综合素质的基础性工程",具有最深层的育人价值内核[3]。

---

[1] 卓晗、周超、周正卿:《大学生体质健康干预研究》,《学校党建与思想教育》2020年第21期。

[2] 樊莲香、孙传方、庄巍:《治理视域下学校体育政策执行过程机制研究》,《体育学刊》2020年第6期。

[3] 冯刚、陈飞:《新时代高校体育的育人蕴涵与实现路径》,《中国高等教育》2020年第12期。

面对大学生体质健康素质多年得不到有效扭转的现实，高校体育工作，亟须提质增效，尤其在贯彻落实国家和部委有关学校体育的文件上，高校应建立强有力的组织保障和能切实坚定执行的监察机制[①]。特别是党的十九大以来，大学生的体质健康水平逐渐成为评判高校体育工作成效的重要指标，大学生实然体质健康水平与应然水平的巨大反差，一定程度上反映了中国普通高校体育内部治理的失灵与失效，就高等教育立德树人，培养大学生成为体魄强健、身心俱健高素质人才的使命而论，高校体育治理水平和治理效能亟待提升。

二 高校体育管理体制需要调整

高校体育工作组织保障不力，体育管理部门关系亟待调整。当前，中国大部分高校体育管理体制和运行机制基本沿袭20世纪七八十年代的模式，即"学校体育运动委员会—体育教学部—体育教师"垂直科层制的管理模式。这一管理格局在特定的历史时期对高校体育的有序开展起到了巨大作用，这一点是不可否认的。近年来，高校体育工作呈现出新的需求和新的变化，如体育在人才培养战略中的重要作用得到逐步认同、大学生体育组织化与个性化的需求增加、高校体育公共服务职能进一步拓展等。从制度设计而言，高校体育管理体制滞后、松散不健全的现实，已得到学界印证[②]，有待形成多主体参与和协商共治格局[③]。诚然，这些需求变化对多年来形成的高校体育管理惯习带来了较大挑战，很大程度上冲击了传统科层制的结构与机制，亟须变革。

学校体育运动委员会（简称"体委"），是高校体育工作的最高决策机构，承担着审议、决策、协调、监督高校各项体育工作的职责，但现实中存在"三无"现象——无专职管理干部、无专职工作人员、无专属

---

① 陈悠、汪晓赞、高路：《国际视野下的高校学生体育健康促进路径探索》，《江苏高教》2021年第2期。

② 徐荣、谌俊斐、徐焰、廖文辉：《广东省大学生体质健康监测评价管理现状与对策研究》，《高教探索》2020年第8期。

③ 杜明峰、范勇、史自词：《学校治理的理论意图与实践进路》，《教育研究》2021年第8期。

办公场所，委员会成员多为"席位制"，是各院系和各职能部门领导岗位的自然顺承，非选举产生；委员会工作方式是每年举行1—2次全校体育工作会议；主要的工作一般交由学校体育教学部/学院来承担，学校体委在学校体育工作整体管理中尽管起到一定作用，但距离"高校体育运动委员会章程"原则上赋予的管理职能还有很大差距。随着高等教育治理现代化进程的推进，体委固有的行政管辖式的工作机制逐渐难以适应当前高校体育工作需要。职能发挥不力、统领高校体育事业发展职责体现不足、成员有职无责或有责不担等因素，制约着机构服务师生效能的发挥。

实际工作中，高校体委的权力几乎全部下放到体育教学部，现在的情况是体育部成了既是教学部门，又是行政部门的复合体。由于其在高校行政级别上与教学院系和职能部门是同级的，没有行政隶属关系，所以在工作关系上，需要其他部门协同配合时，难以得到有效回应，存在较大的困难和阻力。体育部这种有责无权的现实困境，一定程度上形成了高校体育协同治理中的"阻滞"。因此，由于高校体委的职能弱化，加之其他相关职能部门的协同机制不畅，导致高校体育部承担了全部高校体育公共服务方面的工作，对高校体育教育教学形成冲击。

高校体育现有管理组织架构中，学校体委、体育部和相关职能部门之间，一方面存在责权不明、责权不对等的情况，如学校体委职能发挥不足，缺乏必要的监督机制，体育部责任过大、工作面过宽，而权力被赋予得不够；另一方面存在定位不清、主体缺位的情况，如学校工会在促进教职工体育健身服务方面定位不清；教学院系在促进学生日常体育锻炼中管理职能主体缺位；教务部门和学校医院在大学生健康教育和健康促进方面责任主体缺位。另外，高校现有的机构和部门在高校体育工作归属上，存在无法对标的情况，根据工作实际需要，高校应成立新的部门或机构进行针对性管理。综上，高校体育工作的组织保障不力，制约了高校体育职能的有效发挥，亟须构建以服务为导向的体育治理体系。

三　高校体育治理结构亟待优化

中国普通高校体育在治理中存在体育利益相关主体参与缺位问题，

高校体育治理结构中的多元参与构建治理格局有待形成。完善大学治理结构是深化高等教育改革的重要内容，其核心是建立制度框架和运行机制。多年来，高校体育管理机构为学校体育的委员会，该机构为校级层面管理学校各项体育事务的组织，但是其成员并未包括直接利益相关群体的学生和普通教职工，致使全校师生很少主动关心学校体育工作。构建现代大学治理结构的目的是平衡各方的利益，管理扁平化、参与主体的广泛性是高等教育治理体系现代化的根本含义[1]。教育治理现代化是教育现代化的根本内容，也是教育现代化的重要目标[2]。推进高校体育治理体系和治理能力现代化，关键是理顺高校体育各利益主体之间的关系，营造学校体育发展的良好环境，引导和规范高校体育主体责任不断回归。由于人们一直以来似乎已习惯了对行政权力安排下的高校体育制度合理性的认可，以及中国相关法律在对学生体育权利规定性上的相对模糊性，导致高校对大学生体育权利关注的淡疏和忽略[3]，在高校体育治理结构制度性安排中，学生往往存在主体性缺位。

高校体育治理意识与理念的缺失，导致高校体育治理中的多元主体参与不足。2015年11月18日，联合国教科文组织颁布修订后的《国际体育教育、体育活动和体育运动宪章》，其第1条指出："开展体育教育、体育活动和体育运动是每个人的一项基本权利"。学生是教育的主体，也是学校最为重要的利益相关者，应当从多个视角审视学生的体育权利，重新认识和定位学生体育权利及其法律保障。高校体育治理缺失了学生参与高校体育治理的权利，便缺少了体育利益保障机制。近年来，高校大学生体育自组织（体育协会、体育俱乐部）发展迅速，已成为高校体育事业发展的一支重要力量。大学生体育权利意识的逐渐觉醒，自我主体地位意识的逐渐明晰，要求高校应提供学生表达体育诉求的机会和渠道。体育权力表达渠道和机会不足，折射出高校体育治理结构存在现实

---

[1] 舒永久、李林玲：《高等教育治理体系现代化：逻辑、困境及路径》，《现代教育管理》2020年第6期。

[2] 孙杰远：《教育治理现代化的本质、逻辑与基本问题》，《复旦教育论坛》2020年第1期。

[3] 宋军生：《大学生体育权利的研究》，《体育科学》2017年第6期。

矛盾，相应的制度设计存在缺位。

当前，中国普通高校体育治理机制的不顺或治理结构的失衡，带来了治理参与机会的不均等、治理权力配置的不均衡以及具体制度仍不完备，进而造成师生在体育治理中主体地位的缺失以及参与体育事务意愿降低①。优化和完善高校体育治理结构，正成为高校体育改革的一个方向，措施包括强化学校体育运动委员会职能、建立和健全体育运动委员会章程、积极吸纳高校体育组织参与体育事务管理、鼓励师生员工参与体育治理和监督，等等。这些改革意在改变高校体育治理结构错位和失衡的状况，以期强化利益相关主体在体育治理中的角色，从而形成一种共同治理模式②。尽管学界对治理结构能否带来理想的有效治理存在争议，但完善的治理结构，为形成良好的治理效能提供了体制和机制保障，这一点是成立的。

高校体育治理结构的变化是高校体育适应新需求和自适应的结果，缘于利益主体的多元和对体育权益的漠视，以及高校各群体对高校体育治理参与权利的诉求和现实可能性的矛盾冲突。随着体育强国战略和健康中国战略向高校延展、大学生体育权利意识的觉醒、高校教职工对体育健康生活的向往以及国家对德智体美劳综合人才标准的重新界定，高校被赋予更多责任与使命，高校在体育治理制度安排中，无法也不能忽视在校学生和教职工的参与治理权力，为教职工参与民主管理和监督提供渠道，共治共享的高校体育治理格局将是高校体育治理结构完善与优化的方向。

第二节　研究意义

高校体育治理适应中国高等教育治理现代化，应立足新发展阶段、贯彻新发展理念、构建新发展格局，形成既遵循高校体育发展规律，又

---

① 顾瑾璟：《我国高校公共体育发展问题与对策研究》，《江苏高教》2020 年第 12 期。
② 刘爱生：《为什么我国大学教师不太愿意参与治校——基于组织公民行为理论的探讨》，《高教探索》2020 年第 2 期。

体现时代特点的治理结构。研究高校体育治理结构，有利于我们掌握影响高校体育组织成长的关键主体，有利于我们理顺高校体育治理中各种权力的关系及其运行路径，还有利于我们制定科学合理的组织制度以配置组织权力、设置组织架构、规范人员行为，实现高校体育治理效能的更好发挥。在理论层面上，拓展高校体育研究视角，将高校体育治理研究从课程逻辑拓展到治理结构、丰富高校体育治理研究理论。在实践层面，揭示中国普通高校体育治理结构现状诉求与问题困境，提出新时代普通高校体育治理结构优化模式与推进策略。从历史回溯、现状考察、困境探源、域外镜鉴维度研究新时代普通高校体育治理结构，以期立足高校发展新阶段为高校体育治理构建发展新格局。

一　理论意义

目前，学界对高校体育治理和高校体育管理论题进行了多维度、多层面的分析和探讨：或是基于国家治理的维度，揭示重构高校体育治理模式的必然逻辑，以及高校体育治理模式的调整与优化，但由于缺乏对高校体育内部治理缺陷的分析和考量，所提的思路与对策缺乏针对性与精确性；或是基于落实国家体育文件法规的维度，强调高校体育治理结构中静态制度的建立与完善，而忽略了高校体育行动主体、高校体育文化建设等制度性因素，其调整优化高校体育制度、规则的科学性与可操作性还有待于实践的检验。基于此，笔者以"SPE"协同理论为分析框架，重点分析和探讨了高校体育内部治理结构的现状，并将其置于国家治理与高校治理现代化背景下，透析中国普通高校内部权力主体、制度与环境及其内部关系，揭示普通高校体育内部系统的实然状态，并基于"SPE"协同理论与西方发达国家高校体育治理结构的优化经验，提出中国普通高校体育治理结构优化的思路、模式与策略，努力使高校治理体系达到帕累托最优状态。从管理走向治理，既是国家治理现代化的必由之路，也是高校体育事业可持续健康发展的重要选择，在全面深化高校内部治理结构改革的今天，以治理结构优化创新为抓手的高校体育治理现代化研究显得及时而又必要。本研究的理论创新体现在以下几个方面。

(一) 拓展高校体育研究视角

多年来，体育作为中国普通高校国家规定必须开设的课程之一，尽管其间受自然、社会、政治等因素影响有所摇摆停滞，但总的来说大学体育作为大学生的公共必修课在促进大学生身心健康、体魄强健方面的巨大作用得到充分肯定。学界普遍将高校体育作为一门课程来展开相关研究，研究领域多集中于高校体育课程改革、教材教法研究、课外体育锻炼指导、课程相关的制度分析和校园体育文化建设等方面。随着国家对高校人才培养定位与评价体系的逐步完善，高校体育被赋予更多职能和使命，高校体育逐渐从"课程思维+体质测试"向"健康促进+体育公共服务"的职能转变。因此，仅从课堂教学及其相关论题展开研究，已经不能很好地解决高校体育治理中面临的问题与困境。基于前人的研究，本书将研究视角从课程逻辑拓展为高校体育治理并聚焦于高校体育治理结构的优化，研究视角有所创新。

(二) 丰富高校体育治理研究理论

多年来，中国采取了"举国体制"体育的发展模式，这一战略为中国在世界体坛赢得了荣誉，并以此树立了良好的国际形象，因此学界将中国体育治理研究主要聚焦于国家竞技体育的改革和创新。伴随着新时代中国从体育大国迈向体育强国的征程，除了竞技体育之外，群众体育、体育产业、学校体育、体育文化逐渐进入了学界研究视野，产生了一些较有影响力的研究项目和研究成果，但高等教育体育领域中的"高校体育治理"研究起步较晚，研究成果相对薄弱，学校体育治理领域的研究还不够系统与全面。既有研究主要体现在高校体育管理体制、高校体育管理运行机制和高校体育课程管理等方面，重点突出的是国家行政主导下的自上而下的管理，高校内部场域中的体育治理研究涉及不多。本书基于高校体育治理中的现实问题，将高校体育治理结构作为研究主题，一定程度上丰富了中国体育治理研究理论，为高校体育后续研究提供理论参考。

二 实践意义

高校体育是大学生进行体育运动技能学习、体质健康促进、体育锻炼习惯养成、体育文化传播的主要渠道，其自身的科学发展与有效治理，是高校体育综合价值彰显的重要保障。随着《全民健身计划（2021—2025年）》（国发〔2021〕11号）、《健康中国2035规划纲要》、《体育强国建设纲要》和《关于全面加强和改进新时代学校体育工作的意见》等文件的推出，中国体育事业的发展模式逐步从政治管理走向民主治理，落实到高校，则体现为从保证体育课开齐上好到学生与教职工体育健康促进的效能提升。在此进程中，科学合理、运行高效的高校体育治理结构是高校体育职能彰显的组织保障和制度保障。构建适应新时代要求的中国普通高校体育治理结构，是解决高校体育问题的一条无法回避的路径。在高校体育治理实践中，长期以来由于"官本位"的束缚、行政化的制约，造成内部治理结构改革力度不足，长期形成的管理体制弊端尚未根除，制约高校发展的核心问题远未触及。因此，本书试图重构高校体育各利益主体的权力和责任，建构更加多元开放的运行机制和结构体系，具体而言，本书的实践价值主要体现在下面两个方面。

（一）揭示高校体育治理结构现状诉求与问题困境

体育作为普通高校常设的大学生必修课程，其存在的逻辑是国家行政主导下的学生体魄强健、身心健康的人文关怀。政府行政主导与文件法规规制下的高校体育，其治理创新的能动性具有先天不足的特点，然而并不意味着没有治理革新的必要。站在新时代高校内部治理结构完善与创新的背景下，分析当前高校体育治理结构实然情景，总结治理结构困境、堵点与痛点，对研究如何进行高校体育治理结构优化具有十分重要的价值。鉴于此，本书在访谈资料的基础上，借助扎根理论研究方法形成了影响高校体育治理结构的核心要素，从而确立了问卷调查的内容维度。针对全国347所高校的546名体育教学部/学院的党政领导发放了调查问卷，对中国普通高校在体育治理中的现状、问题、难点、痛点，主要从参与主体、治理制度、组织结构、治理环境等方面进行了调查分析，考察中国普通高校体育治理结构现状与问题，为高校体育优化模式与策略提供现实参照。

（二）提出新时代高校体育治理结构优化模式与推进策略

高校体育治理是对体育管理的超越和升华，是对体育本质属性和价值功能的重新定位，是解决当前高校体育发展困境的有效手段。在高校体育治理诸要素中，高校体育治理结构改革创新，是高校体育管理变革的核心。优化普通高校体育治理结构，既是国家治理现代化的内在要求，也是完善高校内部治理结构的重要内容。有鉴于此，笔者以强烈的问题意识与责任意识，重点着眼普通高校内部，分析高校体育治理结构的现状与问题、困境与堵点，探寻高校体育治理结构优化的路径与策略。本书认为，高校体育治理现代化要紧跟时代诉求、强调价值认同，优化目的是推动高校体育治理主体民主化、加强高校体育治理制度科学化、促进高校体育内外治理环境一体化。构建了"塔式"高校体育治理结构优化模型，将高校体育治理监督体系、决策体系与执行体系进行了组织结构重新安排，理顺了高校体育事务各责任主体的责权边界，对普通高校体育治理结构的改革与优化具有重要的现实意义与实践价值。

第三节 研究文献综述

通过武汉大学、中南民族大学等图书馆，借助中国知网（CNKI）、万方学位论文数据库、Web of Science、Taylor & Francis Online、ResearchGate 等数据库，搜集、整理与分析了国内外关于"高校（大学）体育治理""高校（大学）体育治理结构"的相关文献数据资料。在中国知网输入关键词"学校体育治理"，首篇文献出现于 2009 年；输入关键词"高校体育治理"，至今仅有 12 篇相关主题的学术论文，首篇文献出现于 2017 年；输入关键词"大学体育治理"，至今仅有 7 篇文章，出现首篇文献的时间是 2017 年。截至 2022 年 5 月 1 日，笔者通过 CNKI 和万方数据库检索，以"高校/大学体育管理""高校/大学体育治理"为"篇关摘"（篇名+关键词+摘要）进行文献检索，共检索到相关度较高的中文文献 71 篇[1]（见图 1—1）。运用上述国际数据库，以"university physical edu-

---

[1] 高校体育或者大学体育的管理研究，自 20 世纪 80 年代末，在中国知网以"关键词+篇名"为检索条件，输入"高校体育管理"，首篇文献出现于 1985 年，是学者肖继宁发表于《四川体育科学》上的文章《高校体育管理工作的改革设想》；以"高校体育治理"为关键词，检索结果为 0；以关键词"学校体育治理"检索，首篇文献出现于 2008 年，为《学校体育现代化外部环境治理主体的缺位与应对》。

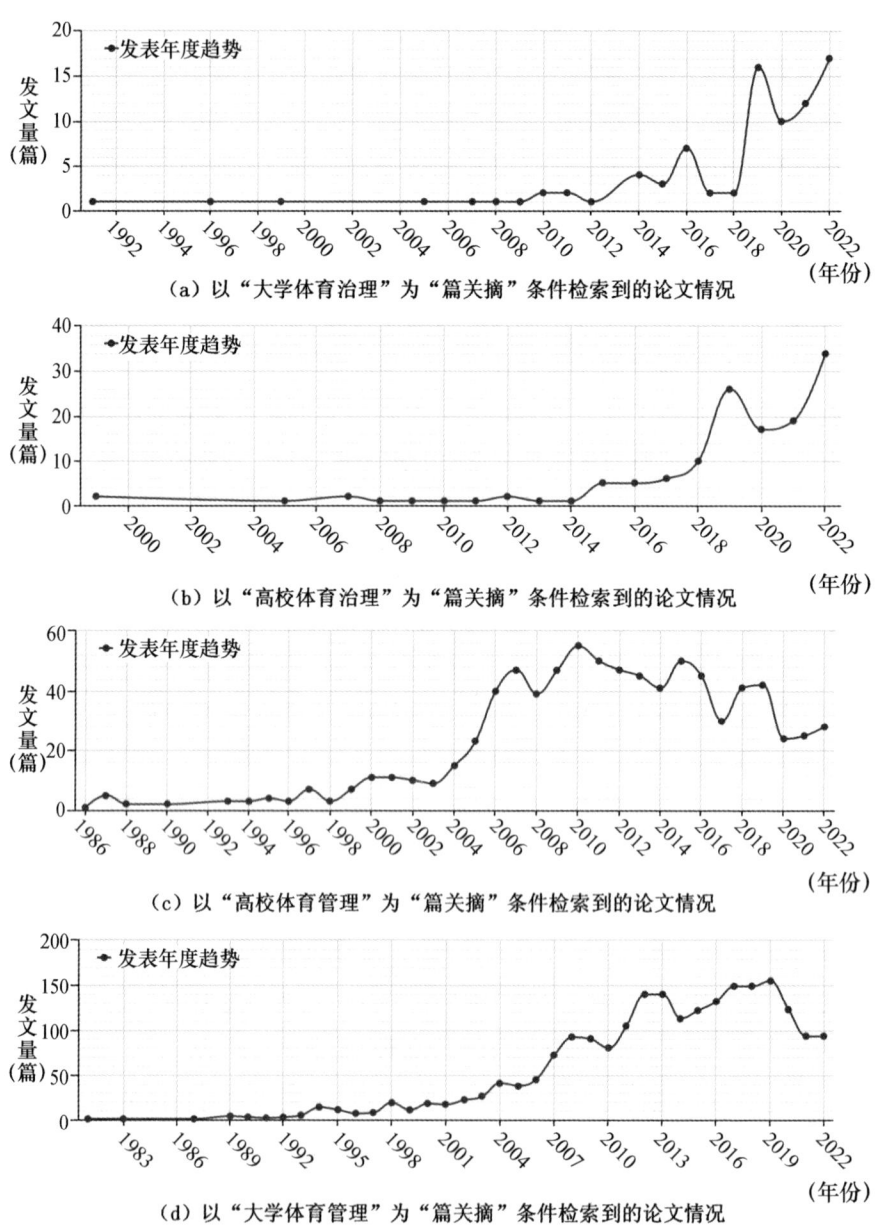

(a) 以"大学体育治理"为"篇关摘"条件检索到的论文情况

(b) 以"高校体育治理"为"篇关摘"条件检索到的论文情况

(c) 以"高校体育管理"为"篇关摘"条件检索到的论文情况

(d) 以"大学体育管理"为"篇关摘"条件检索到的论文情况

图1—1 以四个关键词为"篇关摘"条件检索到的论文情况

cation management""university sports governance""university physical education governance"等为关键词,检索到英文文献 114 篇。由于"治理"一词是近十年才被国内学界广泛使用,因此在高校体育研究方面有关体育治理的成果还不够系统。因此,本书在文献梳理过程中,为了尽可能将相关研究成果纳入到视野内,故将文献研究沿着"高校体育管理与治理研究—高校体育治理研究—高校体育治理结构研究"的脉络进行。

一 高校体育管理研究

"高校体育治理"与"高校体育管理"尽管仅有一字之差,但在学术研究中体现了时间维度上的分野。在中国知网、万方数据库和维普期刊数据库,以"大学体育管理+高校体育管理"为"关键词+主题+篇名"进行检索,截至 2022 年 5 月 1 日,相关文献约有 64 篇;输入关键词"大学体育治理+高校体育治理",首篇文献出现于 2001 年。在中国知网检索关键词"高校体育治理",至今仅有 12 篇文章,首篇文献出现于 2017年;输入关键词"大学体育治理",至今仅有 7 篇文章。因此,本书将参照范围扩展为"高校体育管理+高校体育治理"和"大学体育管理+大学体育治理"。高校体育研究的学术脉络,首先有必要沿着高校体育管理向高校体育治理的演进路径进行梳理,尽可能全面把握学界多年来在高校体育方面的研究成果。

(一)高校体育管理研究

高校体育管理是指遵循高校体育和教育的基本规律,充分利用有限的人、财、物、信息和时间等因素,以最佳的手段和方法,对高校体育进行计划、组织、控制、评估等一系列的综合活动[1],是基于科层体系的垂直结构,主体为政府的公共权力,具有封闭式特性[2]。梳理高校体育课程管理方面的研究,成果主要集中在体育课程管理研究、体育管理体制研究、校园体育管理研究和学生体育社团管理等几个方面。

---

[1] 华雪玲:《高等学校体育管理工作初探》,《体育科学研究》2005 年第 3 期。
[2] 刘献国、贾俊杰、张欢:《我国学校体育治理研究热点嬗变——基于共词分析视角》,《河南师范大学学报》(自然科学版)2020 年第 6 期。

(1) 在高校体育课程管理方面，研究者建议对体育教学的目标和计划进行管理、对体育教学的过程进行管理以及对教学的秩序、质量和实施进行管理[1]；课堂时间管理方面，有研究建议提高课堂时间管理的效率，充分利用每节体育课，学生配合教师开展体育内容的教学，提高教学效率[2]；有研究者探讨了如何构建大学体育教学管理系统，以应对大学规模不断扩大导致的办公部门增多以及校区分散，使得大学体育教育的管理工作难度和强度增加的问题[3]；有学者以构建大学体育课堂管理评价指标体系展开对大学体育课堂评价研究，构建了 4 个一级指标、11 个二级指标、24 个三级指标的大学体育课堂管理评价指标体系[4]；高校体育课堂管理的信息化建设，能够有效促进高校体育教学发展，为高校教师高效管理和自我提升提供平台，为体育教学管理和改革提供数据支撑[5]；因体育课程的特殊性，教学安全问题时有发生，建立在法律基础上的制度管理和保险管理，是对学校体育的参与者和组织者予以多方利益保障的有效途径[6]。马文杰研究认为，应以学校办学目标为依据，办学条件为依托，办学环境为依靠，推进体育课程改革和教学变革，实现新时代大学体育内涵式发展[7]。

(2) 在高校体育管理体制研究方面，学者肖继宁曾指出，高等院校体育管理工作中的主要问题是领导机构有名无实（校体育运动委员会）、组织领导不合理（体育教学部）、体育教师职责不明，建议对高等院校体

---

[1] 唐丽霞：《大学体育教育管理的瓶颈探析》，《当代体育科技》2018 年第 8 期。
[2] 刘攀：《大学体育课堂时间管理优化策略研究》，《辽宁体育科技》2018 年第 1 期。
[3] 王凯、史健、李杰：《探讨如何构建大学体育教学管理系统》，《课程教育研究》2016 年第 27 期。
[4] 闫娜、罗建英、李康钊：《大学体育课堂管理评价指标体系的构建》，《杭州师范大学学报》（自然科学版）2016 年第 4 期。
[5] 崔天意、邹琳：《智慧校园背景下高校体育教学管理平台建设研究》，《当代体育科技》2021 年第 7 期。
[6] 陈慧、任为民、汪俊峰：《大学体育课程安全管理的价值与实施》，《学校党建与思想教育》2011 年第 33 期。
[7] 马文杰：《大学体育"三个一流"建设改革探索》，《广州体育学院学报》2020 年第 1 期。

育运动委员会和体育教研部进行改革①。王春生，胡燕生建议，学校改变成为提高全社会体育水平的重要基地，以及提升学生和教职工体质水平的重要阵地，应理顺关系，明确职责，建立合理的现代科学管理体制②。要特别指出的是，该文提出的"一条龙式"的管理体制，从今天的治理理论视角来看，也颇具借鉴意义。陶骆定、庞徐薇建议，把面向学生的体育管理列入学校行政工作系统、健全和完善主管校长领导下的学校体委的工作③。任云兰认为，高校体育管理体制改革应同内部管理体制改革、教学改革、后勤改革有机结合起来④。刘凯建议在体育教学部之外成立"体育工作事务部"，专门承担"非课堂体育教学"学校体育工作任务⑤。黄世华、王胜总结了高校体育管理中的问题，一是对体育在学校的地位和作用的认识不足，计划总是写在纸上，承诺只停在口头，缺乏具体管理措施；二是各院校均有体委会，但办实事少，多属虚设；三是横向有十多个联络单位，协调运转差，甚至推诿扯皮；四是受各高校体育部权力所限，管理中出现许多疑难问题无法解决⑥。李佳认为，中国高校体育管理体制改革，从微观层次讲，是高校体育部（或系）的体制改革，从中观层次讲，是中国高校体育体制改革，从宏观层次讲，是国家教育部、体育局体育管理体制改革⑦。胡悦认为，高校体育管理工作的改革并不彻底、高校对于体育管理工作中的职位划分不够合理、高校内部体育管理审核评价系统并不完善⑧。陈欢欢等对高校体育管理工作中"可持续

---

① 肖继宁：《高校体育管理工作的改革设想》，《四川体育科学学报》1985年第3期。
② 王春生、胡燕生：《高校体育管理体制模式设想》，《武汉体育学院学报》1987年第2期。
③ 陶骆定、庞徐薇：《高校体育工作面临的问题及基本思路》，《上海体育学院学报》2001年增刊。
④ 任云兰：《试论高校体育管理的有效途径》，《河南机电高等专科学校学报》2005年第3期。
⑤ 刘凯：《普通高等院校学校体育工作管理中存在若干问题的思考》，《广西右江民族师专学报》2005年第6期。
⑥ 黄世华、王胜：《加强普通高校体育管理的调查与思考》，《重庆科技学院学报》（社会科学版）2007年第1期。
⑦ 李佳：《我国普通高校体育管理体制研》，《科技信息》（科学教研）2007年第33期。
⑧ 胡悦：《高校体育管理工作管窥》，《体育世界》（学术版）2017年第1期。

发展"理念的创新与运用进行了初步探索①。

（3）在校园体育文化管理方面的研究，有学者建议大学课外体育俱乐部进行课程化管理，以此构建高校体育课内外一体化管理模式②。秦海权等研究显示，杜克大学体育社团由杜克大学竞技运动、娱乐和体育教育部监管，体育社团执行理事会由 6 个体育社团会员组成，每个人都有具体的岗位职责③。在高校校园体育文化管理中，体育激励机制对促进高校体育事业发展起到很大的推动作用，如王萍丽的研究认为，美国高校运动奖学金管理卓有成效，对发展高校竞技体育和帮助运动员完成高等教育具有重要的促进作用，建议中国高校加大对竞技体育的投入，通过竞技水平的提高来吸引社会资金的注入④。竞技体育是高校体育发展的一面旗帜，彭国强、高庆勇通过对美国大学竞技体育的组织管理模式进行调查，认为大学竞技体育实现多元主体协同治理，应强化大学竞技体育法治治理，完善大学生体育协会竞赛制度，构建大学生体育协会、区域体育联盟和会员学校"三位一体"的制度治理体系⑤。

（4）在高校体育保障管理方面，曾小松等认为，高校体育场馆信息化管理依然存在诸多问题，以深圳大学体育场馆网络订票系统为例，研究表明使用职能管理系统之后，学校场馆使用效率大大提高，师生的满意度亦大幅提升⑥。在大学体育硬件设施建设与管理方面，毛治和等的研究显示，由于高校体育的体育场地、设施不足，学校投入不够，体育场

---

① 陈欢欢、陈芳芳、陈秋如：《高校体育管理工作中"可持续发展"理念的创新与运用》，《黑龙江工业学院学报》（综合版）2021 年第 1 期。

② 张波、崔树林、李永华：《大学体育俱乐部课程化管理的育人价值》，《体育学刊》2018 年第 2 期。

③ 秦海权、姜丽萍、梁同福：《美国一流大学体育社团管理模式研究——以杜克大学为典型案例》，《武汉体育学院学报》2014 年第 5 期。

④ 王萍丽：《美国高校运动奖学金管理探析》，《体育文化导刊》2012 年第 3 期。

⑤ 彭国强、高庆勇：《美国大学竞技体育的制度治理及其特征》，《成都体育学院学报》2020 年第 4 期。

⑥ 曾小松、陈小蓉、李旺、陈斌宏：《深圳大学体育场馆的有效管理》，《体育学刊》2016 年第 1 期。

馆对外开放管理机制不顺，大学社区体育远未形成统一协调的制度化体系①。在大学生体质健康管理方面，武东海认为，高校应厘清各主体的职能定位，共建服务平台，明确治理方向，重视人才培养，凝练共识，共享治理成果，完善检查监督、修正反馈的制度体系②。高校体育场馆硬件服务保障能力，是高校体育管理工作的重要内容，殷征辉、王宇的研究认为，大学体育场馆发展存在场馆数量不充足、运动项目不足、场馆开放不足，缺乏有效的维护机制等问题③。

综上，高校体育管理长期以来备受学界关注，管理体系构建的科学与否，直接影响了高校体育职能的发挥，学者的研究主要聚焦于高校体育管理体制改革、高校体育课程优化、高校群体工作创新、高校校园文化保障构建等。通过文献梳理发现，高校体育管理问题的归因，主要是校级体育管理机构的虚设、体育部门责权界限不清、学校体育工作认识不够等。

（二）高校体育管理与治理关系研究

学界关于高校体育管理的研究向治理研究转变，反映了教育治理研究向学科治理方向发展，也折射出治理理论对高校体育研究的适用性。高校体育治理是在高等教育治理的框架下研究具体学科和教育事项，谈及高校体育治理，有必要对大学（高校）治理进行简洁阐释。

（1）大学治理是指"在所有大学利益相关者之间就重大问题进行权威性决策的结构和过程"④。经济合作与发展组织（OECD）把大学治理定义为各种结构、关系和过程，正是通过这些结构关系和过程，国家和

---

① 毛治和、彭庆文、伍娟：《新时期大学体育组织与管理的理念》，《沈阳体育学院学报》2011年第2期。

② 武东海：《共建共治共享理念下大学生体质健康监测研究》，《武汉体育学院学报》2019年第9期。

③ 殷征辉、王宇：《大学体育场馆科学化管理思考》，《沈阳农业大学学报》（社会科学版）2015年第3期。

④ Dennis J. Gayle, Bhoendradatt Tewarie A. Qninton White, "Governance in the Twenty-First Century University", *ASHE-ERIC Higher Education Report*, Vol. 30, No. 1, January 2003, pp. 324 – 329.

院校层面的高等教育政策得以制定执行和审核①。Musselin Christine 从中观和宏观角度研究大学治理，将大学视为有组织的结构，在其中必须确定优先事项、做出决定、分配预算、发展教学计划和完成研究；宏观层面上将大学视为一个部门，重点关注它们如何相互作用，它们与国家的关系，以及它们如何受到国家、跨国和全球变革的影响②。Harry de Boer 和 Peter Maassen 认为，欧洲大学的治理结构主要考量民主性质、治理机构的组成、决策的集中程度以及重新调整集体和个人治理责任之间的平衡③。王冀生认为，现代大学制度的基本特征是学校自治、教授治学、校长治校、科学管理④。张俊宗认为，在治理逻辑下，政府、社会、学校是平等合作的新型关系，通过"管办评分离"，形成政府宏观管理、大学自主办学、社会广泛参与的多元共治格局。通过大学章程推进依法治校是当前大学法治建设的主要内容。大学章程的主要功用是规制大学权力运行⑤。孙绵涛认为，大学治理就是要协调大学、政府与社会的关系；要协调大学内部的各种组织、各种工作和各种人的关系⑥。刘爱生认为，大学治理指高等教育机构决策达成的结构过程和关系，其中治理结构是权力和权威相关的一种基本制度安排和权力架构⑦。彭宇文借鉴民商法学中的法人治理结构理论，对构建科学合理的高校法人治理结构进行了研究⑧，并提出了高校法人治理结构构建的六大原则⑨。在他看来，制衡与制约机制是法人治理结构的核心，大学作为公益性法人，尤其应当强调利益相

---

① Organization for Economic Cooperation and Development (OECD), *Tertiary Education for the Knowledge Society*, Paris: OECD Publishing, 2008, p. 28.

② Musselin Christine, "University Governance in Meso and Macro Perspectives", *Annual Review of Sociology*, Vol. 47, No. 2, February 2021, pp. 305–325.

③ Harry de Boer & Peter Maassen, "University Governance and Leadership in Continental Northwestern Europe", *Studies in Higher Education*, Vol. 45, No. 10. October 2020, pp. 2045–2053.

④ 王冀生：《现代大学制度的基本特征》，《高教探索》2002 年第 1 期。

⑤ 张俊宗：《现代大学制度》，中国社会科学出版社 2004 年版，第 23 页。

⑥ 孙绵涛：《大学治理：治理什么，如何治理》，《教育研究》2015 年第 11 期。

⑦ 刘爱生：《美国大学治理：结构、过程与人际关系》，中国社会科学出版社 2017 年版，第 24—25 页。

⑧ 彭宇文：《中国特色现代大学制度建设的时代性》，《复旦教育论坛》2018 年第 4 期。

⑨ 彭宇文：《高校法人治理结构的构建》，《教育研究》2005 年第 3 期。

关者的有效共同治理[1]。高校治理就是协调利益相关者权力分配与行使，实现利益相关者合作治理高校公共事务的过程[2]。可见，大学治理的制度体系与实施准则，最终必然要体现为大学内外部各利益相关方在大学重要事务中的有效参与。大学治理是一个极其复杂的问题，在中国的大学改革和制度重建中，必须高度重视大学治理框架的建构和落实问题[3]，涉及高校内部和外部管理体制中权力资源的配置方式。

（2）高校体育治理的概念认识方面，最早进行有关学校体育治理的研究，是学者王芳、田标2008年发表在《南京体育学院学报》（社会科学版）上的文章《学校体育现代化外部环境治理主体的缺位与应对》，其认为学校体育现代化外部环境治理主体如政府、家庭、大众传媒的缺位，应构建学校体育现代化外部环境治理的运行机制[4]。该文的环境治理与本书所谓的"体育治理"有差别，然而该文作者鲜明地提出多主体参与学校外部环境治理，在一定程度上可视为治理理念的应用。吴杰忠认为，学校体育治理是学校体育利益多元主体下采取自上而下和自下而上的双轨路径，依据契约与法律制度规范，以协调学校体育发展冲突为目标，最大化提高学校体育教育质量[5]。张波、练碧贞认为，大学体育治理是一个有制度、有执行、有效果、有评价的和谐完整的事务管理体系，包含治理目标、治理主体、治理制度以及运行机制治理等[6]。王远方认为，大学体育治理主要建立在治理理论的基础上，通过一定的方式针对大学体育相关事务进行规划、管理、执行和评价，大学体育治理已经形成了一套严密的组织体系，其中既包括对治理目标的设定，又包括对治理制度

---

[1] 彭宇文：《高校法人治理结构的若干要素分析》，《中国教育政策评论》2012年第1期。
[2] 张玉磊：《高校利益相关者治理模式及其构建》，《黑龙江高教研究》2019年第4期。
[3] 陈相明、陈金圣：《国外大学治理研究述评》，《山西师大学报》（社会科学版）2013年第3期。
[4] 王芳、田标：《学校体育现代化外部环境治理主体的缺位与应对》，《南京体育学院学报》（社会科学版）2008年第6期。
[5] 吴杰忠：《学校体育中管理与治理关系之研究》，《福州大学学报》（哲学社会科学版）2019年第5期。
[6] 张波、练碧贞：《大学体育治理的脉络、困境、路径》，《青少年体育》2020年第8期。

的设计①。因此，高校体育治理，其目的是消解体育中核心与边缘、形式与实质的区隔化现象，而协商共治的实践中，旨在浸润治理所具有的包容性、理性和合法性的精神②。

诚然，高校（大学）治理与高校体育治理理念尽管接近，然而治理的方式方法还存在诸多差异，介绍高校治理之目的，利于总体把握体育治理中的治理生态。高校体育管理向治理的转变，一定程度上可以看作是从"他律"向"自律"发展的过程。高校体育管理所透露的是对政府行政权力的高度依赖；治理则表现为多元主体与高校共同分享治理的权力，并达成协商共治的默契。或者说学校体育管理是基于科层体系的垂直结构，而学校体育治理是多元主体合作的网络型结构。

二 高校体育治理研究

中国普通高校体育治理是多年来高校体育管理经验的总结与升华，从关于高校体育治理的学术研究演进路线梳理中，总结高校体育治理的有益经验、存在问题和改革措施，希冀为高校体育治理结构研究奠定理论基础。刘献国等总结得出，教师参与学校体育治理、学校体育课余训练与场馆治理、校园足球治理体系、健康中国下学校体育政策促进是近年来学校体育治理研究的4个主题③。

（一）高校体育治理成效研究

高校体育是教育部规定的必修学校体育的最后阶段，也是学生体育素养养成和身体体质水平提升的重要时期，多年来在"强制"必修政策引领下，取得了较为显著的成效。毛振明认为，新中国的70年间，成就了学校体育教育事业的伟大发展，造就了中国共产党的领导和依法治教

---

① 王远方：《大学体育治理要顺应时代潮流》，《河南教育》（教师教育）2021年第8期。
② 杜明峰、范勇、史自词：《学校治理的理论意图与实践进路》，《教育研究》2021年第8期。
③ 刘献国、贾俊杰、张欢：《我国学校体育治理研究热点嬗变——基于共词分析视角》，《河南师范大学学报》（自然科学版）2020年第6期。

融合的学校体育管理制度,形成了兼容并蓄的特色学校体育理论与实践[1]。刘玉、朱毅然认为,立足新发展阶段,高校体育把提高学生体质健康、体育促进身心和谐发展,作为学校体育工作的核心任务[2]。改革开放40多年来,学校体育历经了体育教育、健康教育和运动教育的不同阶段,顶层设计日臻完善、学校体育条件保障变化明显、学校体育改革创新稳步推进等成就斐然[3]。

总体而论,高校体育经过多年发展沉淀,业已形成中国特色高校体育治理模式,特别是进入新时代以来,国家高度重视学生体质健康问题,将其纳入到高校整体考核体系,成为"双一流"高校建设的一个评价指标。应该说,中国的政策红利十分丰厚,行政驱动效力好于以往任何时期,据此笔者有理由相信,中国高校体育治理创新发展的脚步不会停歇,只会距离人民十分满意的高等教育体育事业越来越近。

(二)高校体育治理问题研究

总体而言,中国普通高校体育在帮助学生"享受快乐、增强体质、健全人格、锤炼意志"的健体育人职能发挥中取得了一定成就,但实际工作中还存在诸多亟须解决的问题,如多年来大学生体质状况堪忧[4];由于利益主体的多元和对体育权益的漠视,以及高校各群体对高校体育治理参与权利的诉求和现实可能性的矛盾冲突,加之高校体育治理机制的不顺或治理结构的失衡,带来了治理参与机会的不均等[5]、治理权力配置的不均衡以及具体制度仍不完备,进而造成师生在体育治理中主体地位的缺失以及参与体育事务意愿降低[6];再者优质体育资源期盼已从课内走

---

[1] 毛振明:《新中国 70 年的学校体育成就与新时代的发展方向》,《天津体育学院学报》2019 年第 6 期。

[2] 刘玉、朱毅然:《新时代我国体育治理的经验审视、时代使命与改革重点》,《天津体育学院学报》2021 年第 1 期。

[3] 刘纯献、刘盼盼:《学校体育改革的成就、问题与突破》,《北京体育大学学报》2020 年第 2 期。

[4] 汪晓赞、高路:《国际视野下的高校学生体育健康促进路径探索》,《江苏高教》2021 年第 2 期。

[5] James J. Zhang、James W. Du、Jerry J. Wang、张轶:《体育管理研究与理论构建、检验中的核心问题——体育管理学研究设计、测量和分析系列》,《上海体育学院学报》2016 年第 1 期。

[6] 顾瑾璟:《我国高校公共体育发展问题与对策研究》,《江苏高教》2020 年第 12 期。

向课外,有待构建面向全体师生的体育公共服务体系[①];当前高校体育外部环境治理主体缺位,价值目标不明确、法制不完备、制度设计不完善、学校体育经费投入不足[②]等问题长期存在,亟须体育治理结构创新的新思路。

刘阳、何劲鹏认为,现阶段对于学校体育改革来说,最大的麻烦还不是课程、教学的改革,而是国家教育法规、政策的强制实施遭遇了合理性的危机。应通过顶层设计的立法规制、教育政策的严格问责、激发基层微改革力量等教育治理方式的构想,尽快破解中国当前学校体育改革有令不行、政策法规无法实施、说教大于法律和契约的困境,为实现中国学校体育改革的"政令通畅"奠定良性的运行机制[③]。高伟等认为,高校体委工作存在着主体不清、责权不明、边界模糊等问题,亟须对高校体育运动委员会进行治理改革[④]。当前大学体育的困境有评价标准降低、课程改革错位、身体素质下滑等问题,大学体育一旦没有了制度上的支持和学术上的支撑就难以成为大学不可或缺的基础课程[⑤]。许智、谢冬兴总结高校体育治理困境有三:一是高校体育决策权的参与不足、高校体育资源配置偏见的高校治理体育顶层问题;二是体育师资配备与职能的失衡、体育课程权力生态失衡的高校体育运作失衡;三是体育教师职业公共性的个体弱化、学生体育参与意识薄弱、体育场馆资源市场化过度的个体公共性不足[⑥]。综上所述,当前高校体育治理结构的突出矛盾主要集中于治理主体权力配置中出现真空地带,利益相关群体的有效参与缺失;国家对高校体育治理效能的制度性约束不足,高校自身制度建

---

① 樊莲香、孙传方、庄巍:《治理视域下学校体育政策执行过程机制研究》,《体育学刊》2020年第6期。

② 田标、唐永干:《论学校体育现代化外部环境治理主体的多元性》,《武汉体育学院学报》2010年第1期。

③ 刘阳、何劲鹏:《我国学校强制体育的合理性探析》,《体育学刊》2015年第5期。

④ 高伟、曾玉华、秦海权:《高校体育运动委员会治理研究》,《体育文化导刊》2017年第8期。

⑤ 姜志明、王涛:《新时期中国大学体育的困惑、问题和思考》,《山东体育学院学报》2018年第2期。

⑥ 许智、谢冬兴:《高校体育公共性缺失与自律》,《武汉体育学院学报》2017年第3期。

设缺位次之。

(三) 高校体育治理改革研究

当前，高校在体育治理制度安排中，无法也不能忽视在校学生和教职工的参与治理权力[1]。为教职工参与民主管理和监督提供渠道，共治共享的高校体育治理格局将是高校体育治理结构完善与优化的方向[2]，应创新大学体育管理制度，改革中国现行教育教学管理弊端，提升大学课程质量。优化和完善高校体育治理结构，正成为高校体育改革的一个方向，措施包括强化学校体育运动委员会职能[3]、建立和健全体育运动委员会章程、积极吸纳高校体育组织参与体育事务管理[4]、鼓励师生员工参与体育治理和监督。高校体育治理应促进高校体育政策工具多样化、均衡化运用[5]。学者建议在学生体育社团服务中提供有建设性的方案[6]；也有的学者谈到了大学体育治理中参与体育运动中的性别平等问题[7]以及加强高校体育教师的课程思政能力建设问题[8]。上述观点意在改变高校体育治理结构错位和失衡的状况，以期强化利益相关者主体在体育治理中的角色，从而形成一种共同治理模式。

在具体治理事务中，学界进行了有益探索。庄逸方、庄永达调查分析了高校学生体育伤害事故处理困境，主张建构一个高校学生体育伤害

---

[1] Seungmin Kang & Per G. Svensson, "A Framing Analysis of Organizational Communications in Sport for Development", *Managing Sport and Leisure*, Vol. 25, No. 2, August 2021, pp. 1–17.

[2] 王凯、韩磊：《新中国70年来体育治理的历史演进、主要经验和趋势前瞻》，《天津体育学院学报》2021年第4期。

[3] 高伟、曾玉华、秦海权：《高校体育运动委员会治理研究》，《体育文化导刊》2017年第8期。

[4] Saara Isosomppi, "Research Handbook on Sport Governance", *European Journal for Sport and Society*, Vol. 17, No. 3, March 2020, pp. 285–288.

[5] 曹盛民、史万兵：《基于价值链—政策工具二维框架的我国高校体育政策研究》，《东北大学学报》（社会科学版）2018年第6期。

[6] 柳鸣毅、丁煌、张毅恒：《体育组织：一个新时代中国体育管理理论与实践的核心命题》，《成都体育学院学报》2021年第4期。

[7] Johanna A. Adriaanse, "The Influence of Gendered Emotional Relations on Gender Equality in Sport Governance", *Journal of Sociology*, Vol. 55, No. 3, March 2019, pp. 587–603.

[8] 赵富学、陈慧芳等：《体育教师课程思政建设能力的生成特征、核心构成与培育路径研究》，《沈阳体育学院学报》2020年第6期。

事故多元协同的社会治理体系[1]。王海等建议，利用高校现有的计算机、互联网、大数据、云计算、智能物联等技术手段构建高校体育信息化治理系统，对高校体育课程、课外体育锻炼、体育竞赛、场地器材、学生体质健康测试等进行统一治理，避免信息孤岛，形成高校体育治理闭环，逐步实现高校体育多元化、精准化治理目标，增加学生在体育学习中的获得感，切实提高学生体质健康水平[2]。罗志敏认为，高校治理问题的最终解决还是要靠作为改革主体的高校，但越来越多的研究及历史经验表明，高校的有效治理不仅取决于治理结构，而且与其治理过程有着更为紧密的关联[3]。王长在等对高校体育场地设施治理结构进行分析，认为可形成以政府为主导的"塔式"治理结构、以学校为主导的"环式"治理结构、多主体合作的"网式"治理结构[4]。Nam Hong 和 Marshall Hong 研究了韩国高丽大学的体育联盟（KUSF）制度下，大学体育管理、教练、学生运动员和家长等不同利益相关者对新学生运动员资格制度（SES）的利益冲突，指出学生运动员的学业支持体系有待完善，教练员工作保障有待加强，解决学业与运动之间的时间冲突有待加强，减少对胜利的过分重视[5]。高校体育治理结构问题是多年来形成的管理路径依赖，学界从不同角度提出了改革完善建议。

三 高校体育治理结构研究

高校体育治理渐成高校体育研究热点，其研究主要方向为课程治理、校园体育文化治理、管理体制创新和后勤保障治理等，诚如上文分析，

---

[1] 庄逸方、庄永达：《高校学生体育伤害事故的社会治理研究》，《浙江体育科学》2021 年第 4 期。

[2] 王海、曲霄红等：《战"疫"背景下高校体育信息化治理的启示》，《山西大同大学学报》（自然科学版）2021 年第 1 期。

[3] 罗志敏：《高校治理改革：怎么做才是"真改革"》《光明日报》2015 年 6 月 23 日第 13 版。

[4] 王长在、王松、邢金明：《多元治理背景下学校体育场地设施治理结构研究》，《体育文化导刊》2020 年第 12 期。

[5] Nam Hong, Marshall Hong, "Conflicts among Stakeholders Regarding the New Academic System in the Korea University Sport Federation", *International Journal of Sport Policy and Politics*, Vol. 10, No. 3, June 2018, pp. 597–613.

高校体育治理结构优化方面的研究目前还不够系统全面，根据本书的研究设计，重点对既有文献进行了简单分类，分为：高校体育治理主体的相关研究、高校体育治理制度的相关研究和高校体育治理环境的相关研究三个方面。诚然，制约高校体育治理结构效能发挥的要素很多，既有国家大环境，也有高校内部诸因素，这里重点阐释高校体育治理结构的内部因素，对外部因素仅作简要梳理。

（一）关于高校体育治理主体的研究

高校体育是面向全体在校学生的一项教育事业，高校体育治理的主体也即"相关利益主体"在体育治理中的作用发挥如何，将直接关系到体育治理结构的科学性。就高校利益相关主体而言，哈佛大学教授亨利·罗索夫斯基（Henry Rosovsky）基于美国私立高校，根据相关利益主体与高校关系的密切程度，将其分为四个层次，即核心利益者、重要利益者、间接利益者和边缘利益者[1]。此后，一些研究者提出了不同的划分层次，校外利益群体和内部利益相关者[2]，但不管怎么划分，在高校内部，国内外研究者关注的焦点主要是高校领导、教师、学生等相关利益主体。高校体育利益相关者，本研究认为包括学校领导为代表的管理者、以教师为代表的教职工和以学生为代表的受教育者。

（1）高校领导参与体育治理的研究。学校领导重视是学校体育获得发展的最大资源和动力之一，这意味着可以利用最为广泛的校内和社会资源，最强有力地支配和利用人财物并充分用于学校体育的发展中[3]。郝鑫鑫等的研究发现，哈佛大学、斯坦福大学和西点军校等美国一流大学在体育治理领域均建设有完善的竞技体育管理机构作为治理主体，大学各体育竞技代表队作为重要的体育治理参与主体，发挥了重要作用，保

---

[1] ［美］亨利·罗索夫斯基：《美国校园文化——学生·教授·管理》，谢宗仙等译，山东人民出版社1996年版，第233—255页。

[2] 刘红光：《利益相关者视角下的现代大学共同治理机制探析》，《黑龙江高教研究》2020年第8期。

[3] 李宁、蒋钦：《北京大学清华大学体育比较研究》，《体育文化导刊》2013年第2期。

障了大学体育的持续健康发展①。学校重视体育的程度，主要表现在校长对学校体育的领导力②，校长的体育观对体育事业发展至关重要。陈希基于经济社会发展背景下，分析了高校体育组织与管理新的变化特点与发展趋向，主要表现在：组织管理观念从"高校体育是大学教育的组成部分"的一元理念向"高校体育既是大学教育的组成部分，也是国家与社会体育的组成部分"二元理念转变，组织管理形式、体育师资队伍构成、资源获取方式日益多样化，学校体育主管领导被赋予提出高校体育战略发展目标、提升高校体育组织的系统能力、克服组织文化的制约与影响等新的职责③。

中国高校体育管理组织结构普遍存在行政管理与学术管理混淆不清、层次结构不够合理、基层科研学术组织形式单一、开放性不强等问题，并基于目标任务、适应性、高效性、动态性等原则，对高校体育管理组织结构进行了优化设计④。杨海龙通过实证分析，结果发现，校长管理理念和目标行为、民主管理行为、关心激励行为三个因子与学校体育绩效呈正相关，而其放任和专断行为则与学校体育绩效呈负相关⑤。王道红认为，完善党委领导下的校长负责制，关键在于正确认识与处理党委与行政、集体与个人、书记与校长的关系，并在此基础上，构建党政协调运行机制⑥。韦欧阳基于学校体育校长负责制的维度，分析了学生体质下降的根源，主要是校长领导体育工作开展不力、在体育课程工作中监督不力、对学生学习与体育锻炼时间安排不当等，应提高学校体育的地位、

---

① 郝鑫鑫、王大磊、欧阳海宁：《美国一流大学体育治理研究及启示》，《当代体育科技》2019年第2期。

② 李恒：《校长领导力对学校体育发展的体现研究》，《青少年体育》2018年第11期。

③ 陈希：《变革时期我国大学体育的组织与管理》，《体育科学》2002年第4期。

④ 吴春霞：《我国普通高校体育管理组织结构的研究》，博士学位论文，北京体育大学，2010年。

⑤ 杨海龙：《中小学校长领导行为与学校体育绩效关系的研究》，硕士学位论文，山西师范大学，2010年。

⑥ 王道红：《坚持和完善党委领导下的校长负责制研究》，《思想理论教育》2016年第3期。

协调好文化学习与体育锻炼的时间矛盾①。可见，高校主要领导对体育工作的价值认同度，直接影响到高校体育治理资源获取。

（2）高校职能部门参与体育治理的研究。高校正常运转离不开多部门组成的管理体系，具体到高校体育工作，同样需要多部门的协同配合与相互支持。一般认为，高校体育就是体育教学部（体育学院）一个部门的工作，事实并非如此，涉及教务处、学工处、校团委、后勤集团、校医院等部门。就中国整体体育事业而言，当前以"强"政府为主要特征的"塔形"体育治理结构，由于市场与社会力量的缺失，存在着治理主体结构性分离的问题，已不能很好地适应国家治理的大趋势②。聚焦高校内部体育治理结构的部门协同方面的研究，有学者认为，高校公共体育教学的供给侧改革中，供给主体应各司其职、协调一致，充分发挥各职能部门的作用③。李慧萌认为，中国学校体育多元治理主体协同育人是实现学校体育现代化的必由之路，是优化学校体育资源配置的必然选择④。姚爱华认为，高校群众体育协同治理的主体体系架构是由政府、市场、社会组织、家庭组成，通过多元主体的共同治理，更好地促进高校人群参与体育健身活动⑤。彭国强、高庆勇研究了美国大学竞技体育的治理经验，包括"分层分级"的多元协同治理体制、"上下互通"的联动治理结构、"相互联通"的协作治理机制，以及会员学校的分化治理模式⑥。

综上所述，高校体育治理架构构建是治理体系的基础工程，实现体育工作的良好运转离不开高校跨部门合作，高校外部的国家行政力量、

---

① 韦欧阳：《基于"校长负责制"制度下的中学生体质健康研究》，《体育科技文献通报》2017年第4期。

② 刘克、王鹤等：《全面深化改革背景下我国体育治理结构问题厘析与改革路径研究》，《天津体育学院学报》2015年第4期。

③ 郭磊、刘英辉：《高校公共体育教学中的供给侧改革研究》，《西安体育学院学报》2018年第4期。

④ 李慧萌：《学校体育多元治理主体协同育人的困境与策略》，《淮南师范学院学报》2020年第5期。

⑤ 姚爱华：《我国高校群众体育协同治理的主体困境与优化》，《南京体育学院学报》2019年第11期。

⑥ 彭国强、高庆勇：《美国大学竞技体育的制度治理及其特征》，《成都体育学院学报》2020年第4期。

市场主体力量和社会民主参与力量构成了高校体育治理结构的外部架构；高校内部各相关职能部门、教职工、学生共同构成了内部协同架构。

（3）高校教职工参与体育治理的研究。正如美国教师联合会所言，无论在何种治理结构中，教师和职员必须有他们自己选出来的代表参加，必须尊重共治中各参加方的权利。大学共治的体制结构之建构，必须确保在各决策层级吸纳教职工的意见，改善教师共同治理的组织机构非常重要①。教师是高校治理的核心利益者，是高校内部治理的重要参与者。国内之于教师参与高校内部治理的研究，主要是围绕"参与什么""怎样参与"两个关键问题展开。在国外，研究者对体育专业教师的研究，普遍聚焦于其培养及社会化、知识结构及师生共情、身心发展规律与教学、动机与课程模式的设计等方面②。Susan Capel 等的研究认为，"新入职体育教师"对教师职业的适应，是一种"次级社会化"过程，强化实践性知识对其未来身份认定具有极其重要的意义③。Stylianou Michalis 等指出，实践性知识并非都可以通过语言表达的，利用身体化、隐喻等表达，其教学效果要优于语言表达④。Cay L. Timken 认为，一个合格优秀的体育教师，不仅需要具备扎实的理论知识、良好的运动技能、较强的教学能力，还应有良好的个性特征⑤。在参与内部治理方面，Mc Cormick 等的实证分析发现，教师在"教师评价""研究计划""课程设置"等方面，可以为学校管理者提供有价值的帮助和有意义的建议，但由于教师的参与治理

---

① 米勒、陈鹏、纳德勒：《美国高等学校教师共同治理的组织结构与效率——以教师评议会为例》，《教育研究》2021 年地 6 期。

② 李芳、司虎克、尹龙：《中外体育教师教育研究前沿与热点对比分析》，《首都体育学院学报》2015 年第 4 期。

③ Susan Capel, Sid Hayes, Will Katene, et al., "Philipa Velija: The Interaction of Factors which Influence Secondary Student Physical Education Teacher Knowledge and Development as Teachers", *European Physical Education Review*, Vol. 17, No. 2, March 2011, pp. 183 – 201.

④ Stylianou Michalis, Kulinna Pamela Hodges, Cothran Donetta, et al., "Physical Education Teacher Metaphors of Teaching and Learning", *Journal of Teaching in Physical Education*, Vol. 32, No. 1, January 2013, pp. 22 – 45.

⑤ Cay L. Timken, Jeff McNamee, "New Perspectives for Teaching Physical Education: Preservice Teacher Reflections on Outdoor and Adventure Education", *JTPE*, Vol. 31, No. 1, January 2012, pp. 21 – 38.

所产生的利益有限、不利于高校绩效的提升等原因，其参与治理往往停留在"提意见建议"，而难以控制"集体决策"①。

在参与的价值意义方面，李如海认为，作为一种激励制度，教师参与高校内部治理，不仅为满足其"社会需要和自我实现需要提供了机会"，而且可以增强教师的成就感、满意度，进而为实现高校内部治理目标提供有力的保证②。刘兴春认为，教师参与高校内部治理，既是高校教育规律有序运转的需要，也是"教师专业自主权的自然延伸"③。郭卉认为，教师参与高校内部治理，有利于构建和形成高校参与网络，有利于消除教师与行政人员的矛盾、增强组织信任④。应通过构建信息公开、协商民主、意见反馈、参与激励等机制，拓展教师参与范围、确定参与目的与途径、勇于向教师赋权等策略，激励教师积极参与学校内部体育治理⑤。韩贝宁等认为，教育制度的属性缺失、高校治理的结构单一、教师治理的范围过大、课程治理的内容贫乏，导致高校体育教学改革困难重重，应通过建立家校结合的体育文化体系、构建多方协同治理的组织结构、形成多元主体协同共治的局面、完善协同平台、转变评价体系，提升高校体育教学治理效能⑥。

另外，关于高校体育教师参与体育治理的研究，其热点主要在于体育教师专业化、体育教师教育与改革以及国际借鉴等方面，对于体育教师在高校体育治理中的地位、作用及参与机制研究得不多。现有研究多是基于宏观视角，分析和探讨教师参与课程建设情况、体育教师职业发展评价、体育教师自身体育行为等，学界对体育教师参与高校体育治理的现状还有待探索。

（4）高校学生参与体育治理的研究。在学生层面，推动大学生参与

---

① 李永亮：《高等学校内部治理结构优化研究》，博士学位论文，山东大学，2016年。
② 李如海：《美国"教师参与决策研究"述评》，《教育学术月刊》1997年第6期。
③ 刘兴春：《学校管理中教师参与初探》，《现代教育管理》2002年第12期。
④ 郭卉：《大学治理中教师与行政人员的关系：基于社会资本的研究》，《现代大学教育》2005年第3期。
⑤ 魏叶美：《教师参与学校治理研究》，博士学位论文，华东师范大学，2019年。
⑥ 韩贝宁、马婧宇、梁青：《治理理论视域下高校体育教学改革的困境与路径探析》，《第十一届全国体育科学大会论文摘要汇编》，中国体育科学学会，2019年10月，第6079—6081页。

高校内部治理具有极其重要的价值①。联合教科文组织发布的《21世纪高等教育：展望行动世界宣传》提出，高校应将大学生视为"高等教育改革的主要的和负责的参与者"，并在现行体制内，使之参与高校内部治理。大学生体育参与，指采用体育的方法手段实现体育目的的活动，包括运动参与、体育的组织、管理、宣传、观赏等方面的行为活动②。巩庆波等通过研究大学生体育环境感知、体育参与、体育收获相互作用关系，促进大学生体育参与，增进健康，建议应将大学体育政策的结构性改革和培育体育文化素养作为大学生体育参与治理的理论导向和路径依赖，构建促进大学生体育参与的政策保障、价值引导体系③。当前高校体育的窘境是无法通过平衡大学生个体的人本价值和服务社会的工具价值来实现引导大学生的科学体育价值观，也就难以从根本上发挥大学生体育参与主体的自觉创造性④，同时应积极培育大学生的公民意识和参与学习事务的能力⑤。Beggs BA等的研究发现，在校大学生经常面临阻碍他们参加校园体育运动的障碍或限制，需要学生通过主动进行谈判和维权以获得权利保障⑥。

大学生实然体质健康水平与应然水平的巨大反差，反映了中国普通高校体育内部治理的失灵与失效，引发了学界的多维审视与反思。杨辉基于多维视角，分析了中国高校体育面临的困境，主要是高校体育功能弱化、理论与实践相脱节、体育科研对体育教学支持不足等⑦。丛灿日等认为，当下高校体育工作面临着高校体育功能弱化与大学生体育参与动

---

① ［美］亨利·罗索夫斯基：《美国校园文化——学生·教授·管理》，谢宗仙等译，山东人民出版社1996年版，第233—255页。

② 刘一民：《体育行为学》，人民体育出版社1993年版，第5页。

③ 巩庆波、耿家先等：《大学生体育环境感知、体育参与、体育收获相互关系的实证研究》，《西安体育学院学报》2021年第2期。

④ 汪全先、王健：《我国学校体育中的当代伦理问题及其消解路向》，《体育科学》2018年第1期。

⑤ 张有武：《学校内部治理中的学生参与：缘由阐释、困境分析与对策探赜》，《教育理论与实践》2021年第16期。

⑥ Beggs BA, Elkins DJ, Powers S., "Overcoming Barriers to Participation in Campus Recreational Sports", *Recreational Sports Journal*, Vol. 29, No. 2, February 2005, pp. 143–155.

⑦ 杨辉：《高校体育的困境与出路》，《体育学刊》2014年第4期。

力不足的双重困境，其原因在于："重文轻武"观念影响、大学生体育需求被边缘化、高校体育教师认知错位、高校与法律法规相应的工作制度与细则缺失等①。黄美蓉等基于高校体育的维度认为，体育是"人"的体育，"培养大学生人格"是高校体育的本质，但由于片面强调高校体育的健身强国的政治价值、社会服务价值、学科发展价值，而忽略其个体人本价值，造成了高校体育陷入了一种"知而不信、知而不行、言行分裂"的发展困境②。

促进大学生体育运动参与和治理参与，是当前高校体育职能发挥的重要体现。汪全先等基于伦理学维度，认为包括高校体育在内的整个学校体育，普遍存在伦理追求偏离、道德阈限僭越问题，具体表现为"工具理性越位、诚信道德遗失、人道本位放逐、幸福获得阙如"等③。康晓磊认为，目前高校体育发展困境，主要包括理论研究不够、资源投入不足、师资力量薄弱、体育活动管理失范等④。巩庆波等基于"健康中国2030"维度，指出高校公共体育矛盾较为突出，在高校公共体育价值认同上，由于高校体育价值取向受功利主义的左右，"体育课成为达标测试工具""运动训练成为获取奖牌标榜功绩的工具""体育参与被当成文化课学习的调节手段"，异化了高校体育的价值与目的；在高校体育政策执行上，由于"院校部门、项目协会、教师、学生群体之间利益博弈、沟通协调不畅、信息不对称"等，削弱了体育政策的激励导向功能、揭示功能，造成体育政策难以落地落实；在高校体育参与上，由于过于强调学生的自主性、有效监管的缺失、课程设置不够合理、教学效果不佳、

---

① 丛灿日、付冬梅：《我国高校体育工作失范的归因及应对——〈高等学校体育工作基本标准〉引发的思考》，《体育学刊》2015年第6期。

② 黄美蓉、丁三青、张元：《我国大学体育价值流变探析》，《体育与科学》2016年第1期。

③ 汪全先、王健：《我国学校体育中的当代伦理问题及其消解路向》，《体育科学》2018年第1期。

④ 康晓磊、刘鎏：《高等教育普及化背景下我国高校体育发展的困境与出路》，《山东体育学院学报》2018年第4期。

绩效评价片面化,造成大学生体育参与度不高①。冯作龙、王星宇建议,加强学校管理并形成健康的生活方式,加强理论指导,树立终身体育观,丰富组织形式,正确引导学生参与体育锻炼②。可见,大学生体育治理参与不足既与多年形成的行政主导下的课程思维有关,也与大学生普遍存在体育运动惰性有关。

(二) 关于高校体育治理制度的研究

作为一种道德伦理规范,制度"是人们创造的、用以限制人们相互交流行为的框架",旨在"约束追求主体福利或效用最大化利益的个体行为"③。高校体育治理效能的发挥离不开强有力的制度作为保障。研究高校体育治理制度现状、分析治理制度建设举措,可为本书提供借鉴与启发。

(1) 高校体育治理制度现状研究。关于高校体育治理制度现状研究,Wilson OWA, Walters SR 研究了新西兰大学在校学生参与校内体育的状况,发现大学学生经常遇到体育活动和体育参与的限制,体育管理部门在制定这些限制条款时甚至并未举行听证④。Hartman CL, Evans KE 定性研究探讨了校园娱乐总监如何在整个校园内建立基于健康的合作伙伴关系,以满足学生的健康需求,提出培养跨校园合作文化、建立正式合作伙伴关系以及利用基于过程和结果的评估等措施⑤。

史为临等分析了发达国家学校竞技体育管理机构设置特点,加拿大联邦政府未设"教育部",该国学校竞技体育管理由"大学体育联合会"

---

① 巩庆波、沈奕圻等:《"健康中国2030"背景下高校公共体育供给侧改革研究——以体育价值、政策、参与为视角》,《西安体育学院学报》2019年第4期。

② 冯作龙、王星宇:《上海高校女生锻炼与健康管理研究》,《体育科学研究》2019年第4期。

③ [美] 道格拉斯·G. 诺斯:《经济史中的结构变迁》,陈郁、罗华平译,上海三联书店1994年版,第225—226页。

④ Wilson OWA, Walters SR, Naylor ME, Clarke JC, "University Students' Negotiation of Physical Activity and Sport Participation Constraints", *Recreational Sports Journal*, Vol. 43, No. 2, March 2019, pp. 84 – 92.

⑤ Hartman CL, Evans KE, Barcelona RJ, Brookover RS, "Constraints and Facilitators to Developing Collaborative Campus Wellness Partnerships", *Recreational Sports Journal*, Vol. 42, No. 2, February 2018, pp. 130 – 144.

(CIS）负责；日本学校竞技体育管理设置了层级分明的结构体系，上层为"大学生（中学生）体育联合会"，中间层为"地方大学生（中学生）体育联合会"，下层为"大学生（中学生）体育俱乐部"[①]。田祖国等介绍和分析了美国高校体育组织设置特点，该国高校体育组织主要有休闲体育部、体育竞赛部、体育院系等。其中，休闲体育部设置有两种形式，一种是主管部门下设办公室，如美国常春藤盟校，有的在"大学运动系"下设"休闲体育办公室"，有的则下设"俱乐部体育办公室"；一种是设置专门的"休闲体育部"，如明尼苏达大学就采取这种组织设置形式，现改为"大学休闲和健康中心"。体育竞赛部的职能主要负责高校的竞技体育场馆的运营与维护、体育竞赛、运动队管理等，该组织一般下辖诸多行政管理部门、体育社团、运动队等，如明尼苏达大学体育竞赛部下辖的行政管理部门多达22个、运动队25个；校际之间设置了NCAA，其成员组织与内设机构更是复杂。体育院系的主要职能在于负责公共体育课教学、体育本科生与研究生培养、体育科研等[②]。在没有体育专业的高等院校中，高校体育的生存与发展，更是令人颇感头痛。因为缺乏专业课程和专业学生的支撑，高校体育很难跻身激烈的"核心竞争力"主流[③]。

当前高校所面临的体制机制改革，已不再是教学与课程方面的改革了，更多涉及的是高校落实国家相关文件法规的有效监督以及当前高校体育治理结构性混乱带来的责权不明问题，其中最明显的是管理制度建设已远远跟不上学校体育的整体发展[④]。王书彦、周登嵩认为，作为教育政策和体育政策之一的学校体育政策，它的有效执行将关系着教育方针的全面落实和新时期教育目标的预期实现[⑤]。体育管理要适应体育教育功能的变革，这涉及多年来形成的管理体制创新乏力问题。贾文彤对高校

[①] 史为临、毛丽娟：《体育发达国家学校竞技体育管理模式的比较研究》，《北京体育大学学报》2009年第10期。

[②] 田祖国、罗婉红、王秀强：《美国大学体育组织建构与运行机制及启示》，《体育成人教育学刊》2014年第2期。

[③] 陈慧：《我国大学体育学科建设研究》，博士学位论文，武汉大学，2011年。

[④] 刘阳、何劲鹏：《我国学校强制体育的合理性探析》，《体育学刊》2015年第5期。

[⑤] 王书彦、周登嵩：《学校体育政策执行力的评价指标体系》，《体育学刊》2010年第6期。

体育改革政策法规进行了分析，认为改革开放 30 年间高校体育政策法规的出台，指导和保障了高校体育改革的不断深化，但以专业标准以及政策居多[①]。这里有其背景：在非专业体育院系的高等院校中，高校体育的生存与发展，更是令人颇感头痛。因为缺乏专业课程和专业学生的支撑，高校体育很难跻身激烈的"核心竞争力"主流[②]。朱二刚等基于大学生体质健康水平不断下降的困境，分析了高校体质健康政策执行面临的多重困境：基于国家制度逻辑，由于国家相关体育教育理念的多元性、政策目标的模糊性、文本描述的笼统性，加之高校体育地位的边缘化，使得高校体质健康政策执行中面临诸多矛盾和冲突，一些高校体育管理者、工作者出现"不为、错为、乱为"的问题；基于地方政府的制度逻辑，作为"经济人"，地方政府基于自身的政治目的，往往依据利益最优原则"选择性"地执行国家相关体育政策，注重高校体育的场馆设施、竞赛规模、竞技成绩等外显指标，而对于高校体育软件建设、体育教育教学质量提供、大学生体育观念培养等内隐品质"视而不见"；基于高校的制度逻辑，由于高校面临"多方苛求""多重压力"，在体质健康政策执行中存在着"政策变通""弄虚作假"等问题，并提出国家与地方政府应调适控制主体利益，建立和推行"选择性激励"机制；高校应增强高校决策者的责任意识、建构无障碍的信息沟通系统、操作性强的行政问责机制[③]。

（2）高校体育治理制度创新研究。近年来，国内许多研究者基于多个维度，分析和探讨了中国高校体育治理的制度困境与破解路径。黄晓明的研究认为，组织型组织具有"责任明确、结构简单、行动统一、联系简捷、权力集中"等优势和特点，是中国普通高校体育组织设置的"最佳方案"，并在此基础上，建立矩阵形的组织结构；同时提出了设计

[①] 贾文彤、梁丹青、郝军龙、李元敬：《高校体育改革若干政策法规的回顾与分析——从改革开放后谈起》，《河北师范大学学报》（教育科学版）2009 年第 2 期。
[②] 陈慧：《我国大学体育学科建设研究》，博士学位论文，武汉大学，2011 年。
[③] 朱二刚、杜天华：《多重制度逻辑下高校体质健康政策执行困境研究》，《哈尔滨体育学院学报》2020 年第 1 期。

与建构的原则：分工明确、管理高效、权责统一、集权与分权相结合等[1]。朱桂林认为，目前中国高校竞技体育竞赛组织机构存在政府下放权力不足、大学生体育协会社会化进程缓慢、大学生体育协会单项分会竞赛职能不足、大学生体育社团与专业性体育组织联系较少、组织机构市场化运作水平较低等问题，应理顺政府与高校体育社团关系，明确大学生体育协会及单项分会竞赛职能、竞赛管理职能，提升高校体育组织机构市场化运作水平[2]。吴春霞、钟秉枢分析了中国高校体育组织设置的职能、层次、部门、职权的结构特点，指出了其中存在的问题，并进行了优化设计[3]。贾文彤等对高校体育改革政策法规进行了分析，认为改革开放 30 年间高校体育政策法规的出台，指导和保障了高校体育改革的不断深化，但以专业标准以及政策居多[4]。曹盛民等的研究认为，高校体育治理结构的完善、政策预期目标的实现，应促进高校体育政策工具多样化、均衡化运用[5]。Knowles 建议，大学体育教育与校园体育应建立基于制度设计的协同框架[6]。

高校体育运动育文化作为校级最好体育管理机构，其职能发挥与否，直接关系到体育治理成效。高伟等基于高校体育运动委员会治理议题，指出，目前高校承载着高校体育最高管理职能的"体育运动委员会"，是基于 20 世纪 50 年代成立国家体委的背景下设置的，而在 90 年代末，国家体委改为国家体育总局后，高校"体育运动委员会"无论是名称还是职能，至今却未曾改变，其职责履行面临诸多困境。比如，有的高校虽

---

[1] 黄晓明：《论我国普通高校体育管理的组织职能》，《体育文化导刊》2003 年第 6 期。
[2] 朱桂林：《我国高校竞技体育竞赛体系组织结构的现状及发展对策研究》，《西安体育学院学报》2009 年第 2 期。
[3] 吴春霞、钟秉枢：《我国普通高校体育管理组织结构变迁的影响因素研究》，《沈阳体育学院学报》2009 年第 5 期。
[4] 贾文彤、梁丹青、郝军龙、李元敬：《高校体育改革若干政策法规的回顾与分析——从改革开放后谈起》，《河北师范大学学报》（教育科学版）2009 年第 2 期。
[5] 曹盛民、史万兵：《基于价值链—政策工具二维框架的我国高校体育政策研究》，《东北大学学报》（社会科学版）2018 年第 6 期。
[6] Knowles, A., Wallhead, T. L., & Readdy, T., "Exploring the Synergy Between Sport Education and In-school Sport Participation", *Journal of Teaching in Physical Education*, Vol. 37, No. 2, April 2018, pp. 113 – 122.

然设有"体育运动委员会",但其职责却由内部体育管理部门代为行使,有的高校实行的是高校"体育运动委员会"与体育学院或体育教学部"一套班子、两个牌子",这些高校"体育运动委员会"实际成为一种"虚拟设置";在管理层级上,高校"体育运动委员会"是在高校党委领导下负责学校体育管理与组织的机构,体育学院或体育教学部应其负责,但在实际操作上,体育学院或体育教学部行使的是"体育运动委员会"的职责;在职责行使范围上,虽然"体育运动委员会"统领高校体育工作,但由于许多工作执行主体不统一,造成其部分职责行使的尴尬,如学生体育组织的注册、日常管理、经费支持等职责由高校团委行使,其实际成立、场馆使用、教练聘用等现职则由体育学院或体育教学部行使,这种多头管理模式制约了学生体育组织的健康发展[①]。

贺兆轩等(2020)基于国家治理的宏观背景,认为加强高校体育治理,首先要聚焦"坚持和巩固什么",坚定高校体育治理的方向,即坚持党对高校体育的全面领导、坚持大学章程在高校体育治理中的根本地位、坚持大学生参与高校体育管理的治理方式;其次要围绕"完善和发展什么",不断优化高校体育治理结构,即完善顺应时代与社会发展需求的对接机制、从难从严的教学管理机制、导向鲜明的评价激励机制、支撑人才培养标准的评估监督机制、服务"双一流"建设的交流合作机制,同时,提高制度的执行力,增强高校体育治理的效能[②]。综上所述,高校体育治理结构中的制度要素是制约体育治理结构效能发挥的重要因素,对此国内外学者均持有相同观点。

(三)关于高校体育治理环境的研究

高校体育治理环境包括高校内外部环境。目前国内外研究者普遍关注高校体育治理与国家体育政策文件、国家体育战略以及高校体育市场化、社会化的关系,以及由此给高校体育治理结构的影响。

(1)高校校园体育环境构建价值研究。Makubuya T.(2020)研究发

[①] 高伟、曾玉华、秦海权:《高校体育运动委员会治理研究》,《体育文化导刊》2017年第8期。

[②] 贺兆轩、朱道辉:《推进我国高等体育院校治理体系和治理能力现代化的思考》,《成都体育学院学报》2020年第3期。

现，许多美国大学校园都有通过健康努力来丰富用户生活的方法，通过最先进的或新装修的休闲和健康设施提供健康和休闲服务是一种途径[1]。Gary Rhoades 研究了高等教育市场化、社会化进程中，高校内部治理结构的变化，以及这种变化给高校传统学术权力带来的变化；在他看来，作为一种新的管理模式，学校资本主义模式必然削弱教师的学术权力[2]。Christian K. Anderson 等研究了美国校园橄榄球文化，认为大学体育对当今美国高等教育和校园生活的产生了深远影响[3]。美国大学体育组织一般分为休闲体育部、体育竞赛部、体育院系等，其中休闲体育部主要负责校内校级体育竞赛、群体活动与个人日常体育锻炼以及体育俱乐部日常运营监管等，体育院系负责公共体育课教学、体育专业本科生和研究生的培养、体育科研等，体育竞赛部负责校际体育竞赛、竞技体育场馆的运营与维护、运动队管理（包括选聘教练员和运动员的招生、学习、训练等）[4]。日本大学在高校体育管理中，设立了管理体育活动的特别委员会，树立对校内、校外竞技的最高方针，是运营的主要任务，强调运动员精神，普及学生的体育活动，进行一定的奖励活动，这个委员会应包括校长、系主任、体育教师、学生部长等相关的人士组成，并明确承担自己的任务[5]。

与此相关，有多名学者分别论述了政府对于高校内部治理结构的影响，如 Harry de Boer 的研究表明，瑞典政府颁布的 WUB（1968）、WWO（1980）、WHW（1993）、MUB（1997）四部高校治理结构法，推动了该国高校内部治理结构从"代表型"到"混合型"，再到"行政

---

[1] Makubuya T., Kell Y., Maro C., Wang Z., "Campus Wellness Facility, Student Contentment and Health", *Recreational Sports Journal*, Vol. 44, No. 1, January 2020, pp. 60–66.

[2] 张继红：《学术资本主义对高等教育的影响分析》，《当代教育论坛》2011 年第 1 期。

[3] Christian K. Anderson, Amber C. Fallucca, *The History of American College Football: Institutional Policy, Culture, and Reform*, London: Taylor and Francis: 2020, pp. 18–19.

[4] 田祖国、罗婉红、王秀强：《美国大学体育组织建构与运行机制及启示》，《体育成人教育学刊》2014 年第 2 期。

[5] ［日］高桥幸一、李通江：《浅谈日本大学的体育管理》，《桂林师范学院学报》1999 年第 3 期。

型"的演变;① Michael Shattock 研究指出,英国高校内部权力结构的变化,主要是源于英国政府"拨款政策"的影响。② Mark Considine 的研究强调,澳大利亚政府对于高校内部治理结构的影响手段主要是"立法"与"拨款"。③同时,Martin Trow④、Raimond Gaita⑤、Mark Considine⑥分别论述了市场因素对于高校内部治理结构的影响。基于外部环境影响,国外研究者发现传统的高校内部治理结构存在职能划分不清的问题,各利益主体的权力、利益与责任无法充分反映出来,进而构建了高校内部治理结构环境影响模型⑦。

（2）高校体育政策环境构建措施研究。朱思鹏等基于权变理论,分析了高校体育组织机构建设的内外部环境影响,结果发现,在政策及战略环境上,高校体育的目标和任务、战略地位发生了重大变化,高校体育的功能日趋多元,建设和优化高校体育组织机构成为历史必然;在内部组织结构类型上,高校体育组织机构设置和管理还存在诸多问题,主要表现为组织机构比较简单、管理跨度较大;在人力资源的配置管理上,主要是专职教师为主,高校体育人力资源主体的单一性,决定了组织机构功能的单一性,即以体育教学科研为主,而其他功能则被趋于边缘化。基于权变理论,应推动高校体育组织机构网络化、互动化、弹性化,实行以人为中心的柔性管理,并根据内外部环境的变化而不断规划和调整

---

① Harry de Boer, Bas Denters, Leo Goedegebure, "On Boards and Councils: Shaky Balances Considered the Governance of Dutch Universities", *Higher Education Policy*, Vol. 11, No. 2, July 1998, pp. 153 – 164.

② Michael Shattock, "Re-Balancing Moderm Concepts of University Governance", *Higher Ed, Ucation Quarterly*, Vol. 56, No. 3, October 2002, pp. 235 – 244.

③ Mark Considine, The Enterprise University & New Governance Dynamics, 2011 – 10 – 8, http://www.fabian org. au/library/event、papers – 2001/1081757599 – 434. html, 2020 – 9 – 27.

④ Raimond Gaita, "Academics must Fight", *The Age*, Vol. 24, No. 2, March 1998, p. 13.

⑤ Martin Trow, "Governance in the University of California: the Transformation of Politics into Administration", *Higher Education Policy*, Vol. 11, No. 4, October 1998, pp. 201 – 215.

⑥ Mark Considine, The Enterprise University & New Governance Dynamics, 2011 – 10 – 8, http://www.fabian org. au/library/event、papers – 2001/1081757599 – 434. html, 2020 – 9 – 27.

⑦ Yüner, B. & Burgaz, B., "Evaluation of the Relationship Between School Governance and School Climate", *Education and Science*, Vol. 44, No. 3, March 2019, pp. 456 – 552.

组织机构设置与人力资源配置[①]。王芳等基于系统理论、整体联动视角，分析了外部环境对学校体育治理的影响，认为学校体育治理结构的不完善，很大程度上源于外部环境治理主体缺位，即学校体育现代化的价值目标不明确、法制不完备、制度设计不完善、学校体育经费投入不足等，应建立"政府主导的协商式互动机制、学校体育规范与问责法律体系及运行机制、信息畅通与反馈机制"，提升学校体育治理的现代化水平[②]。田标等认为，学校体育外部环境治理主体具有多元性，由于学校体育具有鲜明的政治主导性，所以导致学校体育外部治理环境主要依托的是行政文化法规，诸如经济社会文化等环境要素很难与行政指令形成整合力，进而导致学校体育的异化以及学生体质的下降，应形成政府主导、社会多元主体联动的外部治理环境[③]。J. A. Brunton 和 C. I. Mackintosh 认为，尽管大学认识到与内部和外部利益相关者建立共生关系的价值，但战略驱动因素更多是内部而非外部的，大学体育治理亦是如此[④]。

有学者基于制度互补性视角，分析了学校体育设施的外向度问题，认为学校体育场馆设施融入社会体育公共服务体系还有很大的难度，政策壁垒和制度建设滞后等问题是学校体育设施社会开放度不高的重要原因，应完善相关配套制度改革措施，提升学校体育设施的外向度[⑤]。张恩利的研究认为，目前普通高校阳光体育存在流于形式、后继乏力的困境，其原因在于立法欠缺、管理权责不明、经费保障不足、应急处理缺位等，

[①] 朱思鹏、周璐：《基于权变理论的高校体育组织机构建设管理》，《湖北体育科技》2019年第12期。

[②] 王芳、田标：《学校体育现代化外部环境治理主体的缺位与应对》，《南京体育学院学报》（社会科学版）2008年第6期。

[③] 田标、唐永干：《论学校体育现代化外部环境治理主体的多元性》，《武汉体育学院学报》2010年第1期。

[④] J. A. Brunton & C. I. Mackintosh, "Interpreting University Sport Policy in England: Seeking a Purpose in Turbulent Times?", *International Journal of Sport Policy and Politics*, Vol. 9, No. 3, July 2017, pp. 377–395.

[⑤] 张磊：《学校体育设施向社会开放的困境解析：基于制度互补性的视角》，《首都体育学院学报》2012年第1期。

并就高校阳光体育运动长效开展提出了对策建议①。刘玉、朱毅然认为，创新协作模式，形成多元合力，提升体育治理能力；重构体育权利结构，优化体育治理格局，推进体育治理对话②。另外，卓晗建议高校从营造良好的健身环境、提升大学生的体育知识和运动技能等方面采取措施，促使学生体质健康状况有效改善③。

诚然，高校体育治理环境对治理结构的影响，没有国家文件法规推进效果那么明显，但高校体育治理改革已经走过了完全遵循从上而下的逻辑径路，高校内部环境作为治理改革的推动力，将得到进一步显现，如高校体育教育教学改革氛围、校园文化建设营造、为学生和教职工日常建设所搭建的服务体系等，均对高校体育治理结构改革创造了沃土和便利环境。

四 研究评价与趋势展望

综合国内外相关研究，我们可以得出三点基本的认识：其一，高校体育治理结构的建构与形成，是高校基于历史传统、环境适应与自适应的必然结果；其二，高校体育治理结构的优化与发展，是一个由简单到复杂的演变过程，其内在的根本动力，在于高校体育相关利益主体的多元与分化，以及相关利益主体对于高校体育控制权力的诉求理想化与现实可能性的矛盾冲突；其三，高校体育治理结构的发展、形成与优化，是一个不断发展变化的过程，既没有永恒不变的高校体育治理结构，也没有放之四海而皆准的普适的高校体育治理结构。

国外相关研究由于体育文化丰厚、理论基础成熟、研究起步较早，关于高校治理结构研究相对成熟，为我们研究、建构和优化高校体育治理结构提供了借鉴与启示。主要体现在：首先，开拓了我们的研究视域。

---

① 张恩利：《我国普通高校阳光体育运动长效开展的制约与对策》，《南京体育学院学报》（自然科学版）2015年第6期。
② 刘玉、朱毅然：《新时代我国体育治理的经验审视、时代使命与改革重点》，《天津体育学院学报》2021年第1期。
③ 卓晗、周超、周正卿：《大学生体质健康干预研究》，《学校党建与思想教育》2020年第21期。

目前国内研究者对于高校体育治理结构提出了各种各样的观点，存在重点不清、范围不明的问题。而在国外学者看来，高校体育治理结构的核心是权力，其研究的实质在于透析高校内部权力分配及其运行机制。它启示我们，研究高校体育治理结构，应以高校为本体，基于其权力结构来揭示高校体育内外部关系。其次，为我们提供了方法论的启示。目前国内相关研究多系理论思辨与定性研究，研究方法较为单一。而国外相关研究方法较为多样，多采用案例剖析、实证研究等方法，为我们研究高校体育治理结构提供了方法论启示。同时，我们也发现，国外相关研究还存在一定的不足，比如，在研究重点上，更多是基于环境变化条件下的高校体育治理结构的变化与表征，而对于高校体育治理结构所应有的一些内生性共同特征的研究还缺乏系统性、全面性与深入性。我们还意识到，作为一种制度安排，高校体育治理结构的建构与优化，是更深层次的文化与价值观的反映，换言之，国外相关研究是以西方历史文化为背景和基础的，其观点、思路与成果，未必适应和适合高校体育治理，这就需要我们在比较研究中，探寻高校体育治理结构的共同要素，并结合中国国情与高校体育实际，建构和优化本土化的高校体育治理结构。

国内相关研究起步相对较晚，但在国家治理背景下，国内研究者开始对高校体育治理结构进行多维度、多层面的分析与探讨，为本研究提供了理论支持。但同时，国内现有研究还存在许多不足，在研究视角上，普遍以高校体育相关主体的体育课程参与和高校体育公共服务获得感两个维度，建构和优化高校体育治理改革创新策略中，存在重点不清、范围不明的问题。在研究方法上，普遍采用理论思辨与定性研究方法，通过国际比较、逻辑推理和经验分析等方法，研究高校体育治理结构问题。由于研究方法的局限，使得研究观点、结论多有重复。

随着经济全球化、高等教育国际化的深入发展，高校体育的战略地位和多元功能日益凸显出来。优化高校体育治理结构，推动高校体育健康可持续发展，使之成为人才强国、体育强国、健康中国的战略支撑，是新时代赋予高校体育的使命与责任。近年来随着国家治理体系与治理能力建设，在高校体育治理现代化中的有效应用，高校体育治理也引发了学界持续探索的热情，为本研究奠定了扎实的理论基础，也增加了本研究的信心和持续探索的动力。现有的高校体育治理方面的研究成果还不够丰富，其中体育治理结构研究依然存在较大空间。在新时代全面提升学校体育教育服务的当下，以体育治理结构优化为抓手的高校体育治理现代化研究，是新时代高校体育新发展阶段的内在要求。基于此，笔者在借鉴上述研究成果的基础上，立足高校体育新发展阶段，寻求高校体育治理结构优化的思路、模型与策略，为改进和完善高校体育治理结构提供理论支持和实践借鉴。

第四节　研究对象、思路与方法

一　研究对象

本书以中国普通高校体育治理结构为研究对象。具体关涉的调查对象包括普通高校体育管理机构（体育部/学院）的党政领导、分管体育工作的校领导、体育教师、体育治理研究专家、高校师生等。这里的普通高校，是指中国大陆公立普通本科高校，不包括专业性较强的高校，如体育院校、军事院校、艺术院校等（以下统称"高校"）。2021 年 8 月 27 日教育部发布的《2020 年全国教育事业发展统计公报》显示，"全国共有普通高校 2738 所，其中本科院校 1270 所"，除去上述专业性较强的高校，全国普通高校约为 1000 所。这里的高校体育，包括了体育课教学、学生课余体育锻炼与指导、学生体质测试与健康管理、学校群体活动、校内外体育竞赛、教职工体育锻炼服务、场馆设施的运行与维护、体育教学与科学研究、体育运动队建设与管理、高水平运动员训练与竞赛管理和体育对外文化交流等内容。因此，本书所谓高校体育治理不仅是对课程的治理，还涵盖了发生在高校场域或与高校体育相关的体育事务的治理。

二　研究思路

本书拟通过"现实困境—发现问题—分析问题—解决问题"逻辑路径展开研究，以普通高校内部为着眼点，在文献研究的基础上，基于扎根理论，确定调查维度和指标、进行问卷调查、个案访谈与沉浸式观察等定性与定量相结合的研究方法，考察高校体育治理历史、调研高校体育治理结构现状、剖析高校体育治理结构问题、域外发达国家高校体育治理经验镜鉴,探索中国普通高校体育治理结构的优化模式与策略。(1)高校体育治理结构的国内外文献梳理和理论基础阐释,以此获得学界相关研究动态、选题缘起与意义、核心概念与理论参照;(2)对高校体育治理结构历史进行溯望,通过对各个历史时期高校体育治理结构进行梳理分析,总结历史经验与局限;(3)接着借助定性与定量相结合的方法对高校体育治理结构现状成就、困境诉求展开调查;(4)从治理结构核心维度对高校体育治理结构现状进行剖析,探析高校体育治理结构困境致因;(5)分析了以美国、德国和英国为代表的西方部分高校体育治理结构特征,对西方部分高校成功经验进行本土转化;(6)基于上述分析构建新时代高校体育治理结构优化模型,提出高校体育治理结构优化的实施建议。研究技术路线如图1—2所示。

三 研究方法

方法是人类探索自然的利器,面对奥妙无穷的宇宙之谜和浩瀚繁复的自然现象,科学方法是我们借以了解知识的唯一道路。笔者首先考虑的是想要通过研究发现什么,计划解决什么问题,将会呈现什么样的解决路径。本研究缘起于:大学生体质健康水平多年得不到有效扭转的原因是什么?高校体育作为一门国家规定的公共必修课为何在高校没有存在感?高校体育怎样才能有为有位?高校体育治理结构应如何优化以实现高校体育的价值与功能?选择什么样的研究方法,取决于所要研究的问题以及研究者所能够便捷高效解决问题的手段。本研究采用的方法主要有文献资料法和调查法,在调查法中,综合使用了问卷调查法、个案访谈法、扎根理论和实地考察法。

(一)文献资料法

在收集、整理、分析资料的基础上,笔者对目前可见的理论研究成果与实践中的一些成功的经验展开分析研究。在研究中注重文献研究与实证研究的结合,通过网络文献检索和纸质期刊、书刊、著作查阅等文献收集方式,收集文献数据,并进行梳理分析与系统研究和整理;同时通过实地调研掌握国内高校体育治理实践中所形成的成功经验、校本工

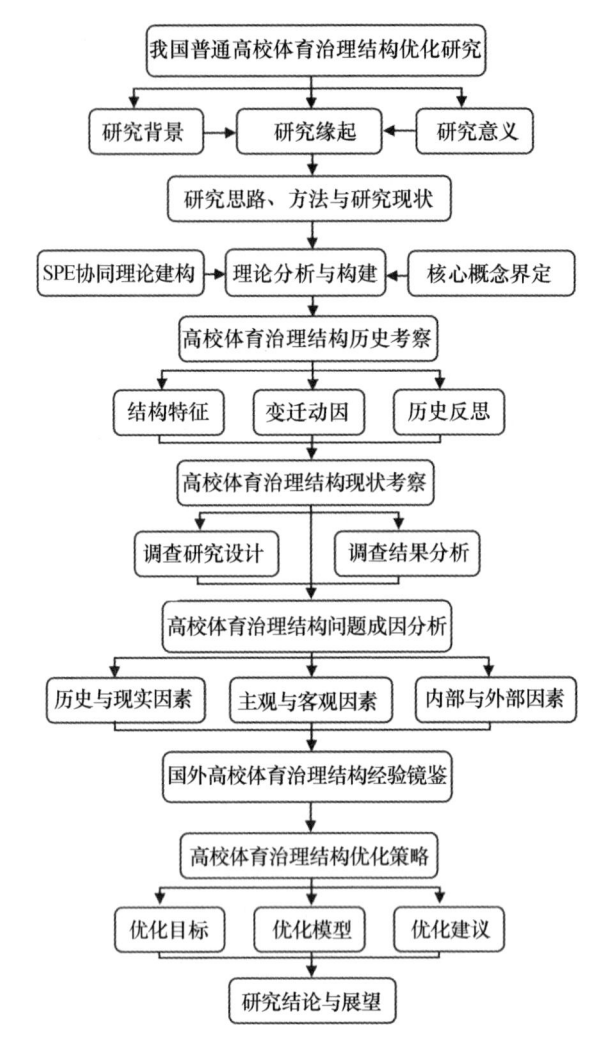

```
我国普通高校体育治理结构优化研究
    ↓
研究背景 → 研究缘起 ← 研究意义
          ↓
  研究思路、方法与研究现状
          ↓
SPE协同理论建构 → 理论分析与构建 ← 核心概念界定
          ↓
   高校体育治理结构历史考察
          ↓
 结构特征    变迁动因    历史反思
          ↓
   高校体育治理结构现状考察
          ↓
   调查研究设计    调查结果分析
          ↓
  高校体育治理结构问题成因分析
          ↓
历史与现实因素  主观与客观因素  内部与外部因素
          ↓
   国外高校体育治理结构经验镜鉴
          ↓
    高校体育治理结构优化策略
          ↓
  优化目标    优化模型    优化建议
          ↓
      研究结论与展望
```

图1—2 研究技术路线示意

作条例、体育治理工作办法、体育工作监督制度等第一手资料，并辅以经典案例观察以及专家访谈等实证研究梳理本研究相关的成果、问题和趋势。

高校体育是国家促进大学生体魄强健、完善人格、锤炼意志的重要手段，有关职能部门出台了诸多文件法规予以规范和推进，这些文件对高校体育具有强烈的行政导向作用。因此，对中国出台的学校相关文件法规文本进行研究解析，是研究高校体育治理不可或缺的重要内容，从中可总结新中国成立后全国普通高校体育发展的历史规律和脉络，研判高校体育未来发展方向。

（二）调查法

调查法是本书的主要应用研究方法，根据研究设计和研究对象的特征，综合采用了问卷调查法、访谈法、实地考察法和田野民族志等手段，全面剖析高校体育治理结构现状、难点和痛点，为研究结论的提出提供坚实的依据。

1. 问卷调查法

为全面了解中国普通高校体育治理结构现状、成就与问题，在通过扎根理论获取理论核心要素的基础上，笔者参考学界有关调查问卷编制方法和原则，设计了《我国普通高校体育治理结构调查问卷》，以清华大学、北京大学、江苏师范大学、中南民族大学、湖北工业大学、合肥学院等437所高校的体育部门领导为调查样本来源高校，其中原"985"高校11所；原"211"高校48所；省属重点本科高校177所；省属一般本科高校195所；委属本科高校6所。采取实地发放和线上发放相结合的方式，共发放问卷558份，收回有效问卷546份。回收的问卷采用SPSS22.0统计软件进行数据处理，问卷信度采用克伦巴赫 a 系数进行测量验证，问卷效度指数拟采用的是 RMSEA、CFI、TLI、SRMR 等多个拟合指数。

2. 访谈法

访谈法又称晤谈法，是指通过调查者和受访人面对面的交谈，来了解受访人对某些话题的认识和见解的社会科学基本研究方法。本书主要围绕普通高校体育治理结构现状、问题和优化，采用面对面"半结构式"访谈手段，对部分高校校领导（分管体育工作）、高校体育部分领导、高校体育教师、高校体育治理研究专家、高校教职工、在校学生等群体进行了访谈。根据其回答或者主动表述的内容，结合参与观察中所获取的事实材料，总结具有普遍性意义的规律与经验，为研究高校体育治理结构优化提供了实践依据和经验支持。

3. 实地考察法

笔者多年从事高校体育工作，对高校体育教学工作和体育管理工作十分熟悉，承担了高校部分体育管理工作，对高校体育治理中所存在的问题、难点和痛点十分的熟悉。因工作关系经常与其他高校的相关人员进行教学和管理业务方面的交流，每年考察走访较多高校，这些经历对本研究起到了实践支撑作用。

田野调查最基本的宗旨就是注重现场，"感同身受"[①]式的情感体验和反思，对于探究研究对象的全貌具有重要意义。基于被研究对象和研究者自身的文化场域和透视角度相同，笔者可谓始终在"现场"，始终把自己放在一种客观冷静的角度去观察和收集资料，基本符合实地考察法和田野民族志的研究范式。

4. 扎根理论

扎根理论是一种研究路径，而不是一种实体的"理论"[②]。扎根理论十分注重研究者的亲身感受和进入现场的全面调研，而笔者是高校体育教师，与研究对象"共处"多年，十分适合采用该技术手段进行研究。本书运用经典扎根理论研究范式，对近20万字的深度访谈资料、工作心得与调研观察笔记和媒体资料进行了深度剖析，详细阐释资料数据中的内在规律，将现象进行概念化，进而将相似的概念归纳为范畴，再通过核心范畴逐步比较和归纳总结，得到了核心范畴及其之间的逻辑关系，从而完成理论整合与建构。本书对高校体育治理结构进行了核心要素模型建构，在此基础上对接下来展开的量化研究指标进一步筛选，形成调查问卷的指标维度。

第五节　研究重难点和创新点

一　研究重点与难点

（一）研究重点

从高校体育管理到高校体育治理，是对中国高等教育治理体系和治

[①] 董轩、何梦蕊：《感同身受：教育民族志方法的情感向度》，《教育学报》2020年第1期。

[②] 陈向明：《扎根理论在中国教育研究中的运用探索》，《北京大学教育评论》2015年第1期。

理能力现代化的局部回应，同样，普通高校体育治理是对体育管理的超越和升华，是对体育本质属性和价值功能的重新定位，是解决当前高校体育发展困境的有效手段。在高校体育治理诸要素中，高校体育治理结构改革是高校体育管理变革的核心。因此，本书的研究重点主要聚焦于全面揭示高校体育治理结构现状与成就、问题与困境；从历史脉络与现实情境中探寻高校体育治理结构面临系列问题的原因。

（1）客观展示高校体育治理结构现状。笔者经过严谨的调查，力争较为客观全面地展示高校体育治理结构实然状态，包括成就与不足、经验与困境。新中国成立以来，高校体育与新中国高等教育相伴而生，经过70多年发展取得了哪些成就、积累哪些经验、面临哪些挑战、存在哪些困境，对这些问题的回答，必须通过认真调查获得。对策与现状是对应关系，只有充分把握了当下中国普通高校体育治理结构的现状，才能分析问题背后的因果关系，从而有针对性提出优化建议。高校体育作为必修课程，其作用是显而易见的，但随着大学师生体育需求面的扩大和体育公共服务需求增加，其长期形成的管理路径依赖弊端逐渐显现出来，故需要分析阻碍或影响高校体育职能发挥的治理结构障碍。

（2）深度剖析高校体育治理结构问题与成因。只有系统全面了解当前高校体育治理中存在的问题症结，才可有针对性地提出策略建议。本书的研究逻辑起点，是高校体育治理中出现阻碍体育职能发挥的现实矛盾，厘清高校体育治理结构中存在的问题、堵点和痛点，是后续深入研究的基础；从高校体育治理结构实然状态出发，分析当前高校体育治理中出现问题的历史与现实原因、主观与客观原因、内部与外部原因，重点围绕体育管理组织架构、利益相关治理主体参与、体育治理制度执行与建设和校内外治理环境影响等维度探析治理结构优化路径与策略。

（3）构建高校体育治理结构优化模型。治理结构模型是对高校体育治理结构在形态上的直观表达，目的是更加清晰地说明中国高校体育治理结构中，监督、决策与执行主体间的权力分配方式和责任传导机制。基于中国高校体育治理历史与现实，结合西方部分发达国家的高校体育治理经验，尝试构建新时代中国高校体育"塔式"治理结构模型。

(二) 研究难点

根据本书的研究设计，在实施过程中需要克服的困难有主观方面的因素，亦有客观方面的因素，如所采用的理论分析框架如何指导研究的深入；中国普通高校数量多、分布广，应如何选择具有代表性的调查样本；笔者多年从事高校体育教学工作和管理工作，应如何避免自身工作经历的影响，从而保证本研究的客观性。

(1) 构建适切性的理论分析框架。本书的理论分析框架源自"行动者—系统—动力学"理论（ASD）、治理理论和利益相关者理论，根据研究实际需要融合发展了理论基础，进而形成了"SPE"协同理论。"行动者—系统—动力学"理论，将影响组织治理的要素分为行动主体、规则制度和环境驱动，将三者进行有效整合是组织发展的重要保障；治理理论关注的是多元主体对共同目标来共同承担责任的协商共治；利益相关者理论主张组织应当充分考量各个利益相关者的利益诉求，将各利益相关者纳入组织决策。因此，上述理论在阐释高校体育治理结构方面，都具有一定的解释力，但又不是十分的全面。本研究在此基础上构建的"SPE"协同理论，对高校体育治理问题解析和治理结构优化模型构建，提供了新的理论分析工具。如何运用"SPE"协同理论指导整个研究，是本书所面对的难点之一。

(2) 选择富有代表性的调查样本。中国普通高校数量多、分布广，随着办学自主权的下放，高校体育事业的发展也呈现出百花齐放的局面，选取哪些高校可以整体反映中国高校体育治理结构现状与问题，需要遵循调查研究规律；同时，新冠肺炎疫情也为访谈和问卷调查增加了难度。从数量上看，超过1000所普通本科高校是本研究的样本范围，这些高校层次不同，地域分布广泛，调查样本选择与分层取样的科学性和代表性，是本研究面临的难点之一。

(3) 克服工作经历认知的局限性。由于笔者多年从事高校体育教学工作和管理工作，避免在研究中基于个人经验的先入为主思维，对本研究的客观性和广泛性非常重要。由于笔者长期工作在高校体育教学与管理一线，对高校体育有着较为深刻的理解，这种工作经历有利的一面是增加了研究领域的熟悉认知和责任使命感；不利的一面是可能会形成高校体育治理现状的认知局限，或多或少会有先入为主的因素。因此，在本研究中如何较为客观地区分"他者"与"我者"，不带个人偏见地进行学术探讨，是笔者所面临的难点之一。

二 研究创新点

优化普通高校体育治理结构，既是国家教育治理现代化的具体体现，也是完善高校内部治理结构的重要内容。本书基于中国普通高校体育治理现实问题，以高校体育治理结构优化为着力点，探究其优化模型和建议，创新之处主要体现为以下几个方面。

（一）拓展高校体育治理的研究范畴

高校体育治理是高等教育治理的具体体现，多年来学界对高校体育教育教学、大学生体质健康测试、校园体育文件建设和高校体育校内外竞赛进行了广泛而深入的研究，对高校体育存在的问题提出了应对之策，但总的来看多为"枝叶性"的局部探索，较少触及高校体育治理的"躯干与根系"，即高校体育治理结构问题。鉴于此，本书聚焦中国普通高校体育治理结构的优化创新，根据"SPE"协同理论分析框架，从组织架构创新出发，就高校体育治理结构的权力分配和权力运行、制衡激励和权利保障等治理结构问题展开研究。在研究中，笔者将高校体育研究从相对狭窄的公共体育课程思维推向更为广阔的高校体育治理场域，从关注大学生的体魄强健促进深化到高校师生的体育公共服务保障构建，较之既有成果，研究高校体育治理结构，旨在理顺高校体育治理中的组织结构、责权关系、制度建设和权力传导机制，发挥高校体育服务师生的职能作用，更好为高校提振体育育人价值提供组织保障、制度保障和环境保障。

（二）构建高校体育治理结构的优化模型

本研究创新性地构建了新时代中国普通高校体育治理的"塔式"结构优化模型。该模型不同于既往中国高校体育的科层式管理结构，亦不同于西方发达国家高校的职能型管理结构，而是将两种治理结构予以融合创新，形成了决策、监督和执行三模块相互制衡的结构模型，理清了各行为主体责权边界、权力传导路径、资源配置方式以及协同运行机制。

以学校体育工作领导小组为代表的监督层，以学校体育工作委员会为代表的决策层，以体育部、教学院系、职能部门和体育服务中心为代表的执行层，分别居于金字塔的上、中、下三个层级，各个权力主体均具有双向互动关系，共同构筑高校体育治理结构框架。优化后的高校体育治理结构，呈现的是多维立体型治理结构模型，较之当前高校体育管理的单维平面，更适应新时代高校体育工作特点，既强化了各利益主体的权力分享、权力制衡与责任共担，又强化了各权力主体间的运行、互动、制约与监督，也更利于形成高校各主体协同治理合力，发挥组织效能。

（三）提出构建新时代高校体育治理结构优化建议

高校体育治理研究是近十年学界渐趋关注的研究热点，目前系统研究高校体育治理以及高校体育治理结构的学术成果还不系统，已有的研究成果主要涉及体育课程教学改革（理念内容、教法组织、考核评价等）、校园体育文化发展、校队体育运动训练、国外大学治理经验介绍等，对高校体育治理结构的深入探讨略显薄弱。本书提出了构建新时代中国普通高校体育治理结构的优化建议：（1）提出构建高效协同化的高校体育治理组织架构倡议。组织架构的科学建设是体育治理活动的重要保障，本研究在构建新型高校体育治理结构模型中，着重体现了组织架构的重要地位，在传统管理组织架构基础上，成立了高校体育工作领导小组、高校体育工作委员会和高校体育服务中心，并配备了相应的专职人员，形成了人员分工合理、机构设置科学、部门协作有序的高校体育治理组织架构。（2）提出"多元主体联动"高校体育治理结构策略。将高校体育利益相关者互动转变为联动，以整体性协同取代部分主体间的互动。高校体育是涉及高校场域中每一个人的公共事务，需要多元化参与和整体性联动，从而形成治理结构优化格局。（3）提出高校体育治理制度建设的"协同性均衡"构想。由于政府作为高校体育外部治理的主体的单一性、高校自身体育治理能力的薄弱、社会参与高校体育治理的缺位，高校体育治理理念还未形成，以及国家相关政策法规和高校内部相关规章制度还不完善，造成高校内部权力的错位与失衡，组织机构运行泛行政化，由此，提出高校体育治理结构优化的协同性均衡制度建设建议。（4）提出高校体育治理结构的"内外双循环一体化"治理环境驱动建议。将政府政策治理环境中的体育强国、健康中国、全民健身和体教融合等政策环境,与高校内部的体育课程改革方案、学生体质提升措施、学生运动健康促进计划、学校体育场馆设施建设、高校体育文化建设与师资队伍建设等软硬件条件有效融合,从而形成了高校体育内外双循环一体化治理环境生态等优化新时代普通高校体育治理结构的具体举措。

第 二 章

关于普通高校体育治理结构的理论认识

第一节 核心概念界定

概念是对事物相对稳定的认知，它不仅揭示事物的属性，也具有固化认知的作用[①]。核心概念界定是一项研究的基础工程，只有将核心概念搞清楚，才可能对整个研究有准确地把握。本书所探究普通高校体育治理结构主要聚焦于高校内部，因此，根据研究选题、研究内容与对象，将对如下几个核心概念进行阐释与辨析：一是"高校体育"；二是"治理结构"；三是"高校体育治理结构"。

一 高校体育

高校体育是学校体育的下位概念，目前学界鲜有对高校体育的明确界定，即使学校体育也缺乏统一的定义。花勇民考察了欧洲国家对于学校体育的界定，发现欧洲各国一般将学校体育理解为"学校系统中通过身体运动来实现教育目的的一种体育运动文化的制度安排"，但欧洲各国的侧重点不同，或将学校体育等同于"身体教育"（Physical Education），或侧重于"竞技教育"（Sport Education），或倾向于"运动教育"（Movement Education），或可与"健康教育"（Health Education）概念互换[②]。Angela Lumpkin（2002）认为，学校体育是在学校课程表规定时间进行的

---

① 任海：《当代体育发展与体育概念的界定》，《成都体育学院学报》2019年第5期。
② 花勇民：《关于欧洲学校体育概念的研究》，《中国体育科技》2006年第3期。

向全体学生提供的一种有计划、渐进式的学习过程①;高校体育是以发展学生身体为核心内容的教育过程②。韩丹认为,学校体育是指学校"按照教学计划,依照教材按课时规定对所有学生进行的体育知识与技能的培养活动"③;薛怡敏认为,学校体育是"以体育运动的形式培养人才的一种教育过程"④。Julie Brunton 和 Chris Mackintosh 认为,"大学运动"这个词本身被用来包含大学中所有形式的运动和积极的娱乐活动,从临时参与、有组织的休闲运动(有或没有非正式比赛)到更正式的外部比赛和学生表演运动⑤。

改革开放以来,研究者普遍基于某一思想或理念,理解与界定学校体育的内涵、目标和任务。有的研究者基于"体质教育"思想,认为学校体育是一种"以增强学生体质为目标"的体育样态⑥;有的研究者基于"快乐体育"思想,认为学校体育是一种"重视教学过程、关注情感体验、注重身体锻炼"的体育教育教学过程⑦;有的研究者基于"终身体育"思想,认为学校体育是一种"激发学生体育兴趣,培养终身体育意识,养成终身运动习惯"的体育教育教学过程⑧;有的研究者基于"健康第一"思想,认为学校体育是一种"帮助学生掌握体育知识和技能,养成体育运动习惯,实现全面发展"的体育教育教学过程⑨。有学者认为大学体育的主体内容由大学体育课程建设、学科建设、高水平运动队建设、

---

① Angela Lumpkin, *Introduction to Physical Education, Exercise Science, and Sport Studies*, New York: Mc Graw Hill Companies, 2002 (5th Edition), p.255.
② 吴金龙:《高校体育管理改革刍议》,《上海体育学院学报》1987 年第 4 期。
③ 韩丹:《国际规范性休育与运动的基本概念解说》,《体育与科学》1999 年第 3 期。
④ 薛怡敏:《对我国学校体育概念和作用的初探》,《辽宁科技学院学报》2003 年第 2 期。
⑤ Julie Brunton & Chris Mackintosh, "University Sport and Public Policy: Implications for Future Research", *International Journal of Sport Policy and Politics*, Vol.9, No.3, March 2017, pp.373 – 376.
⑥ 刘海元、周登嵩:《论体育教学指导思想及其提出的基本思路》,《北京体育大学学报》2002 年第 1 期。
⑦ 潘绍伟:《改革开放 40 年中国学校体育思想探析》,《体育学研究》2018 年第 1 期。
⑧ 赵子建、杨松:《中国学校体育思想历史回顾及发展趋势》,《南京体育学院学报》2003 年第 4 期。
⑨ 张玉超、康娜娜:《改革开放后我国学校体育思想的发展回顾与展望研究》,《南京体育学院学报》(社会科学版)2015 年第 4 期。

大学社区体育建设四个方面的工作构成①。

《全国普通高等学校体育课程教学指导纲要》指出，"要把有目的、有计划、有组织的课外体育锻炼、运动训练等纳入体育课程，形成课内外、校内外有机联系的课程结构。"《学校体育工作条例（2017修订）》（简称"《条例》"）做出的界定是："学校体育工作是指普通高等学校的体育课教学、课外体育活动、课余体育训练和体育竞赛。"《高等学校体育工作基本标准》（简称"《基本标准》"）指出，"挖掘学校体育在学生……身心健康、审美素养和健康生活方式形成中的多元育人功能；全面发挥体育在学校人才培养、科学研究、社会服务和文化传承中不可替代的作用。"因此，认识高校体育问题不能孤立地从课堂教学的角度进行，而应该把它放到一个更为广阔的促进学生身心健康、体魄强健的背景中去分析，才能更加系统全面地认识高校体育的内涵和范畴。但实际上许多人的认识尚未跳出教学、体测、群体的藩篱，实践中常常有意无意地以体育教学＋体质测试＋群体活动替代高校体育。改革开放以来，虽然不断超越对高校体育自身理解的局限，但是，总体上仍然没有形成与时代要求相适应的高校体育观②。

基于上述学校体育的概念界定，结合高校体育组织行为属性、高校体育发展目标、内部教育系统与体育系统的互动关系、体育以及相关活动的表征等，本书将高校体育定义为：以立德树人为根本任务，以体育及相关活动为载体，发生在高校场域内，旨在促进在校学生身心健康、体魄强健等体育职能的一系列实践活动的总和。高校体育的涵盖范围主要有：公共体育课教学、学生体质健康测试、课余身体健身锻炼、校园竞赛活动、对外体育竞赛交流、体育学术研究、体育文化传承创新、体育场馆运行管理以及教职工体育锻炼服务等。另外，这里需要强调的是，本书所谓的"高校体育"，不包含以培养体育专门人才为目标的专业体育院系的体育课程及体育实践活动。

---

① 毛治和、彭庆文、伍娟：《新时期大学体育组织与管理的理念》，《沈阳体育学院学报》2011年第2期。

② 仇军：《21世纪大学体育的使命》，《清华大学学报》（哲学社会科学版）2002年第4期。

二 治理结构

"治理"（Governance）一词来源于拉丁文"gubemare"，在古希腊语中意为"掌舵"。《辞海》中将治理解释为"统治、管理"。1994年，全球治理委员会在《我们的全球伙伴》（Our Global Neighborhood）中，将"治理"定义为公共组织机构、私有部门以及个人在管理公共事务中，所采取的旨在通过协商与合作的方式使各方利益和冲突得到平衡的一种持续过程。治理相对于政府统治而言的，是指一种由共同目标和多元主体参与的活动与过程。治理的基本特征是表现在主体间的多元性、客体或对象的共同性、治理过程性及其协调性，而非基于权威对他人的强制性，可见多元主体参与的共治共享是治理理论的重要特征。

"结构"（Structure）一词源于拉丁文"structura"，初为"构成""建造"之意，由组成整体的各部分之间的搭配和安排。有关"结构"的理论，20世纪初由瑞士语言学家索绪尔（Saussure）首先提出，而最具代表性的是瑞士心理学家皮亚杰（Piaget）的结构主义。现代意义上的结构，一般是指组成系统各构成要素之间的相互关系和相互作用方式，它象征着系统的组织化和有序性程度[1]。

最早把"治理"和"结构"连起来使用的是经济学家。1975年，新制度经济学的代表人物威廉姆森（Williamson）提出了"治理结构"（Governance structure）这一概念。治理结构指一个组织中各利益相关者的相互关系，它通过权力的配置和运作机制来达到关系的平衡，以保障组织有效运行并实现其根本目的[2]。此后多年，学界有关治理结构的探讨都是围绕企业展开的，也即公司治理结构（Corporate Governance Structure），或称法人治理结构、公司治理系统（Corporate Governance System），是一种对公司进行管理和控制的体系，具体显现为"股权结构"、

---

[1] ［美］道格拉斯·G.诺斯：《经济史中的结构变迁》，陈郁、罗华平译，上海三联书店1994年版，第225—226页。

[2] 徐蕾：《系统治理：现代大学治理现代化的现实路径》，《复旦教育论坛》2016年第2期。

法人治理结构和组织结构，是公司运行逻辑下的制度安排和制度建设等[1]。治理结构这一概念，最早源于和运用于"公司"部门，它是基于"所有权与控制权分离而做出的一种制度安排"，用以处理公司相关利益者之间的关系[2]。完善的公司治理结构，对于促进相关利益者的关系和谐、提升公司的运行效率和市场竞争力，具有决定性的作用[3]。

后来，治理结构逐渐被广泛运用政治学、社会学、管理学等多个领域。治理结构理论尽管在多个人文社会科学领域得到引入和借鉴，但如果机械照搬企业治理结构来解决高校治理问题，很可能面临水土不服的尴尬，因为大学组织的主体构成及预计达成目标与企业存在根本性的差异[4]。大学是非营利性的、利益相关者组织，其社会属性决定了大学目标必须建立在公共利益基础之上，很难像企业那样量化为货币形式的指标。治理结构涉及大学组织制度安排的核心问题，在治理中组织结构是一个基本性条件，所有决策活动都是在基本结构中展开的[5]，因此，治理结构的意义在于为治理活动中的各主体确定交往互动的程序和规则，包括权力分配结构和权力行使过程[6]。

在高等教育领域，许多研究者就高校治理结构的内涵提出了不同的见解和观点。周光礼认为，高校治理结构是管理权限在行政职能部门和高校内各个不同利益群体间的分配与制衡，以及它们相互间的权力作用关系[7]。王清和等人认为，高校治理结构是"为实现高校教育目的及相互间的权力配置、制衡、激励等进行的制度安排"[8]。郭平认为，高校治理

---

[1] 刘恬、田土城：《公司构成理论与公司治理结构研究》，《中州学刊》2009年第1期。
[2] 曹光荣、黎嫦娟：《关于高校治理结构理论和实践问题的思考》，《高等教育研究》2005年第5期。
[3] 张志华：《企业的契约性质、所有权理论及公司治理结构述评》，《财经科学》2006年第6期。
[4] 龚怡祖：《漫说大学治理结构》，《复旦教育论坛》2009年第3期。
[5] 刘爱生：《美国大学治理结构、过程与人际关系》，中国社会科学出版社2017年版，第26页。
[6] 王占军：《大学何以有效治理：治理结构的视角》，《教育发展研究》2018年第19期。
[7] 周光礼：《重构高校治理结构：协调行政权力与学术权力》，《中国高等教育》2005年第19期。
[8] 王清和、邹晓红：《高校内部治理结构研究》，《社会科学战线》2012年第12期。

结构是指"高校内部利益相关者决策权的行使和利益的配置,在高校内部治理过程中协调相互关系"①。李旭炎认为,高效治理结构有内外之别,高校内部治理结构主要是政治权力与行政权力的关系、政治权力与民主监督权力、行政权力与学术权力的关系②。王丰超认为,大学内部治理结构则主要涉及大学内部各种权力之间关系的建构以及权力的制衡与分配③。刘明等认为,大学治理结构包含了大学各利益相关者的冲突与多元利益等要素④。可见,大学治理结构实质上是通过权力配置和运作机制来平衡各利益相关者的相互制衡关系。

由这些概念的界定可以看出,权力关系是高校内部治理结构的核心问题,权力分配是否科学、权力运行是否合理,是治理结构的核心要义。综上所述,本书认为,治理结构是指遵循多元协商共治理念,组织机构治理主体间的权力分配与运行、权力激励与制衡,以保障机构治理效能和利益攸关主体权益最大化的组织和制度安排。

三 高校体育治理结构

高校体育治理,不同于一般的课程治理和学科治理,一是涉及人群广——高校体育工作涉及高校全体师生甚至高校社区居民;二是涉及事项多——涵盖了体育课程和课外发生校园场域的体育事务的方方面面;三是受关注度高——高校为党育才、为国育人的根本任务决定了人才培养的质量要求,体魄强健、身心健康是对人才评价的重要指标。高校体育治理结构所涉及的,主要是在高校体育事务治理过程中治理主体间关系呈现出制度化的权力安排和权力运行模式,不同的权力配置和互动模式会形成不同的治理结构。

唯物辩证法告诉我们,事物总是在内因与外因的共同作用下发展与

---

① 郭平、黄正夫:《大学内部治理结构的功能及其实现路径》,《教育研究》2013年第7期。
② 李旭炎:《完善大学治理结构》,《人民日报》2014年11月4日第7版。
③ 王丰超:《我国研究型大学内部治理结构研究》,博士学位论文,上海交通大学,2013年。
④ 刘明、孙福胜:《浅论我国的大学治理结构》,《高教研究与实践》2014年第3期。

变化的，但内因具有决定性作用。换言之，高校体育的高质量发展，虽然外部治理结构具有重要的影响，但最为根本的、起决定性作用的在于内部治理结构。就权力的性质而言，高校体育治理的权力结构主要以学校党委为代表的政治权利、以校体育运动委员会为代表的行政权力、以在校学生和教职工为中心的体育权力、以学生和一般教职工为代表的民主与监督权力。高校体育治理结构的优化，其核心在于对这四种权力进行合理有效的配置、制衡，着力协调好高校党委和行政、体育运动委员会、体育教学部或二级学院、在校学生和教职工以及相关职能部门的关系，形成以学校领导监督、校体育运动委员会决策、体育教学部执行、职能部门协作、全校师生积极参与的体育治理格局。

高校体育治理结构，其核心主张是体育管理权力的分配、协调与行使的制度设计，最终目的是高校体育治理的组织设置合理、工作运转高效，能调动各方面人员的积极性共同完成体育目标。基于"公司治理结构""高校治理结构"的概念分析，本书将高校体育治理结构界定为：基于高校体育职责使命，高校体育治理过程中的权力分配架构和权力运行机制的一系列组织与制度安排。

需要指出的是，随着高校体育职能进一步拓展和师生体育公共服务需求的多元化，体育治理结构完善创新也应与时俱进，不是一蹴而就、一劳永逸的工作，而是各方体育利益平衡制度动态发展与选择的过程。本书希冀在新时代高校内部治理结构深化改革的宏观背景之下，探讨高校体育治理结构与体育利益相关主体权力的互动关系，以揭示高校体育治理结构优化的必然逻辑与必要路径。

第二节　理论基础分析

一　治理理论

古代中国，"治"原为水名。《说文》记载："治，水，出东莱曲城阳丘山，南入海。"后来引申出"治水""整治"的意思，逐渐有了秩序的含义，如"天下大治"。认为若国家不能治理，必然混乱无序。司马迁之父司马谈在《论六家要旨》中说："夫阴阳、儒、墨、名、法、道德，此务为治者也。""理"原意是玉石内部的纹路，引申为顺着事物内含的道理做事，如《吕氏春秋·劝学》："圣人之所在，则天下理焉"。"治理"两字合起来，还是"统治、秩序""整治调理"的意思，如《荀子·君道》："明分职，序事业，材技官能，莫不治理，则公道达而私门塞矣，公义明而私事息矣[①]"。《汉书·赵广汉传》中的"一切治理，威名流闻"[②]，《孔子家语·贤君》："吾欲使官府治理，为之奈何?[③]"清王士镇《池北偶谈·谈异六·风异》："帝王克勤天戒，凡有垂象，皆关治理。[④]"

在西方文献中，"治理（Governance）"作为一个概念，古老而又年轻，说它古老是因为这个词根据词源学家的说法，可以追溯到古希腊语中的"掌舵（Kubernan）"，说其年轻，则是因为这个词的现代含义主要源于20世纪90年代以来其在英语中的新用法[⑤]。1989年，世界银行发表的《撒哈拉以南非洲：从危机到可持续增长》报告中，首次使用了"治理危机"一词。国际性组织，如世界银行（IBRD）、经济合作与发展组织（OECD）、联合国开发署（UNDP）、联合国教科文组织（UNESCO）等纷纷将"治理"作为中心议题发表报告[⑥]。

詹姆斯·N. 罗西瑙（James N. Rosenau）是西方关于治理理论研究的最早发起者和创始人之一。关于治理，他认为，治理不同于统治，二者之间的区别明显，管理路径完全不同。詹姆斯·N. 罗西瑙在其代表作《没有政府的治理》和《21世纪的治理》等文章中明确指出：政府统治与治理有巨大差别，前者使用的是行政或权威手段对组织进行带有强制性的管理；后者则是一种管理机制，是由正式或者非正式的方式处理公共事务的过程。治理是在组织共同目标的指引下，各行为主体（不一定是政府）可能无须依赖国家政府的强制力量，通过协商与合作化解矛盾

---

① 熊公哲注释：《荀子（上）》，重庆出版社2009年版，第260页。
② 张永雷、刘从译注：《汉书》，中华书局2009年版，第203页。
③ 杨朝明、宋立林：《孔子家语通解》齐鲁书社2009年版，第158页。
④ 王士慎：《池北偶谈（下）》，中华书局1952年版，第613页。
⑤ 马克·普莱特纳、宋阳旨：《反思"治理"》，《国外理论动态》2014年第5期。
⑥ 史柏年：《治理：社区建设的新视野》，《社会工作》2006年第7期。

分歧，在互利互信的基础上实现共同愿景。较之政府管理，治理的内涵更加丰富，其中既包含了政府行动机制，也包括了非政府、非正式的机制①。美国著名治理理论家库伊曼（J. Kooiman）和范·弗利埃特（M. Van Vliet）认为，治理试图创造的社会结构或秩序不应该从外部进行施加；它的作用取决于多个相互作用的参与者的相互作用②。法国著名治理理论家让—皮埃尔·戈丹（Jean-Pierre Gaudin）认为，治理是对过去传统管理或者统治模式的突破，该理念的兴起是对长期以来社会关系的超越，使得统治型管理体系出现了裂缝，为社会参与公共事务创造了可能③。因此，治理理论为重新定位政府、市场和社会角色、重新分配权力、协调利益和其他制度问题提供了科学的理论工具。

英国曼彻斯特大学教授格里·斯托克（Gerry Stoker）梳理治理概念，总结出五种主要的观点：社会机构和社会行动者成为治理的主体；治理是一个过程而非一个清晰的结果；社会公共机构在参与公共事务治理中存在协同互赖；治理主体在公民社会中逐渐形成治理网络；政府在公共事务治理中的权威性和能力正则接受拓展④。可见，治理是多方协同磋商来达成公共利益最大化的持续过程。陈刚认为，"如果我们不那么教条地看待治理理论，那么该理论所强调的协调合作精神、多方协商解决问题的方式是适用于所有民主社会的，当然也适用于中国"⑤。

全球治理委员会（The Commission on Global Governance）发布的《我们的全球伙伴关系》认为，治理不仅限于某一种管理模式来达成公共目标，需要政府、社会机构和个人化解冲突、调和矛盾、协商共治的持续过程，在共治合作中不仅有正式制度，还有非正式的制度来规范和约束

---

① ［美］詹姆斯·N. 罗西瑙：《没有政府的治理》，张胜军，刘小林等译，江西人民出版社2001年版，第34页。
② J. Kooiman, M. Van Vliet, *Modern Governance: Government Society Interactions*, London: Sage, 1993, p. 12.
③ ［法］让—皮埃尔·戈丹：《何谓治理》，钟震宇译，社会科学文献出版社2010年版，第3页。
④ 俞可平：《治理与善治》，社会科学文献出版社2000年版，第30页。
⑤ 陈刚：《治理理论的中国适用性及中国式善治的实践方略》，《湖北社会科学》2015年第2期。

各自行为。俞可平教授认为，治理不同于传统意义上的管理和统治，是一种公共管理过程和公共管理活动，包括必要的管理制度、管理主体、治理机制、管理权威和治理方式等。治理的目的是最大限度地增进公共利益，其间行为主体的合作方式不是领导与被领导、统治与被统治的关系，而是一种平等的协作关系[1]。需要指出的是，治理虽然需要权威，但这个权威并非一定是政府机关，治理的主体既可以是公共机构，也可以是私人机构，还可以是公共机构和私人机构的合作。治理方式强调各种机构之间自愿平等合作，而统治、管控的手段和方法主要以具有强制性的行政、法律手段为主。

20 世纪 70 年代以来，部分西方国家出现政府管理的"空心化"现象，政府管理效能下降，经济发展速度减缓。为了化解发展困局，国家治理开始兴起，用以协调政府、市场和社会之间的关系，相应地，治理理论开始得到发展。在国内，黄健荣将之界定为"公共权威为实现公共利益而进行的管理活动与管理过程[2]"；丁煜认为，治理的本质意义在于"政府之外的力量与政府共享权力的过程，即通过多元、合作、协商和伙伴关系和认同之上的合作[3]"。"治理"一词自 20 世纪末由学者引入中国学术研究语境中，直至党的十八届三中全会的国家治理体系与治理能力现代化提出后，各学科各领域争相将治理理论接入研究视野，教育领域引入治理理论，体现了教育的公共性和治理主体的多元性。

教育治理，是对国家教育事务的共同治理和合作管理，是对长期以来行政主导下教育管理方式的超越，体现了教育民主化和管理的公共性，是教育现代化的重要表征[4]。教育治理主体是多元的，教育治理方式是共治的，直接目标是善治，即好治理；最终目标是建立高效、公平、自由、有序的教育新格局[5]。高校体育治理，是高校体育事业管理体制和运行机

---

[1] 俞可平：《全球治理引论》，《马克思主义与现实》2002 年第 1 期。
[2] 黄健荣：《公共管理新论》，社会科学文献出版社 2005 年版，第 277 页。
[3] 丁煜：《多重治理：机制、模式与关联》，《中国人民大学学报》2008 年第 3 期。
[4] 张天雪、朱一琳：《教育治理现代化：基于概念再解的政策体系与行动》，《浙江师范大学学报》（社会科学版）2021 年第 4 期。
[5] 褚宏启：《教育治理：以共治求善治》，《教育研究》2014 年第 10 期。

制的创新发展，是国家教育治理体系和治理能力的现代化的具体体现，是高校体育发挥体育育人职责使命的内在要求。高校体育的政策文件驱动属性决定了，长期以来高体育管理体制是自上而下的行政管辖模式[①]，这一模式在高等教育新发展阶段已难以适应高校师生对体育的需求，管理模式向治理方式转变已是大势所趋。

新时代中国普通高校体育治理结构优化，是高校体育管理体制与运行机制的改革与创新，需要高校体育利益相关主体的广泛参与和协商共治，在治理过程中最大化地实现高校体育在促进学生体质健康、身心和谐发展、为师生提供体育公共服务的目标。因此，治理理论在研究高校体育治理结构优化中，可对研究理论架构提供参考借鉴，运用该理论作为理论基础，具有较好的适切性。

二 利益相关者理论

"利益相关者"一词，最早源自经济学领域，英语翻译为 Stakeholders，表示与企业有密切关系的所有群体。最早正式使用"利益相关者"一词的是经济学家安索夫（Ansoff），他在1965年的一次研讨会上指出，"企业在制定目标时候必须综合平衡考虑企业的诸多利益相关者的利益索取权[②]"。Rehenman 认为，利益相关者与企业是利益共同体，利益相关者的利益获取要依托企业实现目标；企业在实现目标中同样需要动员利益相关者的广泛参与。Mitchell 根据多种利益相关者的界定，认为利益相关者应具备影响力、合法性、紧迫性三个条件[③]。利益相关者的合作基础是彼此的利益诉求的一致性[④]。在利益相关者做出行动时，往往表现出自发

---

① 高伟、曾玉华、秦海权：《高校体育运动委员会治理研究》，《体育文化导刊》2017年第8期。

② 李洋、王辉：《利益相关者理论的动态发展与启示》，《天津财经学院学报》2004年第4期。

③ 周翼翔、郝云宏：《从股东至上到利益相关者价值最大化：一个研究文献综述》，《重庆工商大学学报》（社会科学版）2008年第5期。

④ Johnsen Rasmus, Skoglund Annika, Statler Matt, "Understanding the Human in Stakeholder Theory: A Phenomenological Approach to Affect-based Learning", *Management Learning*, Vol. 52, No. 2, February 2021, pp. 203–223.

的一致性[1]。

利益相关者理论自20世纪80年代起广泛应用企业经营管理之中，成为企业战略管理的重要理论分析依据。利益相关者分析是一种方法或工具，用于生成有关参与者（个人和组织）的知识，以便了解他们的行为、意图、相互关系和利益，以及评估它们对决策或实施过程产生的影响和资源[2]。由于利益相关者理论强调组织对个人与团体的切身利益的关照，与组织管理中的人本治理思想高度契合，其独特的研究视角和深刻的启发性，使得这一理论早已超出了经济学范畴，延伸和拓展到其他科学领域。近年来，高校在治理中，由于该理论本身具备的可借鉴性特征，逐渐将利益相关者理论引入其中。胡子祥认为，利益相关者模式将成为未来高校治理的主要模式[3]。王保华、张婕指出，现阶段高等教育管理已经开始进入利益相关者管理阶段[4]。刘宗让指出利益相关者对大学战略的影响程度，包括大学内部和大学外部两个类型[5]。张玉磊指出，政府、校长、教师、学生、企业等为代表的利益相关者，在高校治理中扮演不同的角色，具有不同的行动逻辑，高校治理应从行政主导向利益相关者治理转型[6]。谭福军认为，高校的利益主体包括高校、政府、出资者、债权人、教职工、学生、市场及校友等，可以实现利益相关者共同治理，平衡各方主体利益，各方力量合作博弈，达到动态均衡[7]。利益相关者共同

---

[1] Abdul Waheed, Qingyu Zhang, Yasir Rashid, "The Impact of Corporate Social Responsibility on Buying Tendencies from the Perspective of Stakeholder Theory and Practices", *Corporate Social Responsibility and Environmental Management*, Vol. 15, No. 2, February 2020, pp. 564–571.

[2] Varvasovszky, Zsuzsa & Brugha, Ruairi, "Stakeholder analysis", *Health Policy and Planning*, Vol. 15, No. 3, May 2000, pp. 338–45.

[3] 胡子祥：《高校利益相关者治理模式初探》，《西南交通大学学报》（社会科学版）2007年第1期。

[4] 王保华、张婕：《重新划分高等教育管理阶段：范式的视角》，《教育研究》2007年第10期。

[5] 刘宗让：《大学战略：利益相关者的影响与管理》，《高教探索》2010年第2期。

[6] 张玉磊：《高校利益相关者治理模式及其构建》，《黑龙江高教研究》2019年第4期。

[7] 谭福军：《基于利益相关者视角的高校治理机制研究》，《内蒙古民族大学学报》（社会科学版）2020年第3期。

治理机制成为实现大学治理现代化的必然要求[①]。鉴于此，高校体育健康发展，离不开利益相关者的实质性关注和有效性参与，一方面，本研究探究高校的体育治理结构改革会对这些利益相关者会产生什么影响，另一方面要考察利益相关者对高校的体育治理结构优化产生什么影响。

高校体育治理结构及其治理效能，涉及诸多利益相关者，就内部而言，主要包括高校领导、部门管理者、教师、职工、学生。从利益相关者看，教职工与学生的体育权益通过高校体育加以完成；从高校体育看，高校体育的高质量发展需要依靠各利益相关者的保障。普通高等学校的体育不是一般意义上的体育课教学，还涵盖了大学生体质测试、校园全体活动、课余体育训练、校际体育竞赛、体育科学研究和体文化传承创新等。据此，本书认为，高校体育的利益相关者主体大致可以分为直接利益相关者和间接利益相关者，前者包括在校学生、教职工、体育教师、体育教学部/学院领导和学校体委成员；后者是指校党委/行政领导、职能部门领导、后勤服务领导、教学院系领导等。利益相关者理论认为，组织决策过程也应考虑利益相关者的共同参与，在利益相关者理论的引导下，高校体育治理结构模型的构建，必须要全面考虑多元利益相关者的关联机制，并邀请相关代表参与治理结构的建设中，形成合作治理格局，打造高校体育利益共同体。

三 "行动者—系统—动力学"理论

"行动者—系统—动力学"（Agency-Structure-Dynamics）理论，即 ASD 理论，是一种社会学理论，起初是论述技术对社会结构系统的影响作用，认为技术可被用于评价行动效率，以及控制决策制定和组织结构。后来被广泛应用于社会学研究领域，其基本观点是，人类的活动是在一定的社会性规则和规则体系中进行，同时行动者又是社会规则的制定者和传递者[②]。随着技术环境和资源环境的变化，社会结构也会相应地发生

[①] 刘红光：《利益相关者视角下的现代大学共同治理机制探析》，《黑龙江高教研究》2020年第8期。

[②] 周长城：《汤姆·R. 伯恩斯及其行动者—系统动态学理论》，《国外社会科学》1998年第3期。

变化;在动态变化中,能动的行动者提供不断地形成和改变社会规则系统来化解冲突和斗争进而达成社会结构的平衡[1]。该理论认为,组织系统的成长的驱动力来自能动行动者、特定的规则系统和社会与物质环境要素,简言之,结构系统的变迁动力由行动主体、规则制度要素和环境因素三方面构成[2]。

早期,西方研究者认为,社会结构变迁与优化主要是"行动者互动"的结果;也有人认为,相比"行动者","社会系统"更为重要[3]。瑞典乌普萨拉大学社会学教授汤姆.R.伯恩斯(Tom. R. Burns)基于这些观点,吸收了结构化理论、组织理论与新制度主义理论的相关思想与观点,创建了"行动者—系统—动力学"理论(缩写为 ASD 理论)[4],观点主要体现在其所著的《经济与社会变迁的结构化:行动者、制度与环境》一书中。在他看来,社会结构变迁与优化的动力之源,主要有三个要素,即行动主体、制度与规则设计以及所处的环境(见图 2—1)。"老三论"之一的系统论,在 20 个世纪 70 年代的瞩目成就是"行动者—系统—动力学理论"的创立,该理论将社会组织、社区群体和社会关系等视为一系列各自拥有特定内部结构和运行规律、相互之间存在既定边界的社会系统,值得思考的是该系统总体上是开放的,与外界的环境(包括有利的和有害的)保持着频繁的互动。系统的活力体现为内部的不断运动与外部的不停互动,从而不断获得新的要素促使自身发生改变,由此导致组织系统朝着希望的方向连续变革。

值得指出的是,在描述和分析社会系统的动态变化和发展时,ASD 理论将行动者和社会结构系统地连接起来[5]。通过部分地发展和运用诸如

---

[1] 宋亨国、周爱光:《体育消费行为的系统动态学分析》,《体育学刊》2004 年第 6 期。
[2] 李辉:《优化党内政治生态建设的动力机制——基于行动者—系统—动力学理论》,《廉政文化研究》2019 年第 10 期。
[3] 高焕清:《互动中的行动者与系统力:我国县级政府政策执行研究——基于 ASD 模型的分析框架》,博士学位论文,华东师范大学,2012 年。
[4] [瑞]汤姆·R.伯恩斯:《经济与社会变迁的结构化:行动者、制度与环境》,社会科学文献出版社 2010 年版,第 2 页。
[5] 赵景华、张吉福、李永亮:《中央文化企业治理机制优化研究——基于行动者—系统—动力学理论视角》,《中央财经大学学报》2018 年第 8 期。

社会规则体系、制度、文化表现形式和互动模式等主要的媒介概念，使那些复合社会系统融进了"多重行动者"的概念中。ASD 理论认为，行动者是社会组织结构的建构者，对结构面临的挑战和机遇能够做出灵活的应对，这就说明行动者主体对环境和结构的影响力巨大。行动者通过其行为和互动能够规范并改变自然、制度和文化环境，但同时亦受到限制①。

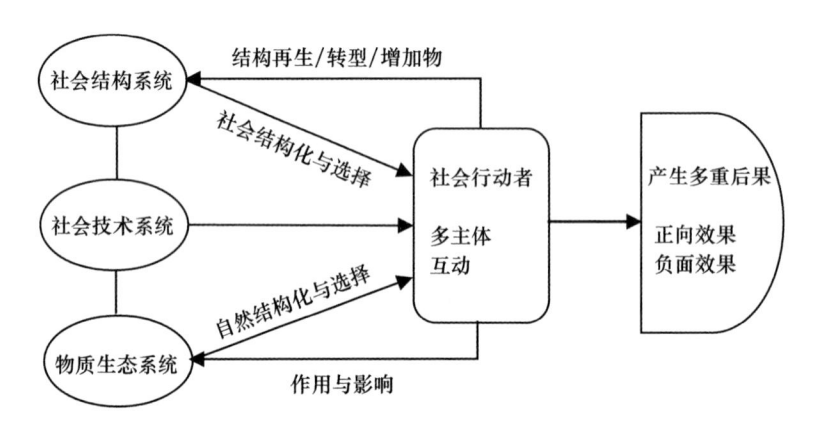

图 2—1　"ASD"理论的一般结构模型

由图 2—1 可以看出，ASD 理论一般结构模型是一个开放性的系统，社会行动者在内、外部的互动中促进结构化，其行为既受社会制度的规制与约束，又能动地修改、创新和完善社会制度，并在此过程中促进自身结构与社会结构的优化与完善。基于 ASD 理论，将行动者、制度、环境作为组织变革的三大因果力，把三者之间的有效融合和转换作为推动高校体育治理结构优化的驱动力。为此，只有充分激发高校体育行动者的能动性，建立完善制度安排，创设体育环境支持氛围，方能更好地推动高校体育培育高素质人才工作取得实效。

从现有的相关研究来看，相关的理论视角存在一定的不足。比如，以结构主义理论视角研究高校体育治理结构，虽然可以探求高校体育治

---

① ［瑞］汤姆·R. 伯恩斯：《经济与社会变迁的结构化：行动者、制度与环境》，社会科学文献出版社 2010 年版，第 13—15 页。

理的结构规律性，但其思维逻辑是基于孤立事件或意义的，忽视了高校体育环境的文化性、非正式制度对于行动者的影响，因而也就难以全面地揭示和反映高校体育文化、制度与组织的特征与规律；以新制度主义理论视角研究高校体育治理结构，虽然为高校体育治理结构优化提供了制度文化、路径依赖、激励结构等理论支持，但由于该理论将制度视为一个独立要素，难以解释制度的形成与变化，加之忽视了高校体育治理中相关利益主体与环境的多重互动关系，高校体育治理结构优化往往陷入一种理想化的图式；以利益相关者理论视角研究高校体育治理结构，虽然可以较为客观而系统地透视高校体育治理中存在的困境，但由于拘泥于引入企业的利益相关者理论，忽略了企业与高校体育的差异性，忽略了高校体育的自身特点与内在规律；以文化主义理论视角研究高校体育治理结构，虽然可以通过分析高校体育文化现象与体育行为管理，探寻重塑高校体育文化现象的政治体系特征、相关利益主体之间的权力关系，但对于高校体育参与治理主体的诉求呈现，具有理想化、抽象化的特点，适用性与可操作性不强。

第三节　本研究的理论分析框架

本书旨在通过对高校体育治理现状考察，探究影响高校体育治理效能的深层次原因，结合新中国成立以来的历史经验和西方发达国家高校体育治理成功做法，提出中国普通高校体育治理结构优化与创新策略。研究认为，治理理论、利益相关者理论、组织生态理论和"行动者—系统—动力学"理论（ASD 理论）都可以从某个角度诠释高校体育治理的实然归因和应然愿景，但任何单一理论又无法全面解释和驾驭整个研究过程。因此，根据上述三个理论的内涵和解释力，笔者试图建构以"行动者—系统—动力学"理论（ASD 理论）为主体，以治理理论、利益相关者理论为辅的理论基础框架。

上述理论分析框架中，依据 ASD 理论解释，高校体育治理结构具体包括治理主体、制度与环境三个要素。高校体育治理结构的建构与形成，即是建立在所有与高校体育利益相关者、相关制度规范的基础之上，并受到特定制度环境的影响。利益相关者理论认为，高校体育的利益相关者遵循了"差序格局"①，高校诸群体与体育事务的关联度不同，可将高校群体分为体育"核心相关主体"和"非核心相关主体"。高校体育治理有赖于强有力的组织机构，组织自身结构完善与优化是治理效能发挥的重要保障，组织与其所处的环境之间会发生相互作用和相互促进演化，而高校体育的治理必然依靠组织来实现。高校体育治理中的校内治理基础环境、与国家政策制度环境是重要的考量要素，这些环境包括政治环境、社会环境、经济环境和文化环境，由于高校体育的行政管理特殊性，本书重点关注的是国务院、教育部制定的文件法规和各高校体育治理中的软硬件环境。其他政治、经济、社会、文化等环境要素，将作为非核心环境因素在文中体现。治理理论认为，多主体参与的制度设计对组织高效运行至关重要，高校体育治理结构中的决策制度、执行制度和监察制度构成了高校体育治理的制度框架。

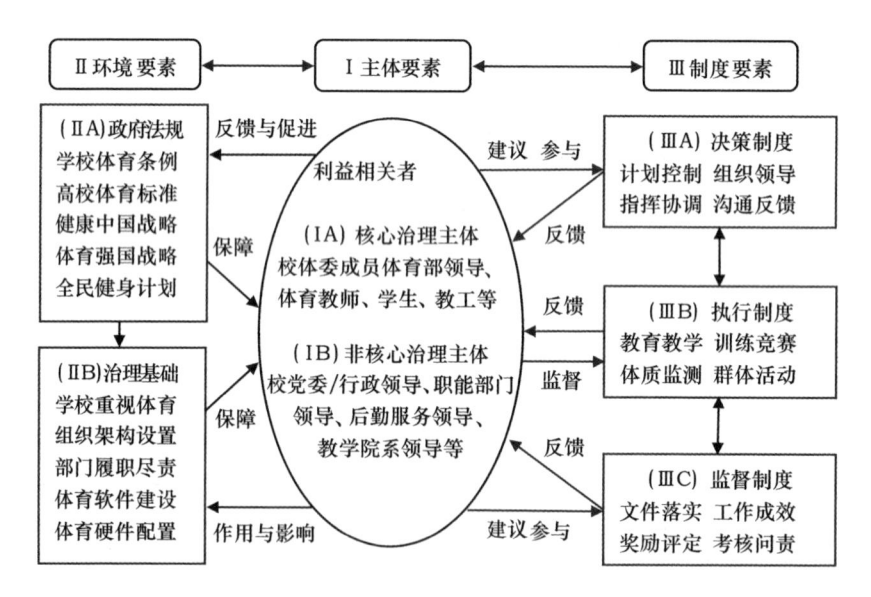

图2—2　"SPE"协同理论分析框架示意

---

① 卜长莉：《"差序格局"的理论诠释及现代内涵》，《社会学研究》2003年第1期。

笔者根据研究设计，选取"行动者—系统—动力学"、治理理论和利益相关者理论，创新构建了中国普通高校体育治理结构的理论分析框架，该理论分析框架基本涵盖了高校体育治理结构诸要素，对探索中国普通高校体育治理结构完善与优化具有较强的解释力，该理论模型具体关系结构（见图2—2）。高校体育利益相关者处于高校体育治理结构的中心，制度的生成、环境的驱动，均要靠具有主观能动性的"人"来推进。在体育治理结构诸要素聚合中，彼此协同，进而形成合力，也即产生协同力。有鉴于此，本书将上述三种理论与高校体育治理实践相结合，形成"制度（System）+主体（Participant）+环境（Environment）协同治理"分析框架（简称"'SPE'协同理论"）。该理论着眼于高校体育治理结构研究现实关照，充分汲取了治理理论、利益相关者理论和ASD理论的精髓，形成了本书接下来的理论分析框架。

一 理论框架的形态阐释

为了能够有效地实施治理，必须将一些利益相关者以一定的方式结合起来，形成治理结构，从而发挥协作合力。高校体育治理结构的理论分析框架，是将治理理论、利益相关者理论与"行动者—系统—动力学"理论进行有机整合，形成了"SPE"协同理论分析，主要聚焦高校体育治理的三个维度，即治理主体、治理制度和治理环境。在上述理论框架中，"行动者—系统—动力学"理论处于核心位置，是统领其他两个理论的基础。作为高校体育治理的基本保障，制度建设是维系治理结构的系统，高校体育利益相关者为高校体育治理的具体行动者，高校内外诸环境要素则为高校体育治理提供了驱动力。

治理理论主要用于解释理论框架中的治理制度，共分为监督制度、决策制度和执行制度三个部分，所对应的是在高校体育治理中的监督机制、决策制度和执行机制等要素，这些要素形成相互制衡又彼此协同的制度体系，对高校体育治理利益相关者形成统筹、监督、协调、制衡等影响。

利益相关者理论所对应的是界定高校体育治理主体，高校体育治理主体也即高校体育利益相关者，分为核心利益相关者和非核心利益相关者，包括了高校学校领导层、职能部门和二级学院领导、教职工、体育教师、在校本科生和研究生等。这些利益相关者在高校体育治理中并不能发挥同等重要的作用，这是由涉及他们的体育事务以及这些事务对高校体育整体事业而言的重要程度决定的。

高校体育治理环境要素分为高校外部政策法规环境和高校内部体育治理环境，具体而言主要指：（1）新中国成立以来国务院、教育部和国家体育总局等政府部门制定的与学校体育有关的政治、经济、社会和文化方面的法律法规；（2）高校领导重视体育程度、体育治理组织架构设置、高校跨部门履职效能、体育治理中的师资职员配置、校园体育文化建设、体育场馆设施建设与配备等，围绕高校体育的人才培养、科学研究、社会服务和文化传承创新等体育职能而呈现的软硬件治理基础与组织制度设计等。这些环境要素对制度的执行和主体治理参与都形成一定影响，同时也会受到前两者的制约。

本书整合上述3个理论形成"SPE"协同理论分析框架，为研究论证提供理论分析工具。在该理论模型中，治理主体处于中间位置，首先对高校体育治理制度体系产生影响，治理主体对体育治理决策过程具有参与权和建议权，对体育治理执行过程具有监督权，对体育治理监察过程具有建议权和有限参与权；其次，治理主体对国家颁布的高校体育法规文件有反馈和促进义务，对高校体育各项事业具有施加作用和影响责任。高校体育制度体系是治理结构组成部分，关系到体育治理效能的有效发挥，制度体系的构建与完善有赖于治理主体的参与、监督与反馈，同时治理制度也会受到国家政策环境和学校体育治理软硬件环境的影响；国家相关高校体育文件法规和高校体育治理基础，共同构成了体育治理结构的环境要素，对治理主体提供强有力的支持，对治理制度建设产生重要影响。可见，"SPE"协同理论分析框架中的主体要素、制度要素和环境要素彼此支持又相互制约，形成高校体育治理结构不可或缺的构成要件。

二　理论框架的要素分析

高校体育治理结构其实就是高校体育相关治理主体基于一定关系，

通过一定的机制所组合成的相对稳定的系统。作为高校体育治理的基本保障，制度建设是维系治理结构的系统；高校体育利益相关者为高校体育治理的具体行动者；高校内外诸环境要素则为高校体育治理提供了驱动力，具体而言：

(一) 高校体育治理主体要素（Ⅰ）

这里的主体要素指的是所有与推动高校体育治理具有相关性的个体和群体的统称，包括了在校学生（本科、研究生）、学校领导、部门负责人和全体教职工。这些利益相关者主体中，（1）核心利益相关者（ⅠA）为：在校学生、教职工、体育教师、体育教学部/学院领导和学校体委成员；（2）非核心利益相关者（ⅠB）为：校党委/行政领导、职能部门领导、后勤服务领导、教学院系领导等。体育治理多元参与是高校公共属性的体现之一，其治理逻辑理应遵循共享共治原则，上述行动主体在体育事务中应扮演好各自角色，尽到应有的职责。

(二) 高校体育治理的制度要素（Ⅱ）

这里的高校体育治理制度要素Ⅱ，主要包括了（1）决策制度（ⅡA），如计划控制、组织领导、指挥协调、沟通反馈等方面的制度安排；（2）执行制度（ⅡB），如教育教学、训练竞赛、体质监测、群体活动等方面的制度设计；（3）监督制度（ⅡC），如文件落实、工作绩效、奖励评定、评价问责等方面的制度建设。从一定意义上讲，制度是高校体育治理结构的表现形式与形成结果，监察制度关乎评价督导，决策制度关乎科学决策，执行制度关乎有效执行，三者共同形成高校内部体育治理制度的闭环，合力构成了高校体育治理结构的制度维度。

(三) 高校体育治理的环境要素（Ⅲ）

尽管高校体育在发展中会受到政治、经济、社会、文化等因素的影响和制约，但受政策性因素影响是最直接的。因此，本书在论及高体育治理环境方面主要聚焦于高校内部的体育治理基础，如体育工作重视度、体育管理组织架构、高校体育管理运行机制，以及高校之外的国家各级政府颁布的学校体育政策法规，具体为：（1）政府颁布的法规文件（ⅢA），如学校体育条例、高校体育标准、健康中国战略、体育强国战略、全民健身计划等；（2）高校体育治理基础条件（ⅢB），如领导重视程度、组织架构设置、部门履职效能、师资职员配置、体育文化建设等。按照新制度主义的观点，人的行为受社会环境的制约，环境因素也是高校体育治理过程中不断调试其行为的重要依据。

三 理论框架的特征解读

（一）治理主体——全面性与代表性并举

治理主体的全面性，是指高校体育治理的"利益相关者"，不仅包括高校内部的决策性领导、行管人员、教师、学生、职工，也包括外部的校友、体育社会组织、社区、市场主体等。其"全面性"标准，即建构和优化一种高校体育治理结构，使"利益相关者"能够以合法、有效的方式参与高校体育治理。治理主体的代表性，具有两方面的内涵：一方面是指在高校体育治理中，部分"利益相关者"的地位和作用相比其他群体更为重要，需要维护和保障其参与高校体育治理中的主体地位；另一方面是指高校体育的领导、决策、组织、参与等各个关键环节，应有代表各个群体利益与诉求的代表参加，使得高校体育的运行与发展能够代表各个群体利益与诉求。

（二）治理环境——稳定性与人本性并存

高校体育治理所依赖的环境体现为相对的稳定性和以人为本的人本性并存。这里的"稳定性"，是指高校体育治理所依赖的时间、空间、社会形势等环境因素的稳定性、和谐性，是高校体育治理机构建构、形成和优化的先决条件，重点体现为国家学校体育政策的延续性与稳定性，尤其是近年来对大学生体质健康与心理健康的持续关注，出台了多部具有强制执行意志的法规文件，有力地推动了高校体育工作的改革创新。这里的"以人本性"，也即体现为中国共产党的"以人民为中心"体育观[①]，在高校体育事业发展中多有体现。多年来，高校体育治理环境的变化更加有利于维护、发展和保障各个"利益相关者"的体育权益，特别是大学生体育权益的保障与实现，以及高校体育公共服务能力的提升。

---

① 刘纯献、刘盼盼：《中国共产党以人民为中心的体育价值观研究》，《体育学刊》2021年第4期。

(三) 治理制度——完善性与创新性并重

高校体育治理结构而言，制度建设是行动主体进行权力配置和资源传导的保障，一般分为宏观制度（政府行政部门颁布体育治理制度）、中观制度（高校内部体育治理制度）和微观制度（高校内部体育具体业务方面的制度），而本研究中重点分析的是中观制度的建构。在一定意义上，制度是高校体育治理结构的表现形式与形成结果，对治理行为产生重要而深远影响。这里的"完善性"，是指高校体育治理制度具有实时性与恰当性，它是基于国家与社会需求、高校体育治理需求，用以规制和约束各个"利益相关者"的行为规范。创新性是制度的本质属性，这里的"创新性"，是指因时、因地制宜地不断调整和完善相关制度。

本书以"SPE"协同理论为理论分析框架研究高校体育治理结构，具有显著的优势：（1）就高校体育治理主体而言，该理论为高校体育治理主体分析的全面性提供了新的视角。一方面，该理论强调，"社会行动者"具有全面性，它可以是个体行动者，也可以是集体行动者。基于这一"全面性"原则，高校体育内部治理主体不仅包括高校党政领导、教师、学生、职工，也包括高校组织管理机构、教学院系、体育俱乐部或社团，这对我们全面理解高校体育治理结构中的"利益相关者"的内涵具有重要意义。另一方面，该理论强调，"社会行动者"应具有"创造力和破坏力"，其行动行为不是简单的、机械的，而是复杂的、能动的，赋予"社会规则"以创新性、创造性。这就要求我们赋予高校体育治理主体以能动性研究，通过发挥高校体育治理主体的能动性、创造性，实现高校体育治理结构的科学优化。（2）就高校体育治理制度而言，该理论为高校体育治理制度分析的系统性提供了新的思路。该理论强调，文化与制度既是一个组织产生与存在的必要条件，也是"社会行动者"的行为规范与约束，这为分析高校体育治理相关制度的生成动因、内外部双重特性提供了新的启示。（3）就高校体育治理环境而言，"SPE"协同理论为高校体育治理制度分析的动态性提供了新的启示。该理论强调，"社会行动者"的行动与行为是由多种"因果力"驱动的，将这一概念引入高校体育治理结构，有助于分析高校体育治理结构中各个利益相关主体之间互动的动力之源及其动态博弈，在将各利益相关主体与内外部环境的链接中寻求高校体育治理结构优化的路径。

综上所述，以"SPE"理论为分析框架研究高校体育治理结构，一方面，重点把握了高校体育利益相关主体参与到体育治理中的监督、决策和执行环节，并以建议、监督和实质性参与为行动逻辑行使主体职能与义务；另一方面，高校体育利益主体的体育权利诉求反馈，一则促进国家相关部门及时出台文件，二则促使高校加强体育治理工程建设，进而保障高校学生和教职工的体育权益。另外，本框架较之高校体育治理既有研究，将治理主体、治理环境和治理制度进行了整合，对高校体育作为整体进行治理结构设计，跳出了"体育课程+体质测试"的高校体育研究思维，转向了更为广阔的高校体育治理结构场域。立足高校体育新发展阶段，建构更加多元开放的体育治理结构体系和治理运行机制[①]，为普通高校体育治理创新改革提供理论支持和实践借鉴。

---

① 王登峰：《完善学校体育制度体系和治理机制》，《中国教育科学》（中英文）2020年第2期。

第 三 章

中国普通高校体育治理结构的历史回溯

高校体育的发展史，其实质是高校体育治理与治理结构的变迁史。而中国高校体育的发展史则是在国家政策主导下的高校体育治理与治理结构变迁史。研究中国普通高校体育的治理结构，一个重要的路径就是运用历史学的研究分析方法和制度主义的分析工具，通过纵向历史轴线来考察高校体育治理结构的变迁。中国高校体育治理结构经历了机械模仿与自主探索、艰难恢复与稳步发展和进入新时代以来的锐意改革与特色重塑三个阶段。国家政治意志推动、经济社会发展、体育事业转型与高校人才培养新定位促进了体育治理结构变迁，而坚持行政管理体制主导、教学部门治理主体、贯彻上级文件为主要任务是其治理特征。展望高校体育治理结构改革创新，构建高效协同化的组织架构、发挥利益相关主体间的联动作用、加强科学务实的制度建设、整合高校内外环境循环驱动力将是新时代中国高校体育治理结构优化的努力方向。

第一节　高校体育治理结构的历史阶段特征

新中国成立后，高校体育治理与治理结构始终是在政府的作用下而变迁的。作为教育的组成部分，高校体育既有与教育制度相类似的特点，同时又有其自身独特的特点。政府以具有与法律同样效力的政策引导高校体育治理结构的调整与优化，规范和制约高校内部各个利益相关者及其权利的运行。有学者将中国高等教育治理变迁分为：中国高等教育制度的探索与建立（1949—1977 年）、中国高等教育办学体制和管理体制改革（1978—2011 年）以及以治理体系和治理能力现代化改革为旨归（2012 年至今）三个阶段[①]；也有学者将高校治理划分为：确立中国特色大学治理结构阶段（1949—1989 年）、提升中国特色大学治理水平阶段（1989—2012 年）以及推进新时代中国特色大学治理阶段（2012 年至今）三个历史节点[②]。总体上看，基本遵循了中国高等教育治理重要历史节点。基于此，本书以国家政策为背景，按照新中国成立以来的重要历史节点，将中国普通高校体育治理阶段划分为：新中国成立与建设时期（1949—1977 年）、国家改革开放时期（1978—2011 年）和进入新时代以来（2012 年至今），来梳理高校体育治理结构变迁的历史逻辑。

一　新中国成立与建设时期：机械模仿与自主探索

新中国成立与建设时期的机械模仿与自主探索阶段，是指从 1949 年至 1977 年全国恢复高考。新中国成立后，中国普通高校的治理体制始终与党和国家的高等教育政策变迁"同呼吸共命运"，其内部治理结构也在政策的指导和引领下不断变迁（见图 3—1）。随着新政权的成立与各项事业的建设（1949—1976 年），中国开始大力发展高等教育，党和国家对高教的管理体制经历了 4 次变迁，虽然"集权"与"放权"是这 4 次变迁的制度逻辑，但其基本表征是"中央高度集中统一"[③]。

在国家高教治理体制下，高校就内部治理体制进行积极的探索，先后经历了 5 次变迁。高校内部治理体制如此频繁的变动，一方面是所处的时代背景使然，另一方面在于中国普通高校治理经验不足，同时反映了国家对于高校治理的积极探索，并积累了有益的经验。这也是高校体育治理的背景与内在逻辑。在这一阶段，中国就高校体育治理颁布了一系列的政策法规（见表 3—1）。1956 年，教育部先后颁布了《关于加强

[①] 李立国、张海生：《国家治理视野下的高等教育治理变迁——高等教育治理的变与不变》，《大学教育科学》2020 年第 1 期。

[②] 张海滨：《中国特色大学治理的历史演进、内在逻辑和推进路径》，《理论与评论》2021 年第 1 期。

[③] 张德祥：《1949 年以来中国大学治理的历史变迁——基于政策变革的思考》，《中国高教研究》2016 年第 2 期。

第三章 中国普通高校体育治理结构的历史回溯 ◂◂ 77

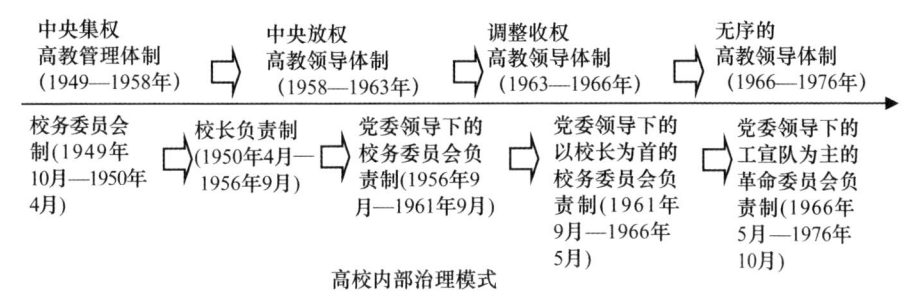

```
国家高教管理模式
中央集权          中央放权         调整收权         无序的
高教管理体制  ⇨  高教领导体制  ⇨ 高教领导体制 ⇨ 高教领导体制
(1949—1958年)   (1958—1963年)   (1963—1966年)   (1966—1976年)

校务委员会    校长负责制     党委领导下的      党委领导下的     党委领导下的
制(1949年  ⇨ (1950年4月— ⇨ 校务委员会负  ⇨ 以校长为首的 ⇨ 工宣队为主的
10月—1950年   1956年9月)    责制(1956年9     校务委员会负    革命委员会负
4月)                        月—1961年9月)   责制(1961年     责制(1966年
                                            9月—1966年      5月—1976年
                                            5月)            10月)
高校内部治理模式
```

图3—1　1949—1976年中国普通高校管理体制

领导，进一步开展高等学校体育的联合指示》《高等学校普通体育课教学大纲》，前者要求，高校体育实行"校（院）长负责制"，把体育作为高校的重要工作；后者对高校体育提出了一系列的规范性要求，推动高校体育走向正轨。此后，中国又颁布了《"劳动卫国"体育制度条例和项目标准》《高等学校体育工作暂行规定》等，有力地推动了高校体育的发展。但此后由于受"文化大革命"的影响，高校体育治理陷入了混乱与无序的状态。

学习苏联的教育经验是新中国成立初期教育界的一件大事，这种学习主要体现为两个方面：一是参照苏联的教育经验，制定中国的学制和各级各类学校的规程；二是聘请专家按照苏联模式办示范性大学，苏联体育教学理论就是在这一背景下引入中国[①]。经过几年发展，高校体育在总结学习苏联经验和教训的基础上，批判了教条主义，汇聚了国内实践中总结出来的经验，开始摸索自身发展的道路，逐步形成了自己的制度框架。以武汉大学的体育管理部门的历史变迁为例，可一定程度上反映这一时期前后的中国普通高校体育治理结构情况（见图3—2）。武汉大学作为几所著名的"国立大学"之一，开展体育教育的历史悠久，1928年，学校为了加强对体育工作的重视和领导，在学校组织大纲中规定设立体育委员会，负责制定全校的体育教学、体育活动、体育设施等工作的计

---

① 李冬梅：《论中国现代普通高校体育制度的变迁》，北京体育大学出版社2009年版，第54—62页。

划、规划,以及研究决定体育工作中的重大问题。1954年11月,武汉大学体育委员会改名为武汉大学体育运动委员会,该机构一直延续至今。

表3—1　　1949—1977年相关高校体育治理的部分政策一览

颁布主体和时间	政策名称	基本内容
政务院 (1951年)	《关于改善各级学校学生健康状况的决定》	明确学校体育的核心在于促进学生健康,就学校体育、卫生、课外活动等做出了具体规定
国家体委 (1952年)	《学校体育工作暂行规定》	明确了学校体育的目标,规范了学校体育工作
国家体委、教育部等 (1954年)	《关于在中等以上学校中开展群众性体育运动的联合指示》	对高校开展群众性体育运动提出了要求,推动高校体育课外活动开展
教育部 (1956年)	《关于加强领导,进一步开展高等学校体育的联合指示》	明确高校体育领导,对体育工作实行校长负责制,并对开展体育运动、师资队伍、体育场地等提出了明确要求
国家体委 (1958年)	《"劳动卫国"体育制度条例和项目标准》	对高校开展劳卫制工作和体育工作提出了要求,并明确了体育项目标准
教育部 (1960年)	《高等学校体育工作暂行规定》	对高校体育工作提出了规范性标准和要求,明确了体育的必修课程地位
教育部 (1961年)	《教育部直属高等学校暂行工作条例》	明确了高校体育教学与科研、理论教学与实践教学、行政与学术的关系等
国家体委、教育部等 (1965年)	《青少年体育锻炼标准条例(草案)》	明确了青少年体育锻炼标准,并对学校体育活动的开展提出了要求

总的来说,这一阶段的高校体育治理制度,主要是模仿了苏联学校体育的治理模式,高校纷纷成立体育教学研究室,统筹管理全校体育工作,直接接受学校行政领导,高校教务部门会同体育部对体育课教学内部、教学组织形式、课程考核评价和学校体育场馆建设与使用等事务进行管理,但主要是由体育部主体负责实施[1]。这一治理模式,虽然推动了普通高校体育的发展,但由于机械地模仿和照搬苏联学校体育的理论与

---

[1] 李冬梅、薄雪松:《中国现代普通高校体育制度的历史演变与特征分析》,《成都体育学院学报》2006年第5期。

教学模式，造成了高校体育理论单一化、教学简单化的问题，忽视了学生的个性要求与发展，体育服务于政治的色彩鲜明，制约了高校体育效能的发挥，造成了高校体育治理的无序。特别是"大跃进"与"文化大革命"时期，高校体育由于受"左"的思想的影响，更是脱离了学生的实际，高校体育中的体育课主要内容被以备战为内容的军训取而代之，部分地区兴起了野营拉练活动，此时的体育课被更名为"军事体育课"，高校体育教研组/体育科，改为"军事体育部"。

校党委、行政 ≫ 2000年 新体育部

1986年 体育部 ≪ 校党委、行政

校党委、行政 ≫ 1984年 体育教研室

1972年 体育教研室 ≪ 教务处、体育运动委员会

教务处、体育运动委员会 ≫ 1966年 军事体育部

1960年 体育教研室 ≪ 教务处、体育运动委员会

教务处、体育运动委员会 ≫ 1954年 体育教研组

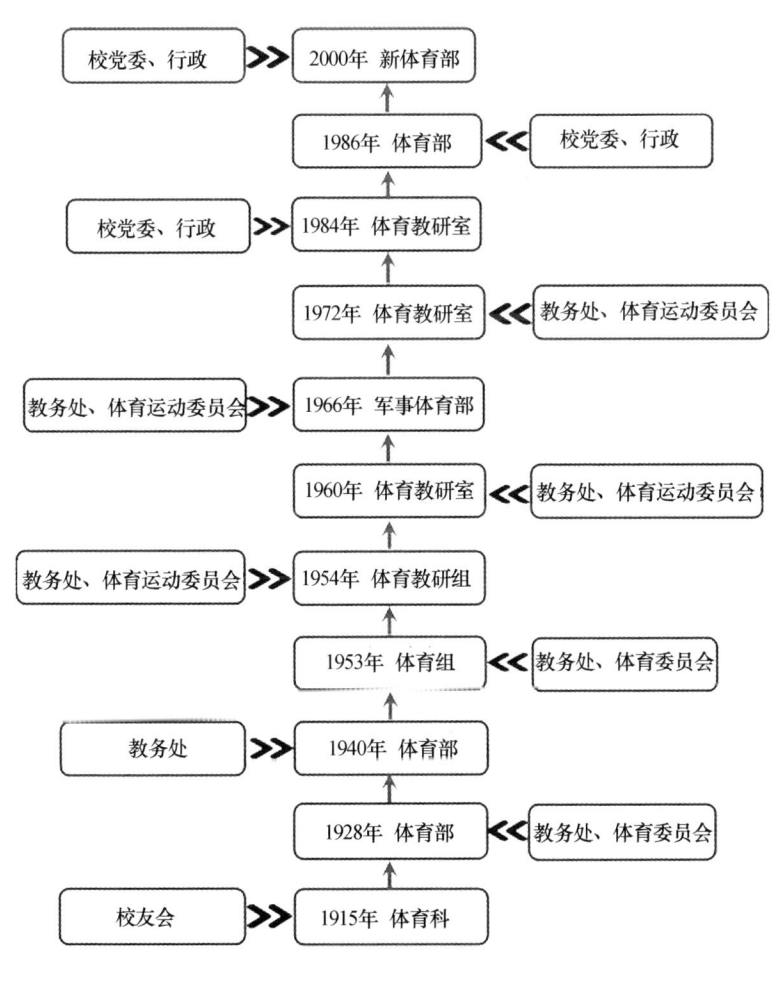

1953年 体育组 ≪ 教务处、体育委员会

教务处 ≫ 1940年 体育部

1928年 体育部 ≪ 教务处、体育委员会

校友会 ≫ 1915年 体育科

图3—2 武汉大学体育管理部门历史变迁

资料来源：武汉大学体育部官网和武汉大学校史资料。

这一时期高校体育治理特征，首先是学习苏联模式，在高校将体育开展起来；其次是根据国家当时的备战需求而提出体育达标工程——劳卫制；最后是"文化大革命"时期高校体育工作的畸形管理（见图3—3）。在这一时期高校体育的管理体制，是鲜明的行政管辖性质，高校内部体育管理架构基本上是教务处下属的体育科或者体育教研组，全校的体育教学工作由教务处来统筹协调，体育科具体实施；校园体育工作则由工会和校体育运动委员会组织，体育科协调配合相关业务。这里面有一个客观实事，这一时期在校大学生人数较少，师生比和生均场地较之现在动辄几万人大学情况要宽松不少，加之政治需要与行政强势管理，高校体育管理呈现鲜明的行政垂直管理结构。

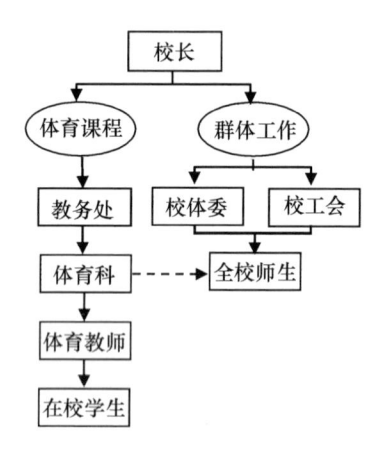

图3—3　新中国成立与建设时期高校体育治理结构

二　国家改革开放时期：艰难恢复与稳步发展

1978年，随着党和国家的工作重点的转移，中国的高等教育步入了改革开放新时期。1978—2011年，是中国高教改革不断向纵深发展的时期，在高教管理体制、投资体制、办学体制改革，以及高校内部管理体制、招生就业、教育教学等方面，均取得了巨大的成就，推动中国高等教育的跨越式发展。

表 3—2　　　　1978—2011 年高校内部治理结构改革的相关政策

类别	颁布主体和时间	政策名称	相关规定
领导体制	教育部（1978 年）	《全国重点高等学校暂行工作条例（试行草案）》	高等学校的领导体制，是党委领导下的校长分工负责制
	党中央（1985 年）	《事业单位岗位设置管理试行办法》	学校逐步实行校长负责制，有条件的学校要设立由校长主持的、人数不多的、有威信的校务委员会，作为审议机构
	全国人大会常委会（1998 年）	《中华人民共和国高等教育法》	国家举办的高等学校实行中国共产党高等学校基层委员会领导下的校长负责制
人事分配	教育部（1978 年）	《关于高等学校恢复和提升职务问题的请示报告》	恢复教师职称评审制度，教授、副教授审批权限改为省、市、自治区批准，报教育部备案
管理制度	教育部（1979 年）	《关于高等学校教师职责及考核的暂行规定》	明确助教、讲师、教授、副教授的职责，及考核内容、考核方法，并提出改进校内分配制度
	国家教委、体委（1990 年）	《学校体育工作条例》	各级教育行政部门应当健全学校体育管理机构；普通高等学校建立相应的体育管理部门，配备专职干部和管理人员
	国家教委（1992 年）	《关于国家教委直属高等学校内部管理体制改革的若干意见》	逐步建立固定编制与流动编制、事业编制与企业编制相结合的用人制度；推行目标管理和岗位责任制，建立和完善考核评估制度；建立校内津贴制度，逐步理顺教职工收入结构，规范奖酬金的发放
	教育部（1999 年）	《关于当前深化高等学校人事分配制度改革的若干意见》	推行高等学校教师聘任制和全员聘用合同制；加大学校内部分配改革力度，真正实现按劳分配、优劳优酬
人事制度	中组部、人事部、教育部（2000 年）	《关于深化高等学校人事制度改革的实施意见》	全面推行聘用制，加大分配制度改革的力度，健全高等学校的分配激励机制
	人事部（2006 年）	《事业单位岗位设置管理的试行办法》	事业单位要按照科学合理、精简效能的原则进行岗位设置，坚持按需设岗、竞聘上岗、按岗聘用、合同管理

续表

类别	颁布主体和时间	政策名称	相关规定
后勤服务	中共中央国务院（1993年）	《中国教育改革和发展纲要》	学校的后勤工作，应通过改革逐步实现社会化
	中共中央国务院（1993年）	《中共中央、国务院关于深化教育改革全面推进素质教育的决定》	加大学校后勤改革力度，逐步剥离学校后勤系统，推动后勤工作社会化，鼓励社会力量为学校提供后勤服务
	教育部（1998年）	《面向21世纪教育振兴行动计划》	加速学校后勤工作社会化改革，精简分流富余人员
	教育部、国家计委等（2000年）	《关于进一步加快高等学校后勤社会化改革的意见》	力争用三年的时间基本完成后勤社会化改革

在此期间，党和国家颁布了一系列政策法规，对高校治理体制进行了顶层设计，比如，1985年颁布的《关于教育体制改革的决定》，指出了中国教育体制的弊端，对高校招生与毕业生分配制度改革、扩大高校办学自主权等方面做出了具体部署；1993年颁布的《中国教育改革与发展纲要》，明确了中国高等教育的目标、战略和指导方针，对改革高等教育体制、招生和毕业生就业制度、研究生培养和学位制度、财政拨款机制、人事劳动制度等进行了顶层设计与全面规划；1998年颁布的《高等教育法》，给高校治校提供了法律保障。在国家政策的推动下，高校内部管理体制改革围绕领导体制、人事管理、后勤服务而展开（见表3—2），其内部治理结构从简单到复杂、内部治理从"从单点到多点"演进。

作为高等教育和高校工作的重要组成部分，高校体育治理结构改革自然也在上述政策范围之内。1978年颁布的《全国重点高等学校暂行工作条例（试行草案）》，明确了高校体育领导体制，即"党委领导下的校长分工负责制"，以及体育系、教研室的职能。1979年颁布的《高等学校体育工作暂行规定》，明确了高校体育的目标任务和价值功能，并规定省级政府教育部门建立体育组织机构，加强对高校体育工作的领导与指导；

高校要安排 1 名校长、系主任主管高校体育工作，并在主管校长的领导下，成立由相关部门负责人参加的高校体育运动委员会，负责高校体育的组织与协调工作。其时，国内普通高校尚未成立体育学院，而设有体育专业的高校，普遍按照《高等学校体育工作暂行规定》，建立了"高校—体育系—教研室或教研组"的组织架构；而未设置体育专业的高校，在 20 世纪 80 年代之后，一些高校开始建立了"高校体育运动委员会或高校—教务处—基础部—体育教研室"的组织架构。具体到每个高校，其体育组织框架均是不断发展变化的，以成立于 1921 年的东北大学为例，其在沈阳工学院时期，原来的"体育部"的名称不断改变，且隶属不同的部门（见图 3—4）。

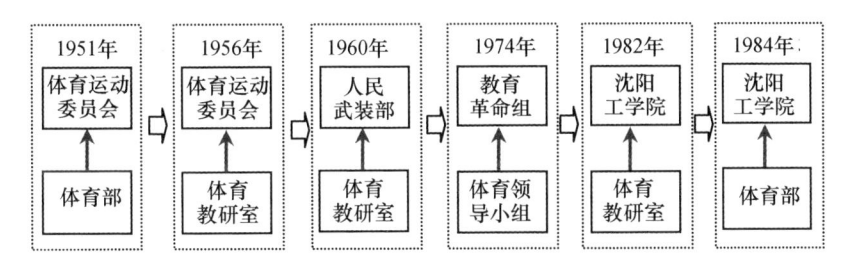

图 3—4　东北大学早期体育组织架构的历史沿革

资料来源：东北大学体育教学部官网和东北大学校史资料。

20 世纪 90 年代后，国家对于高校体育提出了新的更多更高要求，比如，1990 年颁布的《条例》，对学校体育治理结构、场地设施、经费保障、体育教学、体育训练与竞赛等做出了新的规定；同年颁布的《大学生体育合格标准》，对大学生的体育水平、参与态度、身体形态、机能、素质、视力状况等方面的评定做了具体规定；1995 年颁布的《体育法》对学校体育教学、体育训练与竞赛、课外体育活动做出了新的规定；2002 年《中共中央国务院关于进一步加强和改进新时期体育工作的意见》、2005 年《教育部关于进一步加强高等学校体育工作的意见》分别对高校体育工作做出了新的部署、提出了新的要求。在此背景下，高校现有的组织架构与治理结构越来越难以适应时代的要求，开始纷纷调整和优化高校体育治理结构，设有体育专业的普通高校一般建构了"学校—体育学院—体育系（体育专业）—体育教研室（体育中心）"的组织架构；未设体育专业的普通高校一般建构了"学校—体育教研部（体育教学部）—体育教研室"。使原属三级机构变为二级机构，作为高校的二级实体机构，体育部成立了相应的职能机构，如教研室、资料室、器材室、专项教研室和研究所等（见图3—5）。

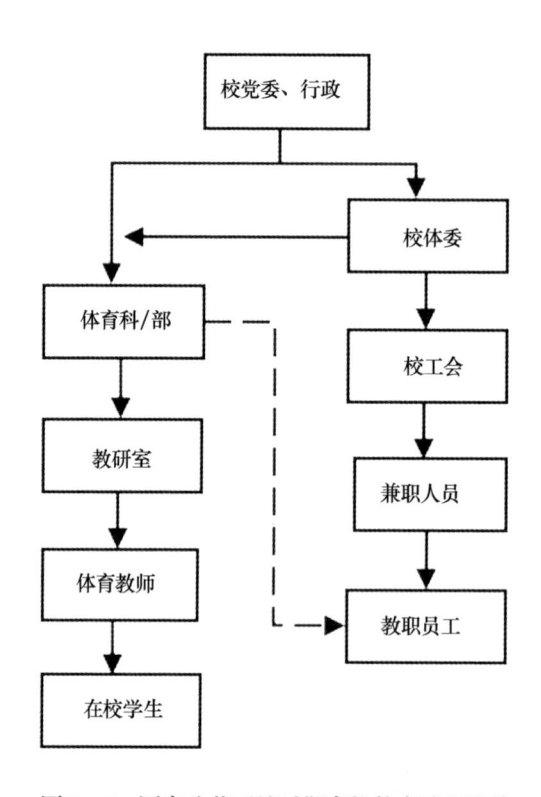

图3—5　国家改革开放时期高校体育治理结构

在这一历史阶段，高校体育治理结构的变革，其核心主要在于政治权力和行政权力怎样分配的问题，虽然确立了高校体育"党委领导下的校长负责制"内部管理体制，但在权力视域下，高校体育的权力结构具有多元性，不仅仅包括政治权力和行政权力，还包括教师、学生、职工、校友等利益相关者的权力。高校体育治理，其实质是多种权力参与决策与管理、发挥作用的过程。虽然国家政策对于保障高校体育利益相关者的权利提出了要求,比如,1978 年教育部修订的《教育部直属高等学校暂行工作条例》,规定高校设立"学术委员会",并发挥其在高校体育治理中的作用;1998 年颁布的《高等教育法》,规定高校成立和完善"教职工代表大会",维护教职工管理权与监督权,但在实践中,却未得到应有的重视和很好地落实。

三 进入新时代以来:锐意改革与特色重塑

进入新时代以来,国家整体体育战略有所调整,逐步改变过去举国体制、奥运争光计划战略为主导的国家体育发展模式,体育事业由竞技体育逐渐向群众体育、学校体育、体育产业和竞技体育协调发展的态势稳步推进。2012 年以来,新一届中央政府对国家体育事业格外关注,相继出台了多部旨在促进体育事业发展的文件法规。高校体育作为学校体育的最后阶段,其治理水平和治理能力直接关系到高校为党育才、为国育人的成效。这一时期部分高校在体育治理方面做出了大胆探索,如深圳大学、南开大学、合肥学院、贵州师范大学等高校积极进行了俱乐部制改革;部分高校将体育纳入到学生学业综合测评中,如武汉大学、浙江大学、哈尔滨工程大学、商丘师范学院、湖北经济学院等高校;部分高校成立了体育中心,如西安交通大学、长江大学武汉校区等。

在高校体育治理结构改革实践中,鲜明的特征是各高校纷纷制定颁布了《学校体育运动委员会章程》(简称"《章程》"),《章程》对高校体育运动委员会的性质定位、职责任务、组织机构、人员构成、成员工作职责、经费的来源与使用等内容做了具体规定。《章程》是对《高等学校章程制定暂行办法》在体育治理中的具体回应,逐渐成为高校开展体育工作的依据和准绳,对进一步规范高校体育工作行为有了制度上的安排。调查显示,目前全国有大部分高校都制定了《体育运动委员会章程》,在具体内容中有的高校体现了差异性。如北京大学,在《章程》指导下不仅成立了学校体育运动委员会,还在该机构下设成立了学校体育运动执行委员会。学校体育运动委员会荣誉主任由校长担任;主任由分管学生工作的副校长担任;副主任 4 名;委员若干。学校体育运动委员会执行委员会主任由体育部主任担任;副主任由团委、学工、教务、校办等部门副主任担任，委员多由各学院分管学生工作的副书记担任。

另外，近年来高校体育呈现了新的特征——学生体育权利意识的觉醒、学生体育需求的多元化，以及学生与教工对学校体育公共服务需求的提升，传统的高校体育管理模式为适应新需求有必要做出调整，加大了对学生体育俱乐部、自组织体育社团和教工体育健身团体进行了扶持与指导。在对学生和教工体育的群团组织管理中，需要在高校组织架构、人员安排、日常管理和后勤保障中做出制度性设计和安排。

表3—3　　　　　新时代以来高校体育治理相关政策一览

主体和时间	政策名称	基本内容
国务院 （2012年10月）	《关于进一步加强学校体育工作的若干意见》	实施好体育课程和课外体育活动；加快体育设施建设；健全体育风险管理体系；完善学生体质健康测试和评价制度；加强学校体育工作绩效评估和行政问责
教育部 （2014年4月）	《学生体质健康监测评价办法》	实行全体学生测试制度；完善上报数据审查制度；建立数据抽查复核制度；建立体质健康研判制度；实行监测结果公示制度；有效应用监测评价结果
教育部 （2014年6月）	《高等学校体育工作基本标准》	设置体育工作机构，配备专职干部、教师和工作人员；实行学校领导分管负责制（或体育工作委员会制），各有关部门积极协同配合，合理分工，明确人员，落实责任；制订规范文件、健全管理制度；做好学生体质监测与评价
教育部 （2014年7月）	《国家学生体质健康标准》（2014年修订）	普通高等学校学生毕业时，《标准》测试的成绩达不到50分者按结业或肄业处理；每学年开展覆盖本校各年级学生的《标准》测试工作
教育部 （2015年4月）	《学校体育运动风险防控暂行办法》	遵循预防为主、分级负责、学校落实、社会参与的原则；建立校内多部门协调配合、师生员工共同参与的学校体育运动风险防控机制

续表

主体和时间	政策名称	基本内容
中共中央国务院 （2016年5月）	《关于强化学校体育促进学生身心健康全面发展的意见》	政府主导、部门协作、社会参与的学校体育推进机制进一步完善，基本形成体系健全、制度完善、充满活力、注重实效的中国特色学校体育发展格局
中共中央 国务院 （2017年4月）	《中长期青年发展规划（2016—2025年）》	严格执行《国家学生体质健康标准》，强化体质健康指标的硬约束；加强学校体育工作，完善国家体育与健康课程标准，发挥学校体育考核评价体系的导向作用，保证体育课时和课外锻炼时间得到落实
教育部 （2017年6月）	《普通高等学校健康教育指导纲要》	把健康融入高校工作的各个环节，建立专兼职相结合的健康教育师资队伍，完善教务、学工、校医院、团委等多部门各负其责、协同推进的健康教育工作机制
体育总局 教育部等 （2017年11月）	《青少年体育活动促进计划》	提高学校体育活动质量，探索建立高等院校承接开展学生课外体育活动的机制；支持校内青少年体育俱乐部、学生体育社团、体育兴趣小组等组织建设
国务院 （2019年7月）	《关于实施健康中国行动的意见》	把高校学生体质健康状况纳入对高校的考核评价；学校要充分挖掘和利用自身资源，积极开展健康细胞工程建设，创造健康支持性环境
中共中央 国务院 （2020年10月）	《关于全面加强和改进新时代学校体育工作的意见》	学生体质健康测试成绩作为衡量高校体育工作成效的重要内容。帮助学生在体育锻炼中享受乐趣、增强体质、健全人格、锤炼意志。完善学校体育法律制度，党政主要负责同志要重视、关心学校体育工作

在这一阶段，党和政府高度重视学校体育工作，并颁布了一系列的相关政策法规（见表3—3），从治理目标、领导体制、管理模式、发展战略等宏观维度，从高校体育教学、课外体育活动、体育训练与竞赛等中观维度，以及体育教师队伍建设、体育场地建设、经费投入、体质健康水平监测等微观维度，对高校体育治理做出了整体规划、顶层设计，呈

现出推动了高校体育治理的法治化与规范化发展。但同时，建构高校体育治理制度，完善高校体育治理结构，并非仅仅停留在制度设计上，也并非一蹴而就的，而是一个长期的动态的实践与调整过程。比如：高校体育采取"学校体育运动委员会负责制"的管理体制，虽然国家对此作了具体的规定，如设置专门机构、配备专职管理干部和专职工作人员，对学校体育发挥统筹协调、领导决策的职能，对体育教育教学、课外体育锻炼、学校群体活动、对外体育竞赛和体育科学研究与文化传承等，应建立工作机制等，但在实践中，该机构还不同程度地存在一种"虚化"的状态，其在高校体育治理中的作用未能充分发挥出来（见图3—6）。

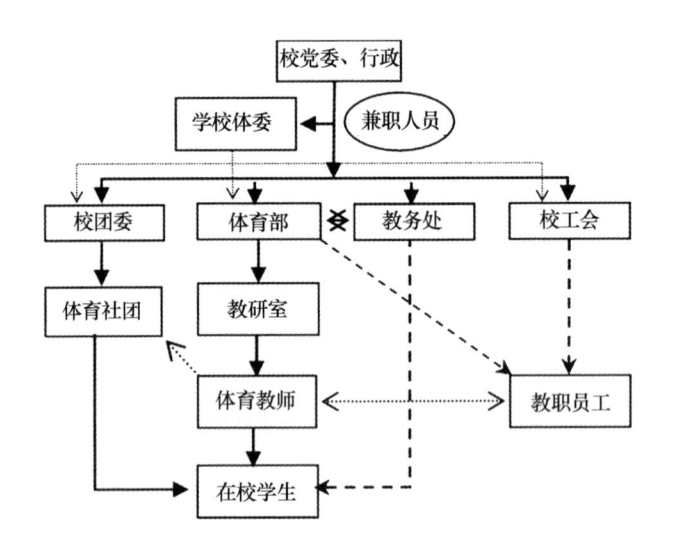

图3—6 进入新时代以来高校体育治理结构

体育院（系）是高校体育治理结构的重要构成，虽然高校将权力下放给了体育院（系），但在国家颁布的相关政策法规中，往往重视和强调高校层面的治理结构及其运行，对于院（系）层面的治理结构缺乏应有的关注和具体的规定，作为高校的二级实际教学与管理机构，体育院系如何发挥体育教师的作用，相关制度和机制还需要探索和完善。高校体育治理涉及多种权力，如何加强对各种权力的监督和制约，使其在制度的笼子里高质量运行，已成为决定高校体育治理成效的关键因素。

第二节 高校体育治理结构的历史变迁动因

回顾新中国成立以来普通高校体育治理结构历史变迁，我们可以清晰地看到，普通高校体育治理结构的建构与优化，具有以下显著的特征：首先，国家政策法规是高校体育治理结构变迁的重要驱动力。高校体育治理结构的变革，与其所处时代的经济社会发展密切相关，诚然，经济社会发展对高校体育治理结构变革的影响并非是直接的，而是直接影响着高校体育乃至高等教育的政策变革，而这种政策变革又主导着高校体育结构的变革。其次，高校体育治理结构的变革具有连续性特征，是一个由简单到复杂的演变过程。从新中国成立后高校体育治理结构的探索与建构，到改革开放时期高校体育治理结构的变革，再到新时代高校体育治理结构的改革与重塑，揭示了中国高校体育治理结构从点到面、由简单到复杂的历史逻辑，反映了经济社会发展对高校体育及其治理结构的影响，也表明了高校体育治理结构不断在顺应时代要求、高校体育发展规律中走向完善。

一 经济和社会发展促进高校体育价值功能彰显

改革开放40多年来，中国经济发展持续高位增长，社会发展进步成就辉煌，科教文卫事业蓬勃发展，体育事业伴随经济社会文化发展，而呈现出欣欣向荣的局面。王会宗等人对经济社会发展与体育事业进步二者的关系进行了实证研究，结果表明，体育发展与经济增长存在密切关系，二者互为因果、彼此促进[1]。李锦标[2]、伍钰[3]、任

---

[1] 王会宗、张瑞林、王晓芳：《中国体育发展与经济增长的动态计量分析》，《体育学刊》2012年第3期。

[2] 李锦标：《中国体育发展与经济增长》，《安徽体育科技》2013年第1期。

[3] 陈颁：《中国体育事业财政投入与经济增长关系的实证研究——基于1977—2010年的时间序列数据分析》，《武汉体育学院学报》2012年第5期。

蓓[1]、李晓峰[2]、李国[3]通过对二者关系的实证分析,均得出了相同的结论。事实上,回顾新中国成立以来体育事业的发展,正是其与经济社会互动发展的过程。

经济发展水平是体育事业发展的决定性因素,经济社会发展水平决定着民众的体育消费水平,而体育消费水平又是体育发展的内生动力。新中国成立以来,特别是改革开放以来,中国经济快速发展,有力地推动了中国体育事业的发展。2019年8月10日,国务院办公厅关于印发《体育强国建设纲要的通知》指出,到2035年经常参加体育锻炼人数比重达到45%以上,人均体育场地面积达到2.5平方米,体育产业更大、更活、更优,成为国民经济支柱性产业,2015—2019年全国体育产业总规模从1.71万亿元跃升至2.95万亿元,年均增长率达14.6%。反过来体育事业的发展,也促进了经济社会的发展。2021年10月8日,体育总局印发《"十四五"体育发展规划》指出,"十四五"期间体育产业总规模达到5万亿元,增加值占国内生产总值比重达到2%,居民体育消费总规模超过2.8万亿元,从业人员超过800万人。

新中国成立以来经济社会与体育事业互动发展的过程,也是体育功能演化的过程。站立起来的中国人民,迫切需要甩掉"东亚病夫"的帽子,并向世界人民展示新的形象。于是,确立了"发展体育运动,增强人民体质"的指导方针与根本任务,赋予了体育鲜明的政治功能与健身功能。改革开放后,随着中国经济社会的快速发展与民众物质文化生活的提升,体育的健身、娱乐功能、教育功能日益凸显。新时代以来,随着中国经济社会高质量发展与综合国力的提升,体育的功能更为多样化,不仅具有"人民美好生活"视域下的健身、休闲、娱乐、教育等功能,而且具有"高质量发展"视域下的经济、社会、文化功能,以及"构建

---

[1] 任蓓:《体育产业与国民经济关系的实证分析》,《重庆工商大学学报》(自然科学版) 2016年第1期。

[2] 李晓峰、臧贵雪:《安徽省体育产业与经济增长关系的实证研究》,《华东经济管理》2019年第1期。

[3] 李国、孙庆祝:《我国体育产业发展与国民经济增长关系的实证研究》,《武汉体育学院学报》2019年第1期。

人类命运共同体"视域下的政治功能。

高校体育作为中国体育事业的重要组成部分,其与经济社会发展也是相互影响、彼此促进的,并基于经济社会发展的需要、体育功能的认知,制定和颁布高校体育乃至高等教育的政策,主导和影响着高校体育治理与治理结构的变革。比如：在"发展体育运动,增强人民体质"方针指导下,1956年颁布的《关于加强领导,进一步开展高等学校体育的联合指示》,要求切实加强高校体育的领导,充实体育教师数量,建设完善体育场地,深入开展体育运动。改革开放后,随着中国经济、政治体制改革,高校体育管理体制越来越难以适应时代的要求,迫切需要重构与之相适应的高校体育管理体制与内部治理机制。1979年颁布的《高等学校体育工作暂行规定》规定,增强体质、掌握体育基本知识与技能、树立良好体育道德风尚是高校体育工作的基本任务,学生体质是否有所增强是评定高校体育工作成绩的根本标准；高校应建立严格的考勤和考核制度,在物资设备和图书资料等方面给予体育教研室开展体育科学研究工作；在普及体育运动基础上,建立以传统项目为主的运动队,并健全学校体育竞赛制度；学校有1名校长、系有1名系主任主管体育,充分发挥共青团、学生会和教育工会的作用。1990年颁布的《条例》规定,学校由一位副校（院）长主管体育工作,普通高校可建立相应的体育管理部门,配备专职干部和管理人员；2005年颁布的《关于进一步加强高等学校体育工作的意见》强调,高校主要领导是学校体育的第一责任人,必须加强对学校体育工作的领导,积极推进体育课程改革,广泛开展课外体育活动,加大对学校运动会的改革力度,不断提高学生的运动技术水平。进入新时代以来,国家基于经济社会高质量发展需要与学校"立德树人"目标,对高校体育治理做出了新的顶层设计与整体规划。

由此可见,中国经济社会发展近年来取得巨大成就,为体育事业发展提供了物质基础和社会支持,从高校体育场馆设施建设成效能够得到部分印证。国家和社会财富的积累,社会和个人有更多的经济支出与时间投入到体育事业的发展中。经济社会发展与体育价值功能的认知,学校体育在综合育人中的价值功能进一步彰显,是影响与推动高校体育治理结构历史变迁的决定性因素。

二 国家体育事业转型发展生发高校体育新动力

高校体育的发展离不开外部环境的影响与作用，高校体育的治理行为也必将在适应外部环境的过程中不断发生变化。由组织理论可知，外部环境的不确定性，直接影响着高校体育外部信息的需求与获取，进而影响其治理结构的设计。诚然，高校体育发展的外部环境较为复杂，笔者仅从国家体育事业发展的宏观视角，分析其高校体育治理的影响。

新中国成立以来，党和国家高度重视体育事业的发展。1949—1965年，中国形成和实施了"以增强人民体质服务生产和国防建设战略"，确立了"普及人民体育运动，为生产与国防服务"的指导方针，强调了体育的人民性、军事性、健康性与经济性功能。在群众体育方面，颁布和实施《关于开展职工体育运动暂行办法纲要》，大力推动群众体育发展；在学校体育方面，颁布了"劳卫制"及体育教学大纲，对学校体育做出了规范、提出了要求；在竞技体育方面，提出"对外开放"，以国际体育竞赛为平台，促进国际体育交流。1966—1976年，形成和实施了"体育作为政治整合工具"战略，体育机构、体育训练、体育制度受到不同程度的破坏，阻滞了群众体育的发展，瘫痪了竞技体育，扭曲了学校体育。1977—1993年，形成和实施了"深化体育体制改革"战略，1978年，全国体育工作会议提出了建设体育强国的发展目标，以"举国体制"发展竞技体育，并以此带动群众体育的发展；1986年，国家体委出台了《关于体育体制改革决定的草案》，确立了"实现体育腾飞"的战略思想；1993年，出台了《关于深化体育改革的意见》，围绕体育"生活化、普遍化、社会化、科学化、产业化、法制化"提出了一系列的措施；1994—2001年，形成和实施了体育"可持续发展战略"，中国先后颁布了《体育法》《全民健身计划纲要》《成年人体质测定标准实行办法》《体育两类课程整体教学的改革方案》，促进了各类体育的协调发展。2002—2012年，是高校体育发展的第一个高峰，高等教育扩招、教育经费加大投入、国家重视体育的氛围逐步显现，形成和实施了"体育科学发展"

战略①。进入新时代以来,随着体育产业发展规划、体育强国建设纲要、健康中国战略和体教融合发展等文件的相继颁布,中国对体育事业发展的"四梁八柱"做出了系统的设计与规划,推动社会体育、学校体育、竞技体育、体育产业协同发展。

回顾新中国成立以来中国体育事业改革发展的历史轨迹,我们不难发现,其改革的主线与路径主要是政府职能转换、利益关系调整、产权制度创新②。这一改革方向与路径,对中国高校体育治理具有重要的影响,它不仅影响着高校人才培养目标、体育教师培育计划、学生体育需求,也影响着体育教育教学的目的、体育课程的设置、体育环境的变化,从而推动着高校体育治理结构的变迁。事实上,高校体育作为中国体育事业的重要组成部分,其治理理念、目标、模式,均是顺应体育事业改革发展的诉求而不断变化的。比如,群众体育的发展,需要高校体育为其供给健身知识与方法,为其培养和输送体育健身指导人才;教育部和体育总局提出的"体教融合战略",需要高校体育为其培养和输送高层次的体育竞技人才;体育产业的发展,高校体育应根据体育市场需求设置新的体育专业与课程等。上述因素均为高校体育治理结构改革与发展提供了重要的驱动力。

三 高校人才培养新定位带来高校体育职能转变

人才培养是高校的首要职能和基本功能,教育体制机制改革的重点任务是解决人才培养问题③,换句话说,培养什么人、为谁培养人、如何培养人,是一代代高等教育工作者不懈努力探索的终极问题。回顾1949年以来中国高校体育治理结构的变迁,我们发现,它是随着高校培养人才的功能、目标与任务的变化而变化的,这表明,高校体育对人才培养

---

① 杨敏、赵小惠等:《新中国成立60年我国体育发展战略的演变与未来展望》,《延安大学学报》(自然科学版)2009年第4期。

② 钱红辉:《论我国体育改革方向及其对体育教学事业发展的影响》,《长春师范大学学报》(自然科学版)2018年第4期。

③ 姜朝晖:《新时代高校人才培养的战略定位与发展路径》,《重庆高教研究》2018年第1期。

的功能、目标与任务对于高校体育治理结构有着重要的影响。

新中国成立至改革开放前,学校体育的主要目标是"增强体质、传授体育基本知识与基本技术技能"[①]。为实现这一目标,国家完善了相关机构,比如,教育部、高教部、国家体委、共青团分别设立了体育指导处、体育处、群体司、军体部,强化了对学校体育的领导。同时,建立和完善相关制度和措施。新中国成立初期,高校体育的基本内容主要是学习苏联经验,开展以"劳卫制"为重心的群体活动与体育训练。但由于体育认识不足,加之高校体育师资力量薄弱、体育经费投入不足、体育基础设施匮乏,高校体育的发展还较不均衡,一些高校体育教学还未走向正轨,体育活动尚未有计划地开展起来。对此,国家高教部、体委等单位联合颁布了《关于加强领导进一步开展高等学校体育运动的联合指示》,明确指示高校实行体育校(院)长负责制,确立高校体育发展的方针、制定具体的体育工作计划、建立完善的体育工作制度。此后,高教部先后颁布了学校体育工作计划、《高等学校普通体育课教学大纲》和《高等学校体育工作暂行条例(试行草案)》,对高校体育工作的内容与要求做出了规范。

改革开放后至21世纪前,学校体育的主要目标是提供体育课教学和校园体育群体活动增强体能、养成运动习惯、发扬体育精神。围绕这一目标,中国在高等教育层面,先后颁布了《学位条例》(1980年)、《高等教育管理职责暂行规定》(1986)、《教师法》(1993年)、《教育法》(1995年)、《高等教育法》(1998)等法律法规,为高校体育治理提供了有力的法律保障。在高校体育层面,1979年颁布了《学校体育卫生工作暂行条例(试行草案)》,规定加强学校体育卫生工作领导、加强师资队伍建设,使学校体育的地位得到了一定提升和巩固。此后,国家相关部门在高校重点检查验收《学校体育卫生工作暂行条例(试行草案)》落实情况。为推动高校体育工作、提升高校体育运动水平,1982年在北京举办了首届大学生运动会,部分高校尝试招收高水平运动员,国家提出

---

① 姚蕾:《新中国成立以来我国体育教学目标、内容与评价的回顾与展望》,《体育科学》2004年第1期。

"体教结合"的办学思路。高校体育工作方向逐步从"开齐开足"体育课,向注重提升大学生体质健康素质的转变;各省市成立了学生体育协会组织,积极开展省域高校体育运动会等,有力地推动了高校体育工作的规范化、标准化发展。

进入 21 世纪以来,学校体育的主要目标开始从增强体质体能转向"育人",特别是党的十八大、十九大确立了学校教育"立德树人"的根本目标后,学校开始从身体、心理、社会适应等层面培养学生,建构和形成学校体育的多维目标体系①。在此背景下,当下高校体育治理结构行政化和治理主体的单一性,与新时代学生体育需求的多元化和高校体育"三全育人"的职能转变,存在不相适应的情况。近年来,学者呼吁高等教育的治理模式应从管治走向善治,一些高校开始进行积极的探索和实践,比如,2003 年北京大学开启了人事制度改革,学科和教员分别引入"末尾淘汰制"、实行"分类管理、聘任制和分级流动制";武汉大学试水"政学分权",推动"学者治学""教授治校";北京师范大学探索治理结构变革等。2014 年,国家教改办公室正式批准了清华大学、北京大学的《综合改革方案》,这种自下而上的改革,表明国家高校治理开始从集权走向赋权增能、从管治走向善治。在高校体育层面,为实现"立德树人"的根本目标,许多高校不断优化高校体育治理结构,建立完善相关规章制度。

诚然,基于"立德树人"的维度和"为党育才、为国育人"的使命,高校体育有着共同的目标任务,但由于各个高校客观条件、办学目标、校内体育环境、具体任务不同,其内部治理结构具有较大的差异性。这表明,高校多年形成的体育文化价值观念、内部政策生态环境,也是影响高校体育治理结构的一个因素。

---

① 辛利、邓玉兰:《新中国以来我国学校体育目标的衍变与存在问题》,《广州体育学院学报》2016 年第 1 期。

第三节　高校体育治理结构的历史经验反思

从整体来看，新中国成立以来，党和政府造就了学校体育的伟大成就，建构了党委领导与依法治教相融合的学校体育管理制度，打造了兼容并蓄的特色学校体育理论与实践①。从高校体育看，中国普通高校体育改革与发展的过程，是高校体育治理结构优化的过程，高校体育走向制度化、规范化、法治化的过程，高校体育教育布点规模不断扩大、体育学科不断加强、专业设置不断规范、办学格局不断变革、体育教育教学质量不断提升的过程。但我们也清醒地看到，高校体育还普遍存在"身体危机"与"课堂危机"，在"身体危机"方面，大学生参与体育时间不断被压缩，其体质健康水平下滑态势没有根本扭转；在"课堂危机"方面，高校体育课堂功能弱化、边缘化问题凸显，体育教师与体育课堂的存在价值受到质疑与挑战②；存在体育教育教学质量不高、大学生体质健康测试形式化、体育竞赛活动供给形式单一化等问题③。而这些问题，都可能从高校体育治理结构方面查到根源。事实上，目前高校体育治理结构还不够完善，表现在监督决策体制不够健全、组织架构设计不够合理、运行机制不够顺畅、检察问责工作机制有待完善等。

一　高校体育治理模式始终坚持行政主导

新中国成立以来，中国高校内部领导体制发生了多次变更（见表3—4），整体而言是在中国共产党的领导下进行推进。从1949年开始实行"校务委员会制"，到1989年开始实行"党委领导下的校长负责制"，经过了8次变更，最后以法律的形式将"党委领导下的校长负责制"固定以来。

---

① 毛振明：《新中国70年的学校体育成就与新时代的发展方向》，《天津体育学院学报》2019年第6期。
② 谢冬兴：《高校体育的身体危机与课堂危机》，《体育学刊》2016年第6期。
③ 王镝：《新时代背景下高校体育发展的功能定位、现实困境与实施策略》，《中国学校体育》（高等教育）2018年第12期。

表 3—4　　　　　　　新中国成立以来高校领导体制的演进

领导体制	实施时段	相关政策法规
校务委员会制	1949—1950 年	成立"校务委员会",实施民主管理、集体负责
校长负责制	1950—1956 年	《高等学校暂行规程》(1950)
党委领导下的校务委员会负责制	1956—1961 年	《关于教育工作的指示》(1958)
党委领导下的以校长为首的校务委员会负责制	1961—1966 年	《教育部直属高等学校暂行工作条例(草案)》(1961)
党委领导下的工宣队为主的革命委员会负责制	1966—1976 年	《全国教育工作会议纪要》(1971)
党委领导下的校长分工负责制	1978—1985 年	《全国重点高等学校暂行工作条例(试行草案)》(1978)
党委领导下的校长负责制 部分院校试行校长负责制	1985—1989 年	《中共中央关于教育体制改革的决定》(1985)
党委领导下的校长负责制	1989 至今	《高等教育法》(1998)、《关于坚持和完善普通高等学校党委领导下的校长负责制的实施意见》(2014)

分析这 8 次变更,或者说 8 个阶段,我们可将高校内部领导体制分为以下四种类型:其一是"文化大革命"时期实行的"党委领导下的工宣队为主的革命委员会负责制",属于"一元化"领导体制,呈现出权力过分集中、以党代政、党政不分的特点,其结果是,造成了高校治理的严重混乱,阻滞高等教育的健康发展。其二是 1950—1956 年、1985—1989 年实行的"校长负责制",这种领导体制具有决策果断、指挥统一、工作效率较高的特点,但由于个人的知识、素养、才能的局限性,工作中难免存在这样那样的不足之处,如果不能正确处理内部党政关系,便会出现以政代党、弱化党的领导等弊端。其三是 1956—1961 年实行的"党委领导下的校务委员会负责制"、1961—1966 年实行的"党委领导下的以校长为首的校务委员会负责制"、1978—1985 实行的"党委领导下的校长分工负责制",属于"党委领导制",这种领导体制虽然有利于集思广益、

加强党的领导，避免个人专断与决策失误，但由于权力较为分散，容易造成决策迟缓、效率较低。相比之下，1989年以来实行的"党委领导下的校长负责制"，则具有更多的优越性，有利于加强党对高校的领导、促进重大决策的民主化与科学化、有效协调各方面的关系，实践表明，这一领导体制，既符合中国基本国情，也符合中国高等教育发展规律，只有坚持这一领导体制，才能正确回答新时代"为谁培养人""培养什么样的人""怎么培养人"这些根本性问题，也才能保证高校的办学方向、实现高校的价值功能[①]。

坚持"党委领导下的校长负责制"是高校体育治理合法性的前提。目前，高校体育的领导体制普遍是"党委和行政统一领导下的"分管校/书记长"负责制，提升高校体育治理的科学化水平，关键在于正确处理行政权力与体育权力，使之成为既有分工又有合作的有机整体。从领导层面看，高校体育主要由主管校长领导，体育教学、群体、比赛、科研一般由体育教学部具体执行，学校体委负责监督职能；从行政层面看，学校体育部与学校体委系平级单位，但在工作实践中，学校体育部又隶属学校体委，两个机构的工作存在诸多交叉与分歧，在经费使用、校运会组织、运动队建设等方面，两个部门分工不够明确，造成许多工作的责任主体不明、责权划分界限不清、监督评价体系建设滞后等。

另外，高校体育的运行机制带有鲜明的科层特质，具体工作中行政指令偏多、协商共治偏少，这一工作管理机制在计划经济时代，可有效动用资源"集中力量办大事"，但随着高校体育工作的日益复杂，多元需求增多，传统管控式的工作模式已难以适应新时代高校体育需求，应从思想上首先摒弃权威管理工作做法，从行动上形成高校跨部门协作，积极为在校学生和教工创造参与体育治理机会。

二 高校体育治理架构以教学部门为主体

建构和优化治理组织结构，是提升高校体育治理效能、促进高校体

[①] 黄兴胜、黄少成：《改革开放40年中国高校内部治理嬗变、动因与启示》，《复旦教育论坛》2018年6期。

育高质量发展的重要组织保障。新中国成立以来，国家就高校体育治理颁布了一系列的政策法规，对建构和优化高校体育治理组织结构做出了规定、提出了要求，各高校根据自身实际情况、普通高校的合并与分离、高校体育目标调整，不断调整高校体育治理组织结构。但总的来说，高校体育在一般认识中是"高校体育＝体育课""高校体育工作＝体育教学部的工作"，因此，在高校管理逻辑中，还是由高校体育教学部门管理学校体育工作。以中国人民大学体育教学部的历史变迁为例，可以从一个侧面反映学校体育管理工作的情况。中国人民大学体育教研室1950年由华北大学军事与体育教学研究室发展而来；1952年体育教研室进行了机构设置，教研室下分教学组、课外组、科研组、办公室、器材管理室；1957年中国人民大学将体育教研室改为军事体育教研室；1985年将军事体育教研室改为体育部，由科级单位转为处级单位[①]。从中国人民大学体育部的历史沿革看，高校体育工作的重心是体育课程教学，就业务管理归口而言，体育部是高校体育实质性管理部门基本符合历史阶段实际情况。

新中国成立以来，高校体育治理组织结构从最初效仿苏联高校体育组织结构设置模式，高校设体育系，形成了由校、系两级构成的简单的治理组织结构；到改革开放初期高校"学院制"改革过程中，形成的"高校体育运动委员会—体育教研室（科）—体育教师"的三层级治理组织结构；再到目前所形成的"学校党委、行政—学校体育运动委员会—体育部/学院—体育教研室—体育教师"的更为复杂的组织结构，高校体育治理组织结构不断完善，其职能也在从单一的体育教学科研走向多元，不仅承担着体育教学科研任务，而且承担着体育专业人才培养、社会化服务等任务。

从国家对高校体育工作的管理看，基本遵循垂直型职能结构，教育部代表国家行使对各直属高校和省、直辖市教育厅体育工作的管理与指导；省、直辖市教育厅对本省市高校体育工作进行业务指导；各高校从理论上讲由高校体育运动委员会负责统筹、决策、指导、管理和监督本

[①] 中国人民大学体育部历史沿革，资料来自中国人民大学学校官网。

校体育工作；体育教学部具体负责学校各项体育工作（见图3—7）。由此可见，高校体育工作从历史发展和现状情况看，体育教学部门是高校体育工作的实质管理部门。目前，从高校体育的组织结构设置情况看，设有体育学院的高校，基于教学科研任务、体育管理事务比较重，其组织结构较为复杂，而且为了便于管理，多采用将公共体育课教学单列的组织结构，如华中师范大学、西南大学等。而没有设体育学院的高校，其有的采用"直线型"组织结构，如上海交通大学体育系；有的虽然建立了相关机构，明确了其相应的职责，却没有明确组织结构关系，如R大学（见表3—5）。

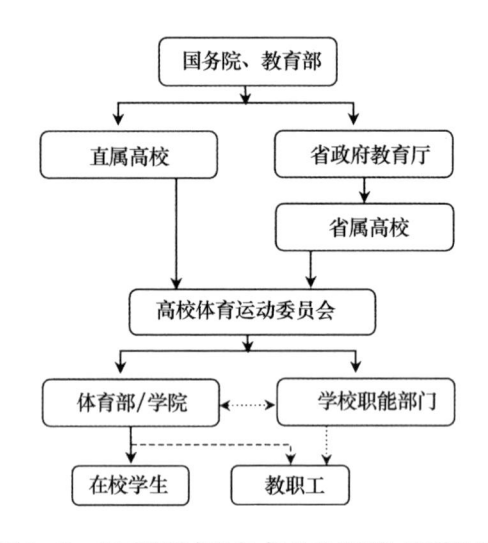

图3—7　我国普通高校体育"垂直型"管理结构

为加强高校体育的领导，许多高校成立了体育运动委员会，内设结构大同小异，比如，华中农业大学体育运动委员会设有主任1名，由主管高校体育工作的校领导担任，副主任2名，分别由主管学生工作和工会工作的校领导担任；委员由相关职能部门、各院系主要负责人、教师代表、学生会、研究生会代表担任；下设秘书处（设在学校体育部），具体办理体委的日常事务。太原理工大学体育运动委员会由主管体育教学副校长任主任，教务处处长、学生处处长、工会主席、体育学院院长分别任副主任,党委办公室主任、校长办公室主任、宣传部部长、团委书记、后勤保障处处长、国有资产管理处处长、保卫处处长、校医院院长、体育学院书记、研究生院院长、各学院院长分别任委员;学校体委办公室设在体育学院,办公室主任由体育学院院长兼任;浙江师范大学体育运动委员会下设竞赛委员会、群体工作委员会、外联开发委员会等机构。根据国家机构设置情况和职能机构的隶属关系,教育部对直属高校体育工作进行决策指导,省属高校接受教育部指导同时还要接受省市教育厅指导。高校内部体育运动委员会是最高决策机构,对体育工作进行全面指导,由体育部负责具体落实。有的高校不仅成立了学校体育运动委员会,还成立了校体育运动委员会执行委员会,进一步强化体育运动委员会的工作职责。

表3—5　　　　　　　　R大学体育部机构设置

机构设置	基本职责
体育部办公室	统筹领导
第一教研室	负责篮球及相关业务活动
第二教研室	负责除篮球以外其他球类及相关业务活动
第三教研室	负责除球类项目以外其他体育项目及相关业务活动
体育教科所	负责体育教学科研工作
运动训练管理中心	负责体育训练竞赛管理工作
全民健身管理中心	负责社会体育指导工作
学生体质健康测试中心	负责大学生体质监测

总体来看,高校体育治理组织结构的设置普遍较为扁平、简单,管理跨度较大。清华大学教授王希勤等人指出,"管理幅度与关系数呈指数函数关系",也就是说,关系数随着下属数的线性增长而几何级数增长,关系数过大,会增加下属之间沟通与协调的难度①。事实上,高校体育治理组织结构还存在诸多的问题。来自89所普通高校的调查显示,采用

---

① 王希勤、邹振宇等:《基于角色的高校分系列人事管理研究》,《国家教育行政学院学报》2017年第10期。

"学校—体育学院—体育学系—体育教研室"四层组织结构的高校占比57.7%，该层次结构虽然有利于垂直管理，但由于纵向层级较多、横向幅度狭窄，不利于学科交叉渗透，需管理人员较多、信息传递缓慢失真，同时，高校体育治理组织结构较为封闭，与外界的交流渗透不足[①]。因此，应基于高校体育治理组织结构变迁的历史经验，注重建构和优化高校体育治理组织结构，切实提升高校体育治理效能。

三 高校体育治理制度主要贯彻上级文件

建立和健全制度体系，是推进高校体育治理体系高效运行、走向规范化与法治化的基础和前提。新中国成立以来，中国颁布了一系列的学校体育治理制度，并呈现出鲜明的阶段性特征。在改革开放之前，中国在借鉴苏联经验的基础上，不断探索具有中国特色的学校体育之路，逐渐形成了自己的制度框架，明确了高校体育的功能定位、发展目标，但由于受"全盘苏化""体育大跃进"的思想影响，高校体育治理制度存在过于强调教师主体地位、忽视学生个性发展、高校体育职能发挥不足等问题；在改革开放前期，在吸取历史经验与教训的基础上，国家重新确立学校体育的地位，确立了"增强学生体质"的发展目标，并把健康教育纳入体育教育之中，但由于应试教育体制、竞技体育"举国体制"的影响，高校在强化竞技体育人才培养的同时，弱化了体育的健身性、娱乐性等功能，加之高校体育项目、办学条件、生源等不同，高校体育整体发展较不平衡；进入21世纪以来，中国确立了学校体育"健康第一""五育并举"的理念、群众体育与竞技体育协调发展的思路、学生体质健康监测评价机制。

毫无疑问，国家颁布的系列学校体育文件制度，有力促进了高校体育健康发展，但同时也存在诸多问题，如高校长期形成的靠政策吃饭、依据文件开展工作、应付上级检查、唯体育课论和唯学生体质论等。而这些问题，也反映了学校体育制度的不足。其一，上述许多制度生成具

[①] 吴春霞：《我国普通高校体育管理组织结构的研究》，北京体育大学出版社2010年版，第45—46页。

有"要素驱动"特点,即以"问题导向"而出台相关制度,如针对青少年学生体质不断下降的问题,"被迫"颁布了相关体育项目"2+1"项目、冬季长跑活动等制度①,虽然具有较强的针对性,但由于缺乏相关配套政策与措施,使得一些政策与制度在学校执行情况并不理想,造成学校体育治理与改革缺乏整体性。其二,制度与政策执行的不够彻底,抑制了学校体育治理的效能和改革进展。新中国成立以来,特别是改革开放以来,中国就增强学生体质问题颁布了一系列的政策法规,"青少年体质健康成为学校体育政策的高密集区"②,但青少年体质健康持续下降的状态却未能实现根本好转。这表明,这些制度与政策执行得并不理想。在执行主体上,《国家学生体质健康标准》规定,教育部、国家体育总局每两年组织检查该标准的执行情况并公开检查结果,但在现实中,只要求学校上报相关数据,而学校为了防止"一票否决学校的评估评先资格",出现数据"编造""瞒报""调整"的现象;由于激励与问责机制不完善,教师对学生体质测试关心、关注不够;而学生参与体质测试的动机与利益诉求普遍是为了获取"毕业"和"奖学金"。其三,学校体育制度与执行呈现出一种自上而下的"外推型"特点,即按照"从中央到地方、从政府到学校、从学校到体育教师分级执行"③,虽然这一模式有利于提升政策与制度的运行效率,但由于一线人员,特别是体育教师由于缺乏心理、知识与经验准备,加之内生动力不足、激励机制缺失,往往缺少一种"自下而上"的互动,从而造成制度与政策难以落实到地。

综上所述,经过新中国成立与建设时期的机械模仿与自主探索、国家改革开放时期的艰难恢复与稳步发展和进入新时代以来的锐意改革与特色重塑,中国普通高校体育治理结构受到经济社会发展、国家体育事业转型和高校人才培养新定位,呈现了高校体育管理模式始终坚持行政

---

① 何劲鹏、杨伟群:《我国学校体育政策执行"不良心态"本质透析与制度性化解》,《北京体育大学学报》2018年第2期。
② 杨成伟、唐炎、张赫、张鸿:《青少年体质健康政策的有效执行路径研究——基于米特—霍恩政策执行系统模型的视角》,《体育科学》2014年第8期。
③ 潘凌云、王健:《改革开放40年我国学校体育改革与发展的政策审思》,《体育科学》2019年第5期。

主导、高校体育管理架构以教学部门为主体和高校体育管理制度主要贯彻上级文件的特征[①]。毋庸讳言，中国高校体育治理结构在 70 余年的历史变迁中，依然没有摆脱国家教育部门统管、高校行政机构统辖的管理路径依赖，然而行政主导、文件推动和体质优先的发展格局为新时代高校体育治理结构优化重塑，奠定了坚实的基础。另外，个别高校根据国家颁布的相关政策法规，依据本校实际制定了相关规章制度，加强了体育部门的治理力度，将权力、责任、利益进行了重新安排，涌现了一批体育治理先进高校，为本书提供了启发与思考。可见，建立和健全高校体育治理制度体系、激发相关利益主体的内生动力、营造高校体育治理环境，是优化治理结构的必由之路。

[①] 汪如锋、谭芬：《我国普通高校体育治理结构的历史回溯与展望》，《扬州大学学报》（高教研究版）2022 年第 3 期。

第 四 章

中国普通高校体育治理结构的现状考察

调查研究是谋事之基、成事之道。只有通过调查研究，才能认清事物本质、把握事物发展规律，找准问题症结、开出有效良方，增强决策针对性、科学性和有效性，提高治理水平和工作成效。调查高校体育治理结构的实然情况，分析体育治理结构存在的不足与困境，是高校体育治理结构优化调整的前提和基础。在此环节，需要弄清楚的基本问题是调查什么、调查谁、怎么调查。因此，通过对高校体育治理利益相关者和研究者进行深入访谈，借助扎根理论技术手段，确立调查问卷的核心要素，进而生成调查问卷的具体选项，以此回答"调查什么"；高校体育各治理主体中，体育部/学院处于治理场域的中心位置，调查教学部门领导，可最大程度获取高校体育治理结构现状，故而选择体育部/学院负责人作为调查对象，可较好回答"调查谁"；为获取尽可能真实的数据，在高校选择中要考量高校的层次与地域特征，同时借助一定的人脉关系和资源为调查研究提供便利，用线上线下相结合的方式展开调研，以此来回答"怎么调查"。

第一节 调查核心要素确立

本研究对中国高校体育治理结构现状的调查主要采取问卷调查的方式进行，其中调查核心要素的确立关系到调查结果的客观性和全面性。

因此，如何确立调查问卷的调查核心要素和内容，是首先需要解决的问题。本书调查研究的根本目的是通过对高校体育治理结构现状进行全面了解，进而综合运用获取的信息，分析现象背后的问题致因，进而为高校体育治理结构优化提供现实依据。本书调查核心要素的获得，主要通过扎根理论和信息文本资料分析等技术手段，获得翔实资料并进行系统加工提炼，构建"高校体育治理结构"影响因素模型，最终获得调查核心维度。

一 扎根理论方法的运用

扎根理论（Grounded Theory，GT）是一种定性研究方法，被誉为20世纪末"应用最为广泛的质性研究解释框架"[①]，该方法的核心要旨是从访谈资料、观察资料、文本资料和工作经验等资源中产生理论。扎根理论的逻辑起点，不是为了创造理论，而是通过对获取的资料和感悟进行系统整理，其目的是在资料中提炼出资料背后的"概念"，这些概念起初也许是杂乱无章的，如果沿着某一脉络就可将相似的概念进行归类并延伸出若干个范畴。如果在研究中没有真实客观丰富的原始资料，该研究方法所呈现的理论架构很难有强有力的说服力。因此，笔者决定使用该研究方法时，将获取翔实访谈资料、文件文本资料和其他相关信息整合提炼作为第一要务。

本研究在实施过程中遵循的原则有自愿参与原则、平等关系的建立原则、参与者的知情权、遵循保密原则、参与者的劳动补偿等。在研究限制方面，体现为理论饱和的相对性、理论建构的理想化倾向。无论研究者事前是否将自己的理论假设带入调查研究的现场，研究者在其写作过程中必须显得自己事先并没有任何理论假设。尽管笔者有多年高校体育教学与管理经验，但在调研中，尽量做到"空杯"心态，尽力从现实资料中寻求问题答案，将自己带入"他者"的情境中，对获得的资料及时处理。

笔者在高校体育工作实践中，通过观察、调查、个别访谈等形式，

[①] 吴肃然、李名荟：《扎根理论的历史与逻辑》，《社会学研究》2020年第2期。

搜集和积累了许多实践案例。通过对一些案例的分析和研究，可以总结具有普遍性意义的规律与经验，为研究高校体育治理结构优化提供了实践依据和经验支持。本书之所以选择扎根理论作为技术手段，主要基于如下考量：一是扎根理论研究方法与本研究资料获取的适切性较高，运用该技术手段可以获取所需答案；二是笔者作为有着近20年大学体育教学与管理工作经历，对研究对象十分熟悉；三是研究资料获取便利，按照民族学田野工作的研究范式，笔者一直"在现场"，日常教学与事务性工作均可作为本书的研究素材；四是该研究方法笔者运用熟练，本人阅读了许多扎根理论相关的文献资料和研究论文，学习了相关质性分析软件 Nvivo11 的操作使用方法，基本掌握了该理论方法，能够对研究资料进行加工与整理，通过对资料的不断比较、概括，发现类属，整合类属，最终形成高校体育治理结构影响因素理论模型。

二 研究抽样与资料处理

（一）访谈对象的确定

为了保证研究的科学性，抽样方法、研究对象和样本数量等是其考虑的重要问题。首先，关于抽样方法，本书主要依据研究设计采用了"目的抽样（Purposive Sampling）"方式，不同于大样本社会调查，经过深思熟虑后才确定了深度访谈的对象，由于本着尽可能全面地从样本那里挖掘研究素材资料，在实施访谈过程中采用半开放式咨询交流方式，给受访者自由畅谈的空间，直至受访者自认为已经将交流问题信息提供完毕为止[1]。根据研究目的，在选取访谈对象时，本人应尽量考虑不同层级的受访对象，这些调查对象是高校体育利益相关者群体和研究群体，主要有学校领导（以担任高校体育运动委员会主任人选为主）、体育教学部/学院领导、体育教师、高校体育研究专家、教职工和在校学生。其次，要考虑高校的地域分布、高校实力层次、受访者的性别等多方面的因素；最后，关于研究访谈对象数量，扎根理论研究方法的样本数量选

---

[1] 孙晓娥：《深度访谈研究方法的实证论析》，《西安交通大学学报》（社会科学版）2012年第3期。

取,能达到理论饱和度即可。本人选取了较能满足上述条件的24名受访者进行了深度访谈,其中高校校级领导(分管体育工作且担任校体委主任)3人、体育部/体育学院领导5人、体育教师5人、高校体育研究专家3人、教职工3人以及在读学生5人。各层级访谈人员基本信息见表4—1。

表4—1　　　　　　　　访谈人员信息一览表

序号	姓名	性别	单位	备注
高校校领导				
1	宋××	男	ZNMZ	某国家部委直属高校副校长,担任学校体育运动委员会主任5年
2	张×	男	HBDX	某省属重点高校副校长,担任学校体育运动委员会主任3年
3	吴××	男	ZZDX	"211"建设高校副校长,担任学校体育运动委员会主任4年
高校体育部/体育学院领导				
4	李××	男	HFXY	省属本科高校体育教学部主任,担任学校体育运动委员会副主任委员兼秘书长4年
5	姜××	女	TJDX	"985"建设高校体育教学部书记,担任学校体育运动委员会委员6年
6	刘×	男	XNJT	"211"建设高校体育学院院长,担任学校体育运动委员会副主任委员4年
7	王××	女	GZSF	省属本科高校体育教学部副主任,担任学校体育运动委员会委员6年
8	史×	男	SXSF	"211"建设高校体育学院院长,担任学校体育运动委员会副主任委员7年
高校体育教师				
9	郝××	男	ZNMZ	部委直属高校,从事高校体育教学工作18年
10	田×	男	DZXY	省本科院校,从事高校体育教学工作21年
11	吕××	女	HDLG	原"211"高校,从事高校体育教学工作16年
12	胡××	女	HZKJ	原"985"高校,从事高校体育教学工作7年
13	柏××	男	HBZY	省属本科院校,从事高校体育教学工作17年

续表

序号	姓名	性别	单位	备注
高校体育研究专家				
14	孙××	男	SHJT	二级教授，博士生导师，国家社科基金评审组专家，教育部全国高等学校体育教学指导委员会公体学科组组长，教育部直属工科院校体育协会理事长，国务院学位委员会体育学科通讯评审专家，国家教学成果奖评委，国家优秀教材奖评委，中国高等教育学会体育研究会常务理事，中国大、中学生体育协会终身成就奖
15	汪××	女	SDTY	二级教授，博士，博士生导师，教育部长江学者，教育部高等院校体育教学指导委员会理论学科组委员，中国学校体育联盟副主任委员；世界华人体育协会副主席
16	张××	男	HDJT	三级教授，博士，硕士生导师，首批江西省委重大人才工程"千人计划"长期领军人才，首批"赣江海智"地方领军人才，江西省省情研究特聘专家，江西省体育社会科学专业委员会副主任
高校教职工				
17	刘×	女	ZZDX	"211"建设高校文学院教师
18	马×	男	HBJJ	某省属本科高校经管学院教师
19	赵××	男	SHTJ	"985"建设高校教务处工作人员
高校在读学生				
20	赵××	女	SZDX	某省属本科高校艺术学院大二学生
21	李××	男	HNDX	"211"建设高校计算机科学学院大三学生
22	毛××	女	ZJDX	"985"建设高校信息学部大二学生
23	孙××	男	HFXY	某省属本科高校数学与统计学院大四学生
24	旦增××	男	SXSF	"211"建设高校生命科学学院大一学生

注：出于保护受访者个人及单位信息的考虑，受访者个人的姓氏保留，名字以"×""××"代替；单位名称，以单位前四字的汉语拼音大写首字母代替。

（二）访谈纲要的研制

半结构化访谈（Semi-structured Interviews）指按照一个事先初步设计的粗线条式访谈提纲而进行的非正式访谈，主要在提纲的提示下尽量由受访者围绕主题畅所欲言，目的是获取研究所需支持资料和数据。笔者根据研究内容和对象设计了针对学校领导、体育部/学院领导、体育教师、高校体育研究专家、教职工以及在校学生六类群体的访谈纲要。通过对访谈纲要进行小范围预访谈，将访谈内容进行对比分析，检测访谈纲要的科学合理性，最后根据本书的研究结构和主旨确定正式访谈纲要。

为获取资料，笔者针对高校体育不同利益相关者分别制定了《校领导访谈纲要（担任学校体育运动委员会主任）》《体育部/学院负责人访谈纲要》《体育教师访谈纲要》《高校体育研究专家访谈纲要》《高校教职工访谈纲要》《在校学生访谈纲要》。访谈纲要的主旨意图是获取受访者关于高校体育认知、个人体育经历与诉求、个人参与高校体育事务情况、高校体育治理评价和高校体育治理期望等方面信息。在正式访谈前，笔者进行了小范围的试测，整体效果达到提纲设计预期。不同受访对象的访谈提纲要点汇总如表4—2所示。

表4—2　　　　访谈对象与访谈纲要要点统计

序号	访谈对象	访谈纲要要点
1	校领导	高校体育工作认知 高校体育管理心得 高校体育治理现状评价 高校体育治理主要问题 高校体育治理建议 高校体育治理结构优化主张
2	体育部/学院负责人	高校体育开展情况介绍 高校体育管理工作心得 高校体育治理举措 高校体委职能评价 高校体育治理问题与原因 高校体育治理改革建议 ……

续表

序号	访谈对象	访谈纲要要点
3	高校体育教师	大学生对体育工作的满意度 教职工体育生活的获得感 高校体育工作的挑战 高校体育管理效能 高校体育治理突出问题 高校体育治理改革建议
4	高校体育研究专家	高校体育治理现状 高校体育治理内容与方式 高校体育利益相关者权益保障 高校体育治理难点和痛点 高校体育治理的制度与环境要素 高校体育治理结构优化建议与策略
5	教职工	个人运动经历与心得 高校体育工作整体评价 高校体育公共服务供给情况 高校体育治理现状介绍 高校体育治理参与情况介绍 高校体育治理能力提升建议
6	在校学生	个人体育运动情况 学校体育课质量评价 学校提供课余体育服务情况介绍 个人体育运动方面的诉求 个人参加学校体育决策意愿和方式学校体育治理改革建议

上述访谈提纲基本涵盖了高校体育相关利益主体，所涉及的问题从组织结构、治理制度、治理环境、人员配置、事项治理、优化设想等方面入手，涵盖了高校体育治理结构研究关键所在，集中反映了当前高校体育治理中应当注意和深入思考的问题。访谈纲要在制定中基于对方角度，聚焦高校体育开展现状、高校体育管理情况、高校体育师生诉求、高校体育权利保障、高校体育治理结构问题、高校体育治理结构优化建

议等,在访谈中,也会根据受访对象的语境及时调整访谈话题和方式,使受访者可以发挥主动性,力争做到获取本研究更有价值的信息。

(三) 访谈实施的情况

一般而言,论证、抽样、提问、编码和理论建构这五个环节是深度访谈的关键环节。首先,遵守研究伦理访谈前让受访者阅读签订访谈知情同意书,向受访者承诺访谈资料仅用于学术研究且保护个人信息,并询问受访者是否同意录音;其次,向受访者阐明此次访谈的目的和大致内容;再次,根据访谈提纲进行提问,并做好访谈记录工作;最后,访谈工作结束后进行资料整理和文本资料编码。

本研究深度访谈形式分为两种:一种是一对一、面对面的访谈;另一种是采取2—3人小型研讨会、座谈会的形式进行。在整理访谈笔记时,如果对某个问题需要进一步进行求证,笔者则采取电话或微信形式再次进行补充访谈,力求将受访者真实表达体现在文本资料中。访谈时间与高校教学日志安排尽量保持一致,该访谈的实施时间大致分为两个时间段:2019年6—7月、2019年10—11月,累计访谈时间约为480小时。根据中国地理区位,笔者在东部、南部、西部、北部和中部分别选取了12所高校的校领导、体育部/学院领导、体育教师、在校学生、教职工和高校体育研究专家24人。实施过程是本人提前预约访谈对象,然后前往被访谈者所在的城市和高校,在对方办公室或约定的地方开展访谈工作。

访谈结束,笔者对访谈资料进行整理,共获得文本资料约196500字。扎根理论的应用范式中,建议分析材料的来源尽量多元,而非单一途径。因此,在本研究中,笔者多渠道收集高校体育治理方面的资料,包括:通过撰写备忘录来随时记录自己对于所做研究的思考、高校体育教学和事务管理中的工作体会和经验、学术交流中的高校体育治理专家发言和观点等。

(四) 扎根理论分析过程

根据扎根理论对本研究的访谈资料进行处理分析,步骤如下:第一,运用讯飞软件转录访谈录音;将笔记访谈资料输入电脑资料库;第二,把学校领导、高校体育部/学院领导、体育教师、高校体育研究专家、高校教职工、在校学生共计 18 名的访谈文字资料导入 Nvivo11 软件中，逐字逐行对文字资料进行开放式、主轴式和选择式三级编码分析，直至没有新的概念、范畴出现为止；第三，把剩下 6 名受访者的访谈文字资料导入 Nvivo11 软件，检验其理论的饱和度。

"编码"（Coding），是对收集到的资料进行登录、分析和分类，以便突出某些概念并由这些概念形成"扎根理论"，编码是形成扎根理论的关键环节，具体实施步骤如下：

第一步，开放式编码（Open Coding），是指研究者把所有访谈资料的文字资料进行分析的过程。在开放式编码的过程中，为了尽量减少研究者的主观影响，需将个人偏见及理论定势"悬置"，并尽可能地使用资料数据中受访者的原话、原词[①]。从资料中发现概念类属，对类属加以命名，确定类属的属性和维度，然后对研究的现象加以命名及类属化。开放式编码主要包括提取资料并贴标签、概念化和范畴化三个步骤（详细编码过程略）。

表 4—3　　　　开放式编码的提取资料与贴标签分析情况

编号	访谈内容	开放式编码（贴标签）
1	按教育部文件要求，校体委应属于学校常设机构，统领全校体育工作【N1-1】； 按照教育部文件，高校校级领导要担任校体委主任【M1-1】，我是由于去年领导工作分工调整后才接管的； 这个校体委主任，是根据自己的工作分工来决定的，不是选举产生的【N2-2】； 我们学校制定了体育运动委员会章程，根据学校体委章程【N3-2】，学校体育工作应由体委主任负总责	【N1-1】国家文件要求设立校体委 【M1-1】校领导担任体育主任 【N2-2】校体委主任产生是任命制 【N3-2】学校制定有体委章程

---

① 王慧文：《我国退役运动员社会融入问题研究》，博士学位论文，上海体育学院，2020年。

续表

编号	访谈内容	开放式编码（贴标签）
2	我们校体育运动委员会，在学校体育工作开展中起到了一定作用【M2-2】，其下设有秘书处在体育部； 由于学校编制问题，暂时没有专职的体委工作人员和干部【M3-2】，当然这也是全国高校的普遍做法； 各部门领导和各二级学院分管学生工作的副书记是校体委的委员【M4-2】	【M2-2】学校体育治理机构是体委 【M3-2】校体委没有专职工作人员 【M4-2】学校中层领导是体委成员
……		
43	我都大三了，说实话没有思考过怎么给学校提体育方面的建议，辅导员也没有告诉我们【L37-2】； 遇到体育课学分和分数有问题的情况，是体育部负责还是教务处负责，我们也不清楚【L38-3】	【L37-2】学校参与学校体育治理渠道不畅 【L38-3】体育部与教务处业务有交叉
44	我建议学校应该给我们解读一下国家的体育文件，我们对这方面的认识存在不足【N57-1】； 我建议学院给我们体育锻炼激励措施【N58-3】，比如坚持体育锻炼的同学可以获得绩点； 我建议团委多增加体育社团的经费支持【M70-2】，办活动有时候需要大家"众筹"	【N57-1】学生对国家体育文件了解不全面 【N58-3】学院应建立体育锻炼激励措施 【M70-2】学校团委治理主体职能体现

表4—4　　　　　开放式编码的概念化分析情况

贴标签	概念化
【M1-1】副校长担任体育运动委员会主任 …… 【M66-1】校领导对体育工作的认识起决定作用	MM1 校领导的核心作用

续表

贴标签	概念化
【M7-3】学生应是体育治理主体之一 …… 【M67-3】普通教职工有体育健身诉求	MM10 师生参与体育治理
【N1-1】国家出台《高校体育工作基本标准》 …… 【N46-1】文件规定：学生体质测试不合格不能毕业	NN1 国家体育法规建设
【L2-2】学校体育场馆设施建设不足 …… 【L30-2】学校为学生和教师提供体育公共服务缺失	LL5 体育治理环境保障

表4—5　　　　　　　开放式编码的范畴化分析情况

概念化	范畴化
MM1 校领导的支持力度 …… MM4 学校体委职能发挥	MMM1 高校校级领导
……	……
LL9 高校职能部门间的协同 …… LL11 体育部与教学院系的合作	LLL3 部门协同环境

表4—6　　　　　　　主轴式编码分析结果情况

概念化	范畴化
MMM1 高校校级领导决策 MMM2 高校中层领导协同 MMM3 高校学生教工参与 MMM4 利益相关主体互动	W1 主体构成因素

续表

概念化	范畴化
NNN1 治理组织架构建设 NNN2 体育工作条例执行 NNN3 检察监督评价实施 NNN4 体育决策机制建立	W2 制度建设因素
LLL1 国家体育文件落实 LLL2 高校体育工作开展 LLL3 体育公共服务构建 LLL4 体育场馆硬件保障	W3 环境保障因素

第二步，主轴式编码（Axial Coding），主要任务是发现和建立概念类属之间的各种联系，以表现资料中各个部分之间的有机关联。主轴式编码就是建立范畴与范畴之间的联系，并进一步构建出它们之间的类属关系，主要表现为整体和部分关系、因果关系、功能关系和策略关系等。通过分析开放式编码过程中形成的12个范畴之间的关系，最终得到3个类属，编码后的结果用W表示，即W1治理主体、W2治理制度和W3治理环境（见表4—3）。

第三步，选择式编码（Selective Coding），指在所有已发现的概念类属中经过系统的分析以后选择一个"核心类属"，分析不断地集中到那些与核心类属有关的码号上面，然后进行集成，形成几个核心类属，为形成理论提供支撑。选择式编码是三级编码的最后一步，主要是形成核心类属的过程，即通过"故事线"的形式把概念、范畴和类属等串联起来。具体来说，治理主体、治理制度和治理环境3个类属可以将影响高校体育治理效能的要素完整地联系起来，定义为核心类属（见图4—1），从而建立了影响高校体育治理效能的主维度。

（五）理论饱和度检验

理论饱和度检验是扎根理论的重要步骤，是指当在新的访谈资料中所获得的信息开始重复，不再有新的、重要的主题出现时，也未发现新的概念、范畴和范畴之间的联系，便认为达到理论饱和。本研究采取以

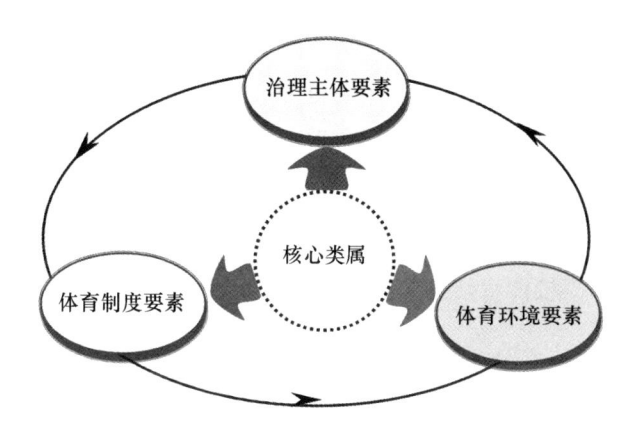

图 4—1　选择式编码的核心类属关系

下方式检验高校体育治理结构优化影响因素模型的理论饱和度，将高校领导、高校体育治理专家、高校体育部门领导、高校教职工、高校在校学生各 1 名的访谈资料导入 Nvivo11 软件，并进行开放式、主轴式和选择式三级编码分析，检验是否会出现新的概念、范畴和范畴之间的联系。检验结果表明，剩余 6 名受访资料中并未发现新的概念和范畴。因此，可以判定为高校体育治理结构效能影响因素模型达到理论饱和度。

三　核心要素模型的构建

扎根理论研究方法主要是建立理论，而非验证假设或者是既有的理论，或者说扎根理论，注重发现逻辑，而非验证逻辑。依据扎根理论分析原理，经过开放式编码、主轴编码、选择性编码和理论饱和性检验的循环操作，基本遵循了编码结果而非主观推断，得到高校体育治理结构的影响因素。这些因素可归类为"治理主体""治理制度""治理环境"三个方面，这些因素结合历史回溯与政策文本分析，作为接下来展开问卷量化研究的主要参照。在治理主体维度，选取了学校领导层、学校二级部门领导和高校教职工和在校学生作为考察样本；在治理制度维度上，选取国家教育部所颁布的文件法规、高校制定的体育事务决策制度、体育工作执行制度、体育治理监察制度、利益主体民主参与制度等作为调查内容；在治理环境维度上，选取了国家实施的体育强国战略、健康中国战略、体教融合发展、学生体质健康促进，高校重视体育工作氛围、体育软硬件建设保障、学校体育文化建设等作为高校体育治理环境衡量维度（见图4—2）。另外，笔者在高校长期从事高校体育工作，积累了大量的高校体育教学日志、高校体育管理笔记等，亦可作为本书质性研究的材料来源，高校体育治理结构影响因素。

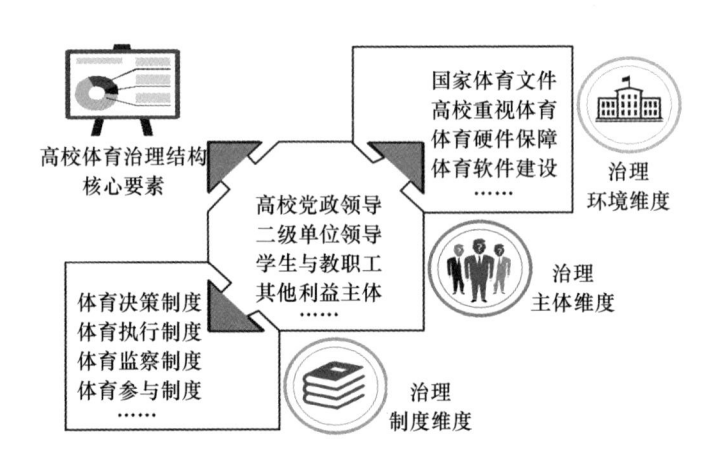

图4—2 中国普通高校体育治理结构影响因素

需要说明的是，这些核心要素的建构，其目的是根据受访者对高校体育治理现状的评述、高校体育治理存在的问题、问题的致因以及高校体育治理的建议，总体衡量聚焦于高校体育治理结构方面的主要维度。研究分析显示，当前高校体育治理结构中主要存在三种因果力：（1）高校体育治理的行动者主体（或利益相关者主体），在治理过程中的作用发挥与参与程度；（2）高校体育治理中的各项制度建设，在治理中的驱动力与行动效力；（3）高校体育治理中的环境保障，这里主要指治理中的国家政策法规执行情况、高校内部各职能部门机构协同治理状态、利益相关者主体间的互动关系等。

第二节 高校体育治理结构调查设计与过程

上一节通过扎根理论构建了高校体育治理结构优化影响因素的理论模型，但该模型是否能够很好地解释高校体育治理结构优化影响因素，还需通过实证进行检验。另外，通过扎根理论分析得到的影响因素也可能不太精确地描述对高校体育治理结构优化影响程度，因此，以上述影响因素模型为理论基础，依据扎根理论三级编码所得概念设计问卷，最后采用探索性因子分析法对构建的高校体育治理结构影响因素模型进行验证，得出高校体育治理过程中主体、制度与环境因素对治理效能的作用关系，从而为高校体育治理结构优化提供理论依据。

一 调查问卷设计

（一）调查问卷的确立

本调查问卷设计中的内容确立，主要来源于两个：一是根据文中扎根理论获得的"普通高校体育治理结构核心要素模型"，其中的指标维度主要围绕着高校体育治理主体、高校体育治理制度和高校体育治理环境；二是根据教育部组织开展的"全国《高等学校体育工作基本标准》（教体艺〔2014〕4号）实施情况专项调研内容"中对高校体育工作的检查项目，该标准是新中国成立以来教育部颁布的第一部针对高校体育的政策法规，是目前指导、规范高校体育工作的重要参考。另外，辅以笔者实地参与观察和深度访谈内容与思考、高校体育治理研究方面的专家学者观点，遵循调查问卷设计基本原则，多角度考量高校体育治理结构问卷设计的科学性。

基于此，笔者首先针对高校体育部门领导制定了《高校体育治理结构现状调查问卷设计表》，设计表不等同于正式调查问卷，是为制定调查问卷而做的前期必要准备。设计表包括"Ⅰ治理结构核心要素""Ⅱ主要考察指标""Ⅲ具体观测目标"三个部分，在"核心要素"中，设计了四个维度：主体、制度、环境和效果；在"考察指标"中，设计了20个考察要点（见表4—7）；对应的"观测目标"中，着重观测的是设置上述维度和要点的目的，主要观测了治理主体行动与联动、治理制度建设、治理环境利用与营造以及由此而生成的体育治理效果。

文献检索显示，目前国内针对高校体育治理和高校体育治理结构的相关文献较少，还没有比较成熟的问卷可供参考或直接借鉴使用，因此本问卷主要采用扎根理论的资料和前期问卷设计表编制了正式调查问卷。调查问卷主要由两部分内容构成：一是调查对象的基本情况，如单位名称、性别、高校体育工作年限、单位是否培养本科专业学生、是否设有"学校体育运动委员会"、是否为"学校体育运动委员会"成员等；二是根据扎根理论所得核心要素模型而生成的高校体育治理结构调查维度，分为："治理主体""治理制度""治理环境""治理效果"四个方面。预调查问卷共有一级指标4个，二级指标12个，三级指标55个。

表4—7　　　　《高校体育治理结构现状调查问卷》设计表

Ⅰ 治理结构核心要素	Ⅱ 主要考察指标	Ⅲ 具体观测目标
ⅰ 体育治理主体	1. 校级领导体育治理参与 2. 中层领导体育治理协同 3. 学生体育治理参与行为 4. 教工体育治理参与行为 5. 体育利益相关主体互动	学校领导参与 体育部门参与 职能部门参与 在校学生参与 教职工参与 主体间治理联动
ⅱ 体育治理制度	6. 设置体育管理机构 7. 体建立育决策机制 8. 制定体育工作办法 9. 制定体育检察机制 10. 实施体育绩效评价	学校体育组织建设 学校体育决策机制 学校体育执行机制 学校体育监督机制 学校体育评价机制
ⅲ 体育治理环境	11. 国家颁布体育文件 12. 高校体育发展规划 13. 体育教育教学改革 14. 体育软件硬件建设	国家法规文件执行 学校重视体育举措 体育治理改革创新 体育治理环境保障
ⅳ 体育治理效果	15. 学校整体重视体育工作 16. 师生有效参与体育治理 17. 学校体育跨部门协同顺畅 18. 校园体育工作开展有成效 19. 教职工体育公共服务满意 20. 学生体育幸福感获得感强	学校体育重视程度 利益主体参与实效 学校部门协同现状 体育公共服务能力 师生的体育获得感

问卷经过小样本试测与专家效度检验，多轮修改后，剔除重复和信效度不高的指标 5 个，最终形成一级指标 4 个，二级指标 12 个，三级指标 50 个，也即共计 50 个选项。量表采用的是 Likert-type 五点量表，该量表由一组陈述组成，每一陈述有"非常同意""同意"、"不确定""不同意""非常不同意"五种回答，分别记为 5、4、3、2、1，每个被调查者的态度总分就是他对各道题的回答所得分数的加总，这一总分可说明他的态度强弱或他在这一量表上的不同状态。各维度组成如下：

1. 高校体育治理主体维度。高校体育治理主体维度部分有 11 道题，包括三个维度"校级领导""中层干部""教工学生"；采用 Likert-type 五点量表评分法 5 为"完全符合"，4 为"比较符合"，3 为"不确定"，2 为"不太符合"，1 为"完全不符合"进行计分。

2. 高校体育治理制度维度。高校体育治理制度维度共有 15 道题，分为三个维度"治理监督制度""治理决策制度""治理执行制度"；采用 Likert-type 五点量表评分法（赋分标准同上）。

3. 高校体育治理环境维度。高校体育治理环境维度共有 10 道题目，分为三个维度"体育事业重视程度""体育工作改革创新境""学校体育治理文化"；采用 Likert-type 五点量表评分法（赋分标准同上）。

4. 高校体育治理效果维度。高校体育治理效果维度共有 14 道题目，分为三个维度"体育蓬勃发展""体育治理高效""师生有获得感"；采用 Likert-type 五点量表评分法（赋分标准同上）。

（二）调查问卷发放与回收过程

本问卷测试时间分为两个时段进行：第一次是 2020 年 1 月，第二次是 2020 年 6 月。第一次问卷调查与访谈的具体时间是 2020 年 1 月 13—15 日，地点在海南省海口市海南师范大学国家大学科技园。具体场合是由全国高等学校体育教学指导委员会主办，海南师范大学承办的"第十七届全国高等院校体育学院院长、体育部主任研讨会"。本人全程参加了此次研讨会，会上、会后与各位高校体育学院院长或系主任围绕新时代中国高校体育治理的使命与挑战、如何提升高校体育治理效能、如何进行高校体育治理结构变革等话题进行了深入交流讨论，对各位发言进行了整理和归纳。在研讨会间隙，本人亲自发放调查问卷并现场回收，增加了问卷的调查效率。笔者不失时机地与其他高校体育部门领导有关高校体育治理方面的交谈，之后对访谈交流心得进行总结归纳，将其作为本书的质性研究材料使用。

第二次的具体时间是2020年6—7月。由于受新冠肺炎疫情影响，本书的问卷发放形式调整为网络调查。将设计问卷进行数据输入，转换为电子问卷。所采用的平台为"问卷星"问卷调查网站（www.wjx.cn），主要以微信推送的形式进行，具体形式是"一对一"发送和"微信工作群"发送两种方式。通过网络所进行的调查选取对象，基本为本人学术交流和工作关系上认识的高校体育管理部门同仁，彼此相识，很多人是多年朋友，所以在网络调查环节所获得的数据的真实性和有效性较好。在调查中为打消参与测试者担心信息泄露，本问卷一律采取无记名制。

通过上述两个时间段和两种调查问卷操作形式，可能在调查抽样标准和抽取方式方面存在没有完全遵循问卷调查的"随机和分层"的原则，主要囿于一定的主观原因和客观因素。客观因素方面，突如其来的新冠肺炎疫情使得原本进行现场实地问卷发放的计划不得已做出调整；主观方面原因，高校体育学院/体育教学部是一个较为特殊的管理部门，没有前期的充分沟通或者信任沉淀，较难获得该部门领导的支持与配合，因此，本人不得不借助在学术交流和工作合作中的人脉关系，进行问卷调查和访谈。秉持科学研究的严谨性和客观性，在样本选取中，笔者再三权衡力争做到在涵盖面、层级度上体现全面性。经过实地问卷调查和网络问卷调查，一共发放问卷600份，收回问卷578份，回收率为96.33%，剔除32份无效问卷，有效问卷546份，有效率为94.46%（见表4—8）。

表4—8　　　　　　　　高校体育管理部门领导问卷统计情况

选项	发放问卷	回收问卷	回收率（%）	有效问卷	有效率（%）
数量（份）	600	578	96.33	546	94.46

在第1个、第2个环节,将所获得有效问卷输入软件系统,第3个环节所获得的问卷数据整体植入软件系统,对于问卷的数据结果分析处理主要采用SPSS24.0统计软件和AMOS软件17.0。

(三) 信度与效度分析

(1) 信度检验。对于问卷数据的处理与检测主要通过信效度分析来检验所用研究的对象是否能够测量中国普通高校体育治理主体、治理政策、治理环境和治理效果的现状。本研究数据检测结果如下。

高校体育治理主体维度有11道题,分为三个维度。通过对546份有效问卷进行信度分析,整个问卷的内部一致性系数达到0.914,三个维度的内部一致性系数分别为0.767、0.743和0.41,表明该问卷内部一致性程度较好,学校领导、中层干部信度较好,但教工学生维度信度一般(见表4—9)。

表4—9　　　　　　　高校体育治理主体的信度分析

项目	同质信度(内部一致性a系数)
治理主体维度	0.914
学校领导	0.767
中层干部	0.743
教工、学生	0.410

高校体育治理制度维度一共有15道题,分为三个维度。通过对546份有效问卷进行信度分析,整个问卷的内部一致性系数达到0.952,三个维度的内部一致性系数分别为0.861、0.774、0.889,表明该问卷内部一致性程度较好,信度较好(见表4—10)。

表4—10　　　　　　高校体育治理制度的信度分析

项目	同质信度(内部一致性a系数)
治理制度维度	0.952
治理监督制度	0.861
治理决策制度	0.774
治理执行制度	0.889

高校体育治理环境维度一共有 10 道题，分为三个维度。通过对 546 份有效问卷进行信度分析，整个问卷的内部一致性系数达到 0.887，三个维度的内部一致性系数分别为 0.894、0.874 和 0.834，表明该问卷内部一致性程度较好，信度较好（见表 4—11）。

表 4—11　　　　　　　高校体育治理环境的信度分析

项目	同质信度（内部一致性 a 系数）
治理环境维度	0.887
体育事业重视程度	0.894
体育工作改革创新	0.874
学校体育治理文化	0.834

高校体育治理效果一共有 14 道题，分为三个维度。通过对 546 份有效问卷进行信度分析，整个问卷的内部一致性系数达到 0.963，三个维度的内部一致性系数分别为 0.846、0.808 和 0.853，表明该问卷内部一致性程度较好，信度较好（见表 4—12）。

表 4—12　　　　　　　高校体育治理效果的信度分析

项目	同质信度（内部一致性 a 系数）
治理效果维度	0.963
体育蓬勃发展	0.846
体育治理高效	0.808
师生有获得感	0.853

（2）效度检验。效度是指测量的有效性，指测量工具或手段能够准确测出所需测量的事物的程度。本书将从内容效度、构想效度和整体效度三个方面来对高校体育治理制度量表进行效度分析。

①内容效度。根据理论构想进行验证性因素分析。设置了 4 个潜变量、50 个观测变量，结果模型主要拟合指标，如表 4—13 所示。按照温忠麟等人提出的结构方程模型检验的拟合指数指标，本研究的 4 因子模

型拟合度较好。分析结果发现，本量表修正后具有良好的构建信度，聚合度与区别度、量表整体模式匹配度良好，RMSEA = 0.059，CFI = 0.901，具有良好的内容效度。

表 4—13 高校体育治理制度量表模型拟合指数

X^2/df	CFI	RMSEA	GFI	AGFI	NFI	PGFI
1.659	0.901	0.059	0.856	0.842	0.736	0.754

②构想效度。根据心理调查的性质，如果每个要素与总分的相关性估计高于每个要素之间的关联系数，则表示结构可靠性很好。如果太低，这意味着独立元素很强。如果每个元素之间的相关性太高，那就意味着每个元素之间都有相似性，并且有很多重叠。每个加权表的相关系数必须在一定范围内稳定，以表明每个值都具有一定的相对独立性。

如表 4—14 所示，治理制度中"治理效果"和"治理主体"之间的相关性最大；"治理制度"和"治理主体"之间的相关性最低，这与前面的探索性因素分析的结果一致，该量表中的三个因素具有中等偏高的联系，因素间的相关分数低于因素与总分之间的相关，说明各个因子之间是相对独立，量表拥有较好的构想效度。

表 4—14 各因素间及因素与总分的相关性

因素	治理主体	治理制度	治理环境	治理效果	总量表
治理主体	1				
治理制度	0.700**	1			
治理环境	0.766**	0.785**	1		
治理效果	0.980**	0.885**	0.924**	1	
总量表	0.985**	0.977**	0.961**	0.908**	1

注：*$P<0.05$，**$P<0.01$，***$P<0.001$。

③整体效度。笔者又进一步对问卷的整体结构做了 KMO 和 Bartlett 检测，Bartlett 的球形度检测值 Bartlettχ^2 = 24289.020，p = 0.000 说明 50 个项目之间存在极其显著的共享因素，其总体的 KMO 度量值为 0.968，大于通行值 0.8，达到显著水平，整体表明该问卷适合做因子分析，且问卷的结构效度较好。

表4—15　　　　　　　　KMO 和 Bartlett 检测结果

KMO 和 Bartlett 的检验		
取样足够度的 Kaiser-Meyer-Olkin 度量		0.968
Bartlett 的球形度检验	近似卡方	24289.020
	df	1225
	Sig.	0.000

二　调查样本选取

（一）调查样本选取原则

在调查研究进行前有几个关键的环节需要确立，其中调查研究对象的筛选确定（也即是问卷发放对象）十分重要，该步骤关系到调查问题的设计、调查方式的确立和调查实施过程的控制等。根据利益相关者理论，高校体育的利益相关者主要有校领导、职能部门领导、管理部门领导、体育教师、在校学生和教职工等。选择哪类群体或者哪几类群体作为调查对象，能够相对全面反映高校体育治理现状和问题，是调查取得预期效果的保障。根据高校体育治理现状以及高校体育治理结构特点，本书拟选择高校体育教学部/体育学院的领导作为本研究调研对象，是基于如下考虑：

（1）体育学院领导实质性参与了学校体育治理。根据中国高校体育管理体制一直以来的管理体制和运行机制，及实际实施高校体育管理职能的部门为体育教学部或体育学院，而体育部门的领导集体，则实际负责对全校体育各项工作的管理权限和职能。另外，体育教学部是校体育运动委员会常设机构所在地，体育部领导是常务副主任或秘书长，具体负责管理学校各项体育工作。因此将体育教学部/学院的领导作为本研究的调查对象，在权衡其他相关主体后，该群体最适合作为本书的主要调查对象。

（2）学校中层领导没有具体参与学校体育治理。中国高校行政管理体制延续了纵向科层制的管理模式，横向则采用的是模块化的管理模式，所以在普遍情况下，高校体育各项事业的管理聚焦部门为体育教学部或体育学院。其他职能部门的领导和二级学院的领导仅仅是校体委的委员席位，并没有实质性地参与到学校体育治理中来。通过调查体委其他委员获取高校体育治理方面的信息，可能体现不了全面性和客观性（高校体育管理者群体见图4—3）。

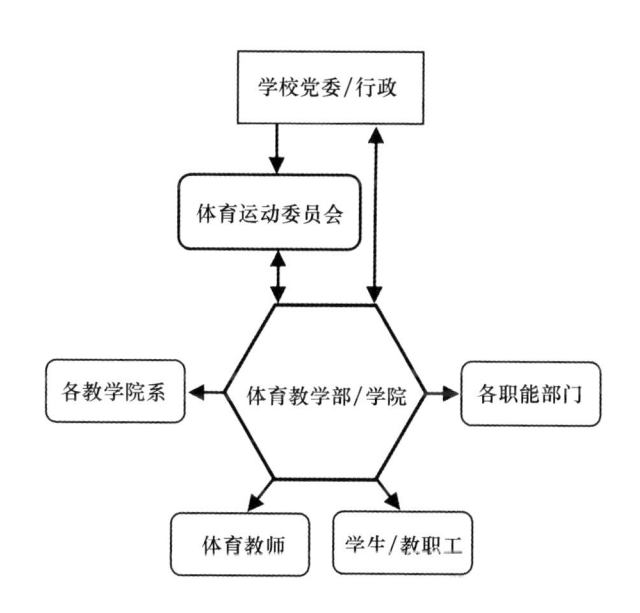

图4—3 高校体育治理中各主体参与情况示意

（3）笔者曾是高校体育部门的管理者，对高校体育工作及高校体育部门管理群体比较熟悉，能够十分清楚地了解高校体育工作中的热点、难点和痛点，在实施调研的过程中，能够较好地利用自己的工作便利，与其他高校体育部门建立起来的业务关系便于调查工作的开展。

（二）调查样本基本情况

1. 样本所在高校分布情况。本书所谓的"普通高校"，是指公办普通本科院校，但不包含特殊院校、专业性较强的院校，如私立、军事、艺术、体育等高校。根据2021年8月27日教育部发布的《2020年全国教育事业发展统计公报》，"全国共有普通高校2738所，其中本科院校1270所"，除去上述专业性较强的高校，全国公办普通本科高校约为1000所。本书抽取的样本，涵盖了"985"和"211"建设高校、省属重点本科院校、省属一般本科院校和国家部委属高校，共计437所，约占到普通高校总数的43.70%。调查高校所在地区分布、所占比例情况（见图4—3）。

在调查实施过程中，部分高校体育工作开展较好，可能会选择体育部主任、副主任和书记进行分别调查，目的是尽可能获取该校在体育治理结构构建中的成功经验；在同一座城市的高校，如体育治理情况相似，则在样本选择中尽量减少。

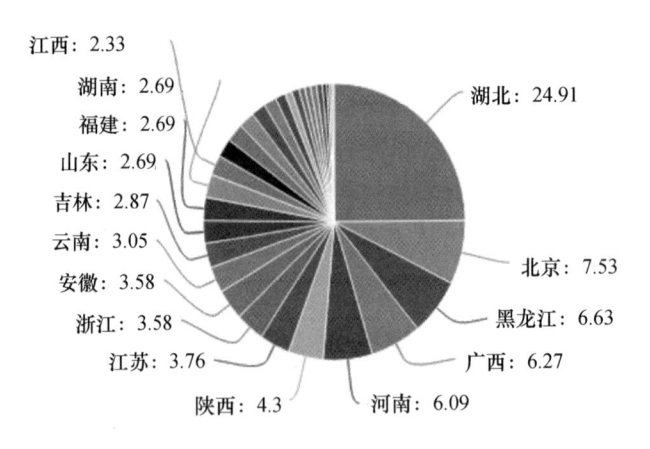

图4—4 调查高校所在地区所占百分比（%）

2. 调查样本的人口学统计

（1）调查样本高校与人数分布。调查体育部门领导（主任/院长、副主任/副院长、书记等）546人，其中，男性为421人，占77.11%；女性为125人，占22.89%。样本来源高校和各类型高校的人群组成（见表4—16）。

表4—16　　　调查高校类型与调查群体来源统计情况（N=546）

高校类型	调查高校样本 数量（所）	调查高校样本 百分比（%）	调查群体样本 人数（人）	调查群体样本 百分比（%）
"985"高校	11	2.5	20	3.66
"211"高校	48	11.0	54	9.89
省属重点本科高校	177	40.5	213	39.01
省属一般本科高校	195	44.6	246	45.05
委属本科高校	6	1.4	13	2.39
总数	437	100	546	100

（2）调查样本基本情况构成。在所调查的人群中担任校体育运动委员会职务的人数为338人，占比为61.90%；选择单位进行培养体育专业本科生的人数为105所，占比为19.23%，选择学校没有培养体育专业本科生的人数为441人，占比为80.77%；选择设有体育学校运动委员会的，为475人，占比为87.0%，认为学校没有设立体育运动委员会的人数为71人，占比为13.0%；工作年限统计显示，选择工作5—10年的有87人，占比为15.93%；选择工作年限为11—15年的有127人，占比为23.26%；选择工作年限16—20年的有141人，占比为25.83%；选择工作年限为21年以上的有191人，占比为34.98%（见表4—17）。

表4—17　　　　　　调查样本基本情况（N=546）

变量		频率（人）	百分比（%）	有效百分比（%）	累积百分比（%）
性别	男	420	76.92	76.92	76.92
	女	126	23.18	23.18	100.0
高校工作年限	5—10年	87	15.93	15.93	15.93
	11—15年	127	23.26	23.26	39.19
	16—20年	141	25.83	25.83	65.02
	21年以上	191	34.98	34.98	100.0
是否培养体育专业本科生	是	105	19.23	19.23	19.23
	否	441	80.77	80.77	100.0

续表

变量		频率（人）	百分比（%）	有效百分比（%）	累积百分比（%）
是否设有"校体委"	是	475	87.00	87.00	87.00
	否	71	13.00	13.00	100.0
是否为"校体委"成员	是	338	61.90	61.90	61.90
	否	208	38.10	38.10	100.0

第三节　高校体育治理结构调查结果分析

笔者使用SPSS24.0软件，对调查问卷进行了统计分析，首先对问卷进行了总体性描述分析，调查结果显示，高校体育治理结构整体水平和效果偏低；其次对数据进行差异性分析，数据结果表明，调查对象在高校体育治理结构评价中差异不显著；最后对高校体育治理结构影响因素进行分析，调查结果显示，高校体育治理主体—制度—环境与治理效果成正相关。

一　当前高校体育治理结构总体评价

笔者在通过对问卷的五级量表值处理后，以相加的方式对分值进行了汇总，然后计算其平均值，将平均值作为量化高等体育治理情况的水平。经过统计分析中国高等体育治理结构合理性得分如下：治理主体得分3.7208，标准差为0.7704，说明治理主体得分中等偏下；治理制度得分3.1710，标准差为0.8365，说明管理制度得分处于偏下水平，而且治理制度水平分布不均；治理环境得分3.6977，标准差为0.7414，治理环境水平处于中等偏下，治理效果得分3.3240，标准差为0.8088，说明治理效果欠佳，且效果不均衡。在各维度中，治理主体得分最高，治理环境得分次之，治理制度得分最低（见表4—18）。总体说来，中国高校体育治理主体参与、治理制度建设和治理环境营造有待加强。

表4—18　　　　　　　　高校体育治理水平总体得分情况

统计量		治理主体	治理制度	治理环境	治理效果
N	有效	546	546	546	546
	缺失	0	0	0	0
均值		3.7208	3.1710	3.6977	3.3240
标准差		0.77044	0.83652	0.74137	0.80875

二 治理主体—制度—环境与高校体育治理效果的相关性

高校体育治理主体，如高校校领导、体育部门领导、职能业务部门领导、教学院系领导、体育教师、在校学生以及教职工等都是高校体育的利益相关者，这些多元主体的参与情况对高校体育治理效果的影响如何；高校体育的治理监督制度、治理决策制度、治理执行制度建设情况对高校体育治理效果的作用如何；高校体育事业重视程度、体育工作改革创新、学校体育治理文化等环境要素对高校体育治理效果的制约如何，提高问卷调研可以得到一个相对客观地评价。

表4—19　　　治理主体各分量表与治理效果各分量表间的相关性

	学校领导	中层干部	教工学生	治理主体
体育蓬勃发展	0.652**	0.672**	0.678**	0.756**
体育治理高效	0.604**	0.723**	0.700**	0.722**
师生有获得感	0.625**	0.678**	0.778**	0.724**
治理效果	0.694**	0.743**	0.766**	0.784**

注：$|r|>0.8$ 具有高度相关性，$|r|>0.5$ 具有相关性，* $P<0.05$，** $P<0.01$，*** $P<0.001$。

如表4—19所示，在相关系数中，相关系数的绝对值，即 $|r|>0.5$ 则属于中强相关，$|r|>0.8$ 则属于高度相关；相关系数为正数则为正相关，若是负数就代表负相关。从前面分析可知，高校体育治理主体与治理效果存在正相关且存在较高概率，其中学生和教职工的参与对促进高校体育治理效果分值最高（0.778**）。说明在高校体育治理中治理主

体的广泛参与利于促进高校体育治理效果的呈现。

表4—20　治理制度各分量表与治理效果各分量表间的相关性

	治理监督制度	治理决策制度	治理执行制度	治理制度
体育蓬勃发展	0.808**	0.631**	0.689**	0.768**
体育治理高效	0.806**	0.790**	0.833**	0.880**
师生有获得感	0.786**	0.721**	0.757**	0.820**
治理效果	0.856**	0.772**	0.821**	0.886**

注：$|r|>0.8$ 具有高度相关性，$|r|>0.5$ 具有相关性，$^*P<0.05$，$^{**}P<0.01$，$^{***}P<0.001$。

从表4—20分析结果可知，$|r|$均大于0.5，表明高校体育治理制度与治理效果各部分维度上存在相关性。高校体育治理制度与高校体育治理效果各主体呈正相关，其中治理制度与治理效果的总相关度为（0.886**）；在治理制度中，治理执行制度与体育治理高效相关度最高（0.833**），其次为治理监督制度与体育蓬勃发展（0.808**），治理决策制度与体育蓬勃发展相关度最低（0.631**）。从治理效果体现来看，治理监督制度对治理效果相关度最高，其次为治理执行制度，治理决策制度与治理效果的相关度最低。据此可知，高校体育作为国家强制开设的大学必修课程，政府政策发挥对高校体育开展起到决定性作用；高校内部在体育协同治理中的跨部门合作，对体育协同治理起到重要作用；高校体育工作条例是保障高校体育工作有序开展的遵循，对高校体育工作机制建立起到兜底作用。因此，这一统计结果符合当前高校治理效果变化的趋势。

表4—21　治理环境各分量表与治理效果各分量表间的相关性

	体育事业重视程度	体育工作改革创新	学校体育治理文化	治理环境
体育蓬勃发展	0.659**	0.795**	0.741**	0.792**
体育治理高效	0.673**	0.796**	0.758**	0.783**
师生有获得感	0.695**	0.801**	0.753**	0.775**
治理效果	0.648**	0.853**	0.803**	0.838**

注：$|r|>0.8$ 具有高度相关性，$|r|>0.5$ 具有相关性，$^*P<0.05$，$^{**}P<0.01$，$^{***}P<0.001$。

从表4—21分析结果可知，高校体育治理环境与治理效果各部分维度上存在相关性。治理各层环境与治理效果各主体呈正相关，其中治理环境与治理效果的总相关度为（0.838**）；在治理环境中，体育工作改革创新与师生有获得感相关度最高（0.801**），其次为体育工作改革创新与体育治理高效（0.796**），国家环境政策与师生有获得感相关度最低（0.695**）。从治理效果体现来看，体育工作改革创新对治理效果相关度最高，其次为学校体育治理文化，体育事业重视程度与治理效果的相关度最低，治理环境符合当前高校治理效果变化的趋势。从治理主体、制度、环境对高校治理效果的相关度来看，治理制度与治理效果的相关度最高，其次为治理环境与治理效果的相关度，治理主体与治理效果相关度最低。由此，我们可以预测高校治理制度的建设对高校治理效果的影响效果最大，治理环境对高校治理效果的影响次之，最后是治理主体对高校治理效果的影响。

据此显示，高校体育治理对国家法规文件的依赖度高，高校体育工作的开展主要依据的是政府文件法规，具有较强的导向性，这一调查结果基本符合中国高校体育工作的实际情况。高校领导重视体育工作，会在高校内部形成重视体育的工作氛围，各职能部门也会在工作中有所体现，校园体育工作开展就会形成有效机制，有利于塑造高校体育治理协同格局。

三 治理主体—制度—环境对高校体育治理效果的回归分析

在本章的上一节中，笔者通过对治理主体、治理制度、治理环境对治理效果的描述性分析得出中国高校体育治理水平处于偏低状况。经过相关性分析得出，在高校体育管理部门领导的调查评分中，治理各维度与治理效果的相关性分析得出，治理主体、治理制度、治理环境与治理效果呈正相关影响，因此完善与优化目前中国高校治理结构是极其必要的。下一步笔者将进一步对治理主体、治理制度、治理环境对高校体育治理效果的影响做回归分析，回归分析的主要作用是为了预测治理主体、治理制度、治理环境中的因素对高校体育治理效果的影响强度。

（一）高校体育治理主体与治理效果的单因素回归分析

表4—22　高校体育治理主体与治理效果单因素回归分析

模型	R	R 方	调整 R 方	标准估计的误差
1	0.784a	0.614	0.614	0.4854

表4—23　高校体育治理主体与治理效果的 F 检验

模型		平方和	df	均方	F	Sig.
1	回归	204.187	1	204.187	866.624	0.000
	残差	128.173	544	0.236	—	—
	总计	332.360	545	—	—	—

表4—24　高校体育治理主体与治理效果的回归系数

模型		非标准化系数		标准系数	t	Sig.
		β	标准误差	试用版		
1	（常量）	0.283	0.104	—	2.713	0.007
	治理主体	0.814	0.028	0.784	29.438	0.000

治理效果作为因变量，考察高校体育治理主体的效应进行单因素回归分析，通过显著性检验，P＜0.001，β＝0.784，说明治理主体对治理效果具有显著的正向影响，方差解释率61.4%，见表4—24。

（二）高校体育治理制度与治理效果的单因素回归分析

表4—25　高校体育治理制度与治理效果单因素回归分析

模型	R	R 方	调整 R 方	标准 估计的误差
1	0.886a	0.785	0.785	0.3625

表4—26　　　　　高校体育治理制度与治理效果的F检验

模型		平方和	df	均方	F	Sig.
1	回归	260.889	1	260.89	1985.773	0.000a
	残差	71.47	544	0.131	—	—
	总计	332.36	545	—	—	—

表4—27　　　　　高校体育治理制度对治理效果的回归系数

模型		非标准化系数		标准系数	t	Sig.
		β	标准误差	试用版		
1	（常量）	0.598	0.063		9.553	0.000
	治理制度	0.860	0.019	0.886	44.562	0.000

治理效果作为因变量，考察高校体育治理制度的效应进行回归分析，通过显著性检验，方差解释率78.5%，$P<0.001$，$β=0.886$，说明治理制度对治理效果具有显著的正向影响（见表4—27）。

（三）高校体育治理环境与治理效果的单因素回归分析

表4—28　　　　　高校体育治理环境与治理效果单因素回归分析

模型	R	R方	调整R方	标准 估计的误差
1	0.838a	0.702	0.701	0.427

表4—29　　　　　高校体育环境主体与治理效果的F检验

模型		平方和	df	均方	F	Sig.
1	回归	233.167	1	233.17	1278.76	0.000a
	残差	99.192	544	0.182	—	—
	总计	332.36	545	—	—	—

表4—30　　　　高校体育环境主体对治理效果的回归系数

模型		非标准化系数		标准系数	t	Sig.
		β	标准误差	试用版		
1	（常量）	-0.041	0.095	—	-0.428	0.669
	治理环境	0.907	0.025	0.838	35.76	0.000

治理效果作为因变量，考察高校体育治理环境的效应进行回归分析，$P<0.001$，通过显著性检验，呈现高校体育治理环境对治理效果具有显著性正向影响，治理环境对治理效果具有显著的预测效应，方差解释率70.1%（见表4—30）。

（四）高校体育治理主体、制度与治理效果的回归分析

表4—31　　　　高校体育治理主体、治理制度与
治理效果多元回归分析

模型	R	R 方	调整 R 方	标准 估计的误差
1	0.914a	0.835	0.834	0.3181

表4—32　　　　治理制度的中介作用 F 检验

模型		平方和	df	均方	F	Sig.
1	回归	277.43	2	138.72	1371.244	0.000a
	残差	54.93	543	0.101	—	—
	总计	332.36	545	—	—	—

以治理效果作为因变量，治理主体和治理制度作为自变量，进行多元回归分析，结果显示，P 均 <0.01 通过显著性检验（见表4—31）。通过表4—33的回归分析结果得知，治理制度的影响效果最高，标准回归系

数 β=0.495；其次为治理主体，标准回归系数 β=0.211。分析结果说明高校体育治理主体和治理制度均对治理效果产生正向影响，方差解释率为83.4%。

表4—33　高校体育治理主体、治理制度对治理效果的回归系数

模型		非标准化系数		标准系数	t	Sig.
		β	标准误差	试用版		
1	（常量）	-0.324	0.066	—	-4.922	0.000
	治理主体	0.219	0.023	0.211	9.355	0.000
	治理制度	0.48	0.024	0.495	20.159	0.000

（五）高校体育治理主体、环境与治理效果的回归分析

表4—34　　　高校体育治理主体、治理环境与治理效果的多元回归模型分析

模型	R	R方	调整R方	标准估计的误差
1	0.886a	0.785	0.785	0.3624

表4—35　　　　　治理环境的中介作用F检验

模型		平方和	df	均方	F	Sig.
1	回归	261.058	2	130.53	994.041	0.000a
	残差	71.302	543	0.131	—	—
	总计	332.36	545	—	—	—

表4—36　　高校体育治理主体、治理环境对治理效果的回归系数

模型		非标准化系数		标准系数	t	Sig.
		β	标准误差	试用版		
1	（常量）	-0.486	0.086	—	-5.631	0.000
	治理主体	0.412	0.028	0.397	14.574	0.000
	治理环境	0.614	0.029	0.567	20.811	0.000

以治理效果作为因变量，治理主体和治理环境作为自变量，进行多元回归分析，结果显示，P 均 <0.01，方差解释率78.5%，通过显著性检验（见表4—36）。回归分析结果得知，治理环境的影响效果最高，标准回归系数 β=0.567；其次为治理主体，标准回归系数 β=0.397。分析结果说明治理主体和治理环境对治理效果产生正向影响。

（六）高校体育治理制度、环境与治理效果的回归分析

表4—37　　高校体育治理制度、治理环境与治理效果多元回归模型分析

模型	R	R 方	调整 R 方	标准 估计的误差
1	0.926a	0.858	0.857	0.2952

表4—38　　　　　　治理环境中介作用 F 检验

模型		平方和	df	均方	F	Sig.
1	回归	285.03	2	142.52	1635.042	0.000a
	残差	47.329	543	0.087	—	—
	总计	332.36	545	—	—	—

表4—39 高校体育治理制度、治理环境对治理效果的回归系数

模型		非标准化系数		标准系数	t	Sig.
		β	标准误差	试用版		
1	（常量）	−0.096	0.066	—	−1.455	0.146
	治理制度	0.571	0.023	0.588	24.393	0.000
	治理环境	0.435	0.026	0.401	16.642	0.000

此选项以治理效果作为因变量，考察高校体育治理制度和治理环境的效应。结果显示，P 均 <0.01，方差解释率85.7%，通过显著性检验（见表4—38）。结果显示，高校体育治理制度、治理环境对治理效果有极其显著回归效应，回归分析结果得知，治理制度的影响效果最高，标准回归系数 β = 0.588；其次为治理环境，标准回归系数 β = 0.401（见表4—39），说明治理主体和治理环境对治理效果产生正向影响。

（七）高校体育治理主体、制度、环境与治理效果的回归分析

将治理效果作为因变量，以高校体育治理主体作为自变量，治理制度和治理环境作为中间变量，结果显示治理制度和治理环境对治理效果有最大的预测，已被治理制度和治理环境部分中介，方差解释率为87.7%（见表4—40）。由此可见，治理制度和治理环境在治理主体与治理效果中起中介作用。

表4—40 高校体育治理主体、治理制度、治理环境与治理效果多元回归模型分析

模型	R	R 方	调整 R 方	标准 估计的误差
1	0.937a	0.877	0.877	0.2742

表4—41　　　　　治理制度、治理环境的中介作用 F 检验

模型		平方和	df	均方	F	Sig.
1	回归	291.61	3	97.203	1292.895	0.000a
	残差	40.749	542	0.075	—	—
	总计	332.36	545	—	—	—

表4—42　　　　高校体育治理主体、治理制度、
治理环境对治理效果的回归系数

模型		非标准化系数		标准系数	t	Sig.
		β	标准误差	试用版		
1	（常量）	−0.324	0.066	—	−4.922	0.000
	治理主体	0.219	0.023	0.211	9.355	0.00
	治理制度	0.48	0.024	0.495	20.159	0.00
	治理环境	0.354	0.026	0.327	13.734	0.00

为了验证中介效应，笔者采用了 AMOS 模型对治理制度和治理环境的中介效应进行分析和检验。结果显示：第一，以治理主体为自变量，治理制度为因变量，回归系数极其显著。第二，以治理制度为自变量，治理制度为因变量，回归系数具有高度统计学意义。第三，以治理环境为自变量，治理制度为因变量，回归系数具有高度统计学意义。第四，以治理主体为自变量，治理制度为中介变量，治理效果为因变量，回归系数具有高度统计学意义。第五，以治理主体为自变量，治理环境为中介变量，治理效果为因变量，回归系数具有高度统计学意义。第六，以治理制度为自变量，治理环境为中介变量，治理效果为因变量，回归系数具有高度统计学意义。因此对治理主体对治理效果有显著的直接影响（$\beta=0.211$，$P<0.001$），治理制度在治理主体和治理效果中间起着部分中介作用 $\beta=0.495$；治理环境在治理主体和治理效果中间起着部分中介作用 $\beta=0.327$。

四 体育治理效果的中介效应

中介变量 M 通常是研究模型中自变量 X 对其因变量 Y，发生影响的一个间接的变量。一般来说，其自变量对因变量不是直接地发生影响，而是通过中介变量间接发挥效应；即实验模型中的 X 对 Y 不会产生直接的影响，而恰是通过中间变量 M 来对 Y 施加影响[①]。

该项研究中自变量为治理主体、治理制度、治理环境，因变量为治理效果，主要考察为治理制度在治理主体和治理效果之间的中介作用；治理环境在治理主体和治理效果之间的中介作用，特此建立结构方程模型。相应地采用了 Amos17.0，便于做结构方程模型分析，其拟合指数分别为 NFI=0.908（标准拟合指数），CFI=0.915（比较拟合指数），GFI=0.841（拟合优度指数），且 R 方为 0.614—0.877（见表4—43）。由此可说明，该实验中的假设模型与样本数据间的拟合程度比较好，所有路径皆具有统计学意义。从模型来看，治理主体与治理制度、治理环境和治理效果有着直接的效应链接。与此同时，治理主体还以治理制度和治理环境为中介，来影响着治理效果。由此可见得出：治理制度在治理主体和治理效果之间的中介效应显著，即治理主体不仅能够直接地对治理效果产生影响，还可借助治理制度的中介效应，对治理效果水平产生间接的影响；治理环境在治理主体和治理效果之间的中介效应显著，即治理主体不仅能够直接地对治理效果产生影响，还可借助治理环境的中介效应，对治理效果水平产生间接的影响，具体详见图4—5所示。

表4—43　　　治理制度、治理环境中介效应分析拟合指数

模型	PGFI	TLI	RFI	IFI	CFI	AGFI	NFI	GFI
	0.535	0.899	0.889	0.925	0.925	0.763	0.918	0.851

---

① 温忠麟、张雷等：《中介效应检验程序及其应用》，《心理学报》2004年第5期。

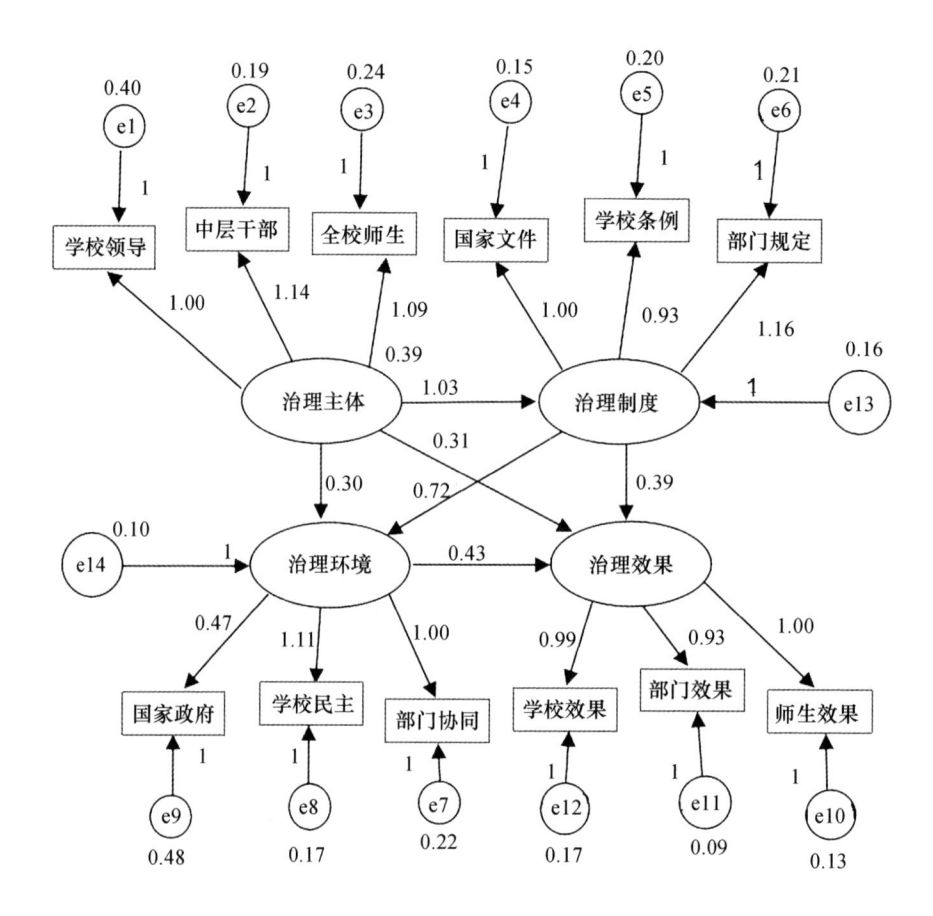

图4—5 高校体育治理的负载模型

第四节 高校体育治理结构问题聚焦

新中国成立以来，党和政府十分重视青少年体质健康和学校体育工作，颁布下发多部文件法规予以规范强化，特别是党的十八大以来，学校体育发展步伐明显加快，工作力度不断加强，政策体系不断健全，条件保障愈加坚实，攻坚改革成效不断凸显，学生体质健康水平下滑态势有所好转，党和国家高度重视，政府部门统筹协调，各类学校落实政策，社会各方积极参与的良好局面，初步形成了以高校体育运动委员会为治理结构的治理体系，治理能力逐步提高，学校体育走出了一条具有中国特色的发展道路。目前全国所有各高校均开设了公共体育必修课，做到全体在校学生全覆盖，大学生本科144学时体育必修课、体质健康测试达标方达到毕业要求。高校体育工作的综合育人功能得到进一步认可，丰富校园生活、增进学生身心健康、活跃校园文体氛围等，新时代教育部主导下各高校积极进行"课程思政"和体育"金课"建设，为高校体育在为党育才、为国育人中发挥应有的作用。面对成绩更应保持清醒的头脑，高校体育作为学校体育必修课的"最后一站"和"关键一站"，还存在诸多短板，管理体制与机制有诸多有待完善之处，可谓改革任务十分艰巨。根据对调查数据进行分析可知，就目前看，高校体育总体重视程度还有待加强，治理组织架构设置还不够合理，治理主体的参与广度和深度还不够理想，高校内部体育治理制度化建设明显滞后，高校体育在育人中的重要地位还没有充分显现，高校学生和教职工的体育获得感与幸福感还不理想等。

一 高校体育治理组织机构职责缺失

中国绝大部分高校内部的体育最高管理机构为"学校体育运动委员会"，该机构是全校体育工作的决策、监督、协调机构，接受学校党委和行政领导，处在高校体育治理的中心位置。高校体育教学部（部分高校成立体育学院，公共体育由体育学院负责实施）是全校体育工作的具体执行部门，由体育教师群体在工作中实施；学校其他职能部门，如教务、学工、团委、纪检、校办、后勤、医院等是学校体育工作的协作部门，协同参与体育工作治理；学校其他教学院系作为人才培养的直接部门，有参与高校体育治理的责任与义务，具体体现为督促学生体育锻炼，体质健康测试达标。从表4—22、表4—23、表4—24高校体育治理主体与治理效果的F检验与回归分析，说明治理主体对治理效果具有显著的正向影响。

根据对高校体育部门领导进行的访谈调查，高校体育在组织结构设置上，存在不合理问题，主要体现为：学校体育运动委员会职能发挥不力，机构设置虚化；高校体育教学部门管理权限过大，责权定位不清、高校体育专门管理人员配备缺失，等等。高校体育治理中的应然状态与实然状态差距明显，为更直观呈现高校体育治理的组织架构和组织运行，本研究以图示方式说明（见图4—6）。图中连线的"虚实"，代表了在治理中管理、协同的实际效应，如体育运动委员会对体育部有直接的行政指挥权，但对职能部门和教学院系，管理权就没有有效发挥；学校职能部门和教学院系对学生体育没有形成实质性的管理；等等。

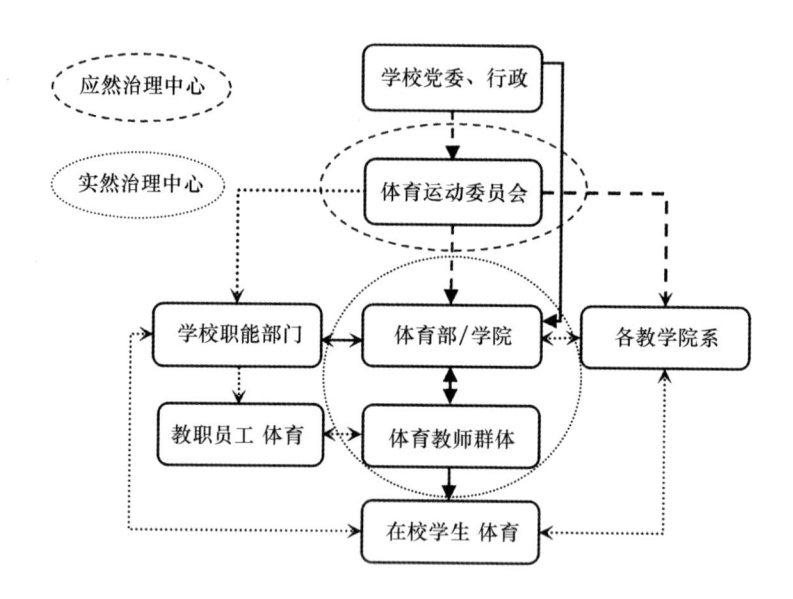

图4—6 高校体育治理的组织结构和组织运行图示

（一）学校体育运动委员会机构设置虚化

1. 高校体育运动委员会设置的历史溯源

新中国成立后，国家最高体育管理机构是1952年11月15日成立的"中央人民政府体育运动委员会"，1954年更名为"中华人民共和国体育运动委员会"（简称"国家体委"），首任主任为贺龙元帅，蔡廷锴为副主任，荣高棠为秘书长。1955年国家体委进行了内部机构设置，特别指出的是其中设立了教育司。1956年3月23日，国务院常务会议批准了国家体委的《体委组织简则》，随后，各省、市、自治区及其所属地、市、县也都建立了体委机构。1998年3月24日，国务院通过了《国务院机构设置和调整国务院议事协调机构方案》，将国务院体育行政部门的名称确定为"国家体育总局"。从此，"国家体委"正式退出历史舞台。1990年3月12日，中华人民共和国国家教育委员会颁布《条例》提出，"学校体育工作是指学校体育课教学、课外体育活动、课余体育训练和体育竞赛，学校应当由一位副校（院）长主管体育工作，在制定计划、总结工作、评选先进时，应当把体育工作列为重要内容"。随着高校数量和规模的扩大，高校参照国家体育运动委员会的设置情况，纷纷成立学校体育运动委员会，行使高校体育管理职能。1998年后，高校与国家事业单位机关的体育运动委员会并没有因国家体委的机构改革而相应进行调整，依旧沿袭了过去的建制和命名。高校成立体育运动委员会的时间是有较大差异的，如武汉大学成立的时间是1954年，清华大学成立的时间是1964年，中南民族大学成立时间是1992年，齐鲁工业大学成立时间是2014年，江苏海洋大学成立时间是2019年，等等。各高校在体育运动委员会的章程制度建设方面，也体现了时间跨度大、逐渐补充完善的情况。

2. 高校体育运动委员会职能发挥不足

目前，中国各高校大部分都设有"学校体育运动委员会"，作为学校层级的高校体育治理机构。通过对全国近百所高校"学校体育运动委员会章程"的文本分析，各高校对"学校体育运动委员会"的定位描述大致为：是高校体育工作的组织和管理机构，接受高校党委行政领导，接受教育部、省市教育厅的业务指导，对全校体育工作进行决策、监督、管理、协调，统筹学校体育经费，等等。通过开展和宣传各类体育活动，全面推动校园全民健身运动的开展，活跃校园体育文化，培养勇于进取、顽强拼搏、团结友爱、品德高尚，素质全面的高素质人才，培养广大师生员工树立终身健身意识。

调查显示，绝大部分高校体育运动委员会没有单独办公场所，也没有专职干部和工作人员，职能发挥有限，取而代之的是体育学院/体育教学部，很大程度上校体委被"棚架"。一般而言，高校体育运动委员会的工作主要集中体现在每年一至两次的全校体育工作会议和年度全校运动会中名义上的筹备与实施，其他体育工作如：体育教育教学、群体竞赛、体育社团管理、运动队外训练竞赛和社会服务等工作，学校体育运动委员会一般没有行使管理权①。

笔者对高校体育治理机构统领各项体育工作情况进行了调查，对于"校体委负责管理学校各项体育工作"表述，被调查者的选择是："完全符合""比较符合"的受访者分别为 10.8% 和 23.08%；认为"不太符合"和"完全不符合"的人数分别为 160 人和 55 人，占到总人数的近 40%；还有 26.74% 的被调查者对此没有做出肯定或否定回答（见 4—44）。可见，在接受调查的高校体育学院/教学部的领导中，较大比例认为学校体育运动委员会没有实质性统领学校体育工作，也即是高校体育运动委员会的机构设置呈虚化状态。

表4—44　　"校体委统领学校体育工作"调查情况（N=546）

选项	完全符合	比较符合	不确定	不太符合	完全不符合	合计
人数（人）	59	126	146	160	55	546
比例（%）	10.81	23.08	26.74	29.30	10.07	100

委员会的决策，通常会按协商一致的原则来进行。但是，高校体育运动委基本上是每年召开全体委员大会 1—2 次，平时极少有机会坐在一起协商学校体育事务，许多工作是由体育部独立执行实施的。校体育运动委员会如同其他"各类委员会"一样，是一个松散的组织，参与事务的形式多以会议的形式和座谈会的形式，少数服从多数的会议议决制，具有临时性、松散性、不稳定性等特征。该组织的权力归属不明确，运行机制不健全，人员流动比较大，因此在决策中实际效果得不到充分体现。

3. 高校体育运动委员会成员构成不尽合理

根据调查，目前中国普通高校基本上都成立了"学校体育运动委员会"（有的高校名称为"体育工作委员会"），成员构成大致相同：设主任 1 名、副主任 3—6 名、秘书长 1 名、委员若干。校体委主任由分管学校体育工作的副校长、副书记或者校长担任；副主任由校办主任、体育部主任、教务处长、校学工部长、校团委书记、后保处长等担任；秘书

---

① 汪如锋：《我国普通高校体育治理结构现状及优化策略》，《体育文化导刊》2021 年第 9 期。

长由体育部分管群体工作的副主任担任；委员为高校院系分管学生工作的副书记和其他职能部门负责人担任。体育教学部（体育学院）与学校体育运动委员会合署办公，体育教学部是学校体育运动委员会的常设办公处。体育教学部领导作为学校体育运动委员会的秘书长，代替主任和副主任，行使体育运动委员会管理职能。上述职务随工作职务变动自然任免，一般没有任期限制，以国内A大学体育运动委员会的人员构成为例，该校公共体育教学和体育竞赛活动主要是体育学院负责，由分管学校公共体育的副院长具体完成各项工作，该校体育运动委员会成员构成详见图4—7。

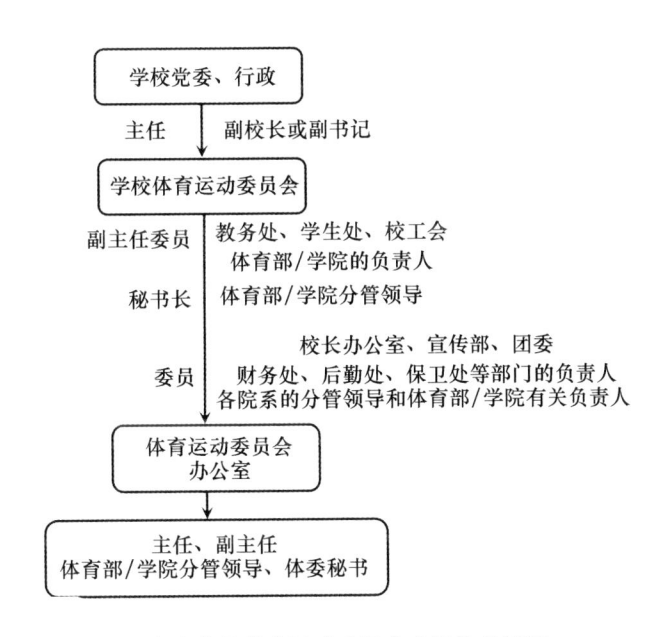

图4—7　W大学高校体育运动委员会成员构成情况

高校相关体育管理组织规定中，体育运动委员会基本参照国家体育运动委员会当年的做法和高校之间的相互参考，一般未明确学校体委的具体人员和数量。因该机构是高校的非常设机构，在高校的存在感自然不强，其中的成员构成是基于"职位"来确定谁可以进入体委，绝大部分高校没有设计学生代表和非职务教师代表成为体委委员。至于该机构每年都做了哪些工作？对学校体育工作的决策、监督、协调、指导职能履行情况如何？高校队体育运动委员会的监管是缺失的。代表学校体育运动委员会的人员构成和产生程序，应该由高校相关法规条例做出规定，但不同历史时期，全国和地方各级高校学校体育运动委员会的人员构成和产生程序不尽相同；而同一历史时期、同一层级的学校体育运动委员会，其人员构成和产生程序也存在一定差异。

基于前期的调研与访谈，目前高校的体育运动委员会成员构成大致是相对固定的"席位制"。笔者对"各学院和职能部门领导担任体委委员"的情况问卷调查中，认为"完全符合"上述事实说法的调查者为21.80%；选择"比较符合"的选项有236人，所占比重为43.22%；认为"不确定"的调查者有13.37%；选择了"不太符合"和"完全不符合"的调查者，分别占到总调查人数的12.45%和9.16%（见图4—8）。由此可见，高校体育运动委员会成员构成是相对固定的，不是严格意义上的选举产生，在成员"人—岗"适配上面没有体现从工作实际需要出发，而且出现了认知上的惯习和做法上的"路径依赖"。

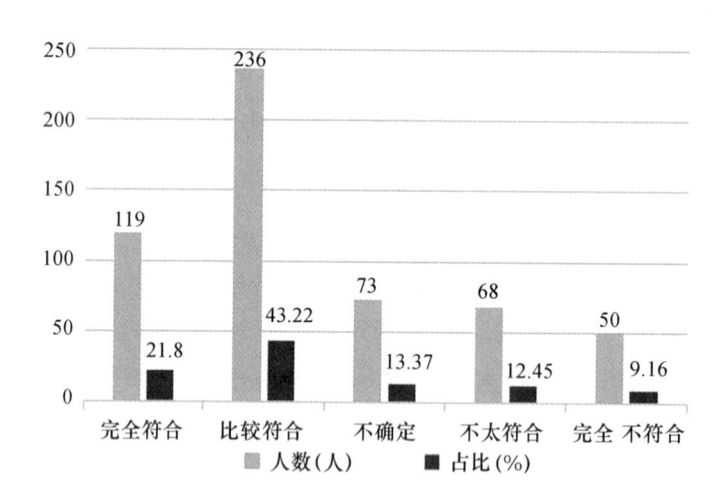

图4—8 "各学院和职能部门领导担任体委委员"调查情况

上述学校体育运动委员会成员构成是否科学合理，针对此问题，某高校体育部的W副主任表示：

> 高校领导都认为体育工作重要，但重视程度不够。高校的体育运动委员会成员席位，并非是通过正式选举产生的，而是根据其在部门的行政职位自然成为运动委员会成员（委员）。许多成员甚至不清楚自己何时获得这个身份，也不清楚自己的职责是什么、有什么权力、获得什么权益等。学校一般性的体育事务性工作，基本上是由体育部门来完成，一般不太好意思去麻烦这些体委委员。
>
> ——访谈记录（2019年11月20日，ZNMZ001）

从人员构成看，学校体育运动委员会由主任委员、副主任委员和委员组成。实践中，学校体育运动委员会由主任委员和委员组成，不设副主任委员，部分地方高校学校体育运动委员会都设副主任委员。席位制非正式选举产生，根据行政职位自然成为运动委员会成员（委员）。

4. 体育运动委员会成员责权界定模糊

笔者对全国437所高校的体育部门领导所做调查中，对"校体委成员有具体工作任务和考核指标"这一表述的认同层次选项，选择"完全符合"上述说法的调查人数为12人，仅占到总数的2.20%；认为"比较符合"的调查者占比为6.59%；认为"不确定"的调查者有73人，所占比重为13.37%；选择了"不太符合"和"完全不符合"的调查者，分别有268人和157人，占到总调查人数的49.08%和28.75%（见图4—9）。可见，高校尽管成立有体育运动委员会机构，部分高校也制定了相应的"学校体育运动委员会章程"，但是对机构成员的工作任务和业绩考核没有具体而明确的界定。

当前各高校对职能部门机构建设是十分活跃的，根据小学规模、学科设置、专业布局，争相建设校内机构，尤其是具有行政级别的职能机构。而那些属于国家指导精神和文件要求的非实质性机构建设，高校的积极性似乎没有那么高涨，一定程度上是"形式大于内容"，学校体育运动委员会基本属于这类机构。正因这一客观现实，高校对体育运动委员会的监管往往是缺失的，尤其是对委员会成员的权力划分、责任规定和享受利益没有十分明晰的规定，即便有，也是"会上说说、本上记记、墙上挂挂"。在校园体育文化发展主体多元化的现状下，高校体委工作存

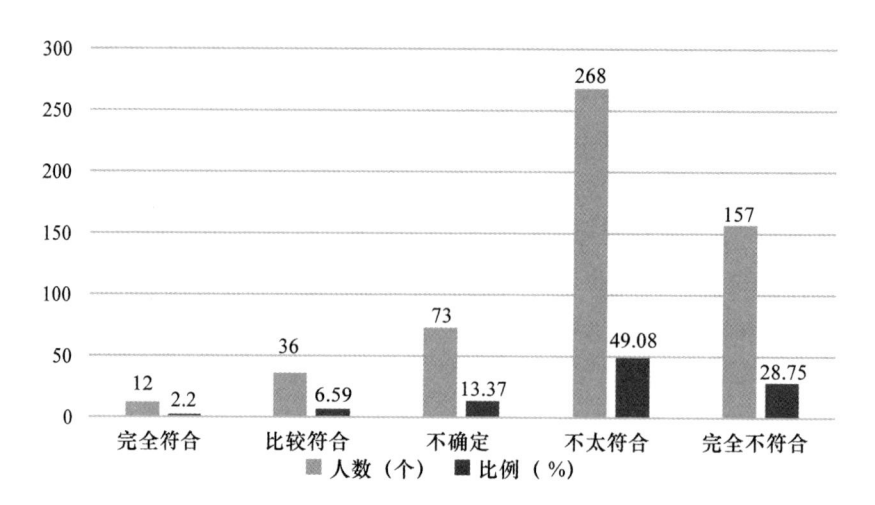

图 4—9　"校体委成员有具体工作任务和考核指标"调查情况

在着主体不清、责权不明、边界模糊等问题。对此，某大学体育学院 M 副院长认为：

> 体育运动委员会成员的责权边界界定不清，职能发挥不力，高校没有建立委员问责机制。各部门、各二级学院体育事务工作担当不足，严重依赖体育教学部，高校没有制定该方面的条例，不作为的后果没人追责。
>
> ——访谈记录（2019 年 11 月 20 日，ZNMZ002）

多年来高校体育工作主要由各高校体育部门来全权负责，这一工作模式为高校体育部门带来了权力的同时，也使其责任风险随之加大。一些体育部门领导寄希望于将责任分摊到各个体育运动委员会成员身上，但现实状况并不乐观。某高校体育部 W 副主任表示：

> 学校体育工作真正的落实点，是为了提高学生的身体素质，使其享受乐趣、强健体魄、锤炼意志，但问题是目前的学校体育治理结构确实存在一些不太合理的地方，学校体育运动委员会的委员，大都是来自各个学院分管学生工作的副书记，保证学生身心健康应

该是他们的工作内容之一。但是他们在学生的体育和体质健康方面投入的关注还不够。体育教师是学校体育工作的第一主体责任人，同时也支撑着整个学校的体育工作。学校的教学离不开他们，对外竞赛等学校群体活动的工作依然是由他们主要承担完成。

希望学校层面在统筹考虑和谋划学校体育工作时，积极动员调动起各职能部门和二级学院（的积极性），来共同促进学校体育工作更好开展，承担起它们应该担负起的责任。学校体育工作千头万绪，事关每一名在校生。除了少数课程，体育是面向学生最广的一门功课，同时与广大教职工的切身利益也是高度相关的。如学校的工会、校医院等这些组织机构，应该发挥它们的优势和职责，在教职工强健体魄方面做出应有的贡献。

——访谈记录（2019年11月24日，WHDX001）

研究高校体育运动委员会章程显示，有的高校体育运动委员会章程中没有规定主任、副主任、秘书长和委员的具体职责，如北京大学、天津师范大学、井冈山大学、贵州师范大学、中南林业科技大学、中南民族大学、淮南师范学院等；有的高校则在章程中详细规定了上述成员的各自职责，如华中科技大学、清华大学、齐鲁工业大学、江苏海洋大学、重庆三峡学院等。有的高校在体委章程中明确规定了校内院系设立二级体育运动委员会，并规定了基层体委的工作职责，如华中科技大学、天津师范大学、井冈山大学等。在高校体育运动委员会机构宣传工作方面，大部分高校未在学校网页上有专门网页呈现，当然，个别高校在学校官网上单独设立了"学校体育运动委员会"网页，如安徽师范大学、西华师范大学、浙江师范大学等。

（二）高校体育教学部的职能定位不清

调查结果显示，多年来高校体育工作的具体实施单位为体育部。从体育教学部，或者体育教研部，或者体育学院等名称来看，体育部是教学部门还是管理部门？从高校体育部介绍来看，其职责包含了体育课教学、校园群体活动、师生体育锻炼指导、校内外体育竞赛与训练、学生体质健康测试、体育科学研究和社会服务、校高水平运动队的训练等。

因此，体育教学部门还是体育管理部门，没有定论，应界定为体育教学与管理部门较为合适。

体育部隶属关系问题，是隶属体育运动委员会还是隶属主管校长？一直是有争议的，有的专家认为，体委主任是主管校长，是不是隶属体委，没有实质性的差异。体育部的上级隶属关系根据主管校长的人选而调整即可，没有体委这层管理机构，也是可以正常开展工作的。学校体委的存在，变相成为体育部开展全校群体活动、调配体育资源的"尚方宝剑"，否则同处于学校处级行政级别的教学院系和职能部门可能不买账、不配合，安排的工作会面临搪塞推诿情况。

体育部/体育学院到底是教学部门还是职能部门，华中科技大学体育学院的界定是"贯彻落实《条例》、《国家学生体质健康标准》和《全民健身计划》的职能部门"；太原理工大学体育学院的职能表述是"主要承担全校体育教育专业、公共体育课、高水平运动队以及学校群众体育工作的组织、教学、训练与竞赛任务"，可见其自身定位为职能部门。

2020年11月，在某高校进行实地调研时，赶上校园体育文化节，有一张海报上写着这样一段文字：

> 高校有这样一群人，皮肤黝黑、一身运动装、手持文件夹、脖挂口哨，时而与学生们奔跑在田径场上、时而与学生们飞驰在球场上，大声指导学生技能练习、风趣讲授体育健身知识。高校有这样一个部门，学生体育课要找它，学生各类比赛要找它，学生体质测试要问它，学校运动会要靠它，教工体育健身要找它，高校运动队训练比赛要找它，学校体育科学研究与社会服务也找它……

上述场景是高校体育工作者和体育管理部门的真实写照，一个侧面也反映了高校体育工作由一群人和一个部门统管的无奈。笔者对全国437所高校的546名体育部门管理者关于"学校体育工作＝体育部（学院）的工作"这一表述的认同层次调查，结构显示：认为"完全符合"上述事实说法的调查者为115人，占比为21.06；认为"比较符合"陈述事实的有126人，占比为23.08%；认为"不确定"的调查者有26.74%；选择了"不太符合"和"完全不符合"选项的调查者，分别占到总调查人数的15.38%和13.74%（见图4—10）。由此可见，有近半的受访者基本认同"学校体育工作＝体育部（学院）的工作"这一现实。在当前高校体育管理实践中，体育教学部/学院基本代替了学校体育运动委员会的几乎所有职能，这样势必造成高校体育治理中的权力过于集中，一定程度上制约了高校体育治理中的相关利益主体的参与积极性和能动性。

针对高校体育工作集中于一个部门管理现实，笔者专访某高校体育部H书记，他对这一做法有自己的认识：

> 学校体育运动委员会在高校属于非常设机构，调查结果显示学生有95%以上、教师有85%以上不知道学校有这么一个机构，绝大部分高校官网中没有"体育运动委员会"页面。当一个机构在学校没有知晓度，其治理权力运行环境是难保障的。学校体育工作＝体育教学部的工作的现象普遍存在，体育部成为体育事业的委托代理人。难免造成体育部权力过于集中，学校体育工作的好坏，仅与此部门有关。
>
> ——访谈记录（2019年11月24日，WHDX002）

笔者在对某高校分管体育工作的D副校长进行访谈中，他表示，多年来学校基本都是这样过来的，秉持"专业人干专业事"，体育运动委员会没有专门人员来协调各项体育工作，全权委托体育部门负责也是无奈之举。

（三）高校体育专门管理人员配备缺位

《基本标准》明确指出："高校要设置体育工作机构，配备专职干部、教师和工作人员，并赋予其统筹开展学校体育工作的各项管理职能。实行学校领导分管负责制（或体育工作委员会制），各有关部门积极协同配合，合理分工，明确人员，落实责任。" 2017年国务院办公厅颁布的重新修订的《条例》也指出，"学校应当由一位副校（院）长主管体育工作，普通高等学校可以建立相应的体育管理部门，配备专职干部和管理人员"。

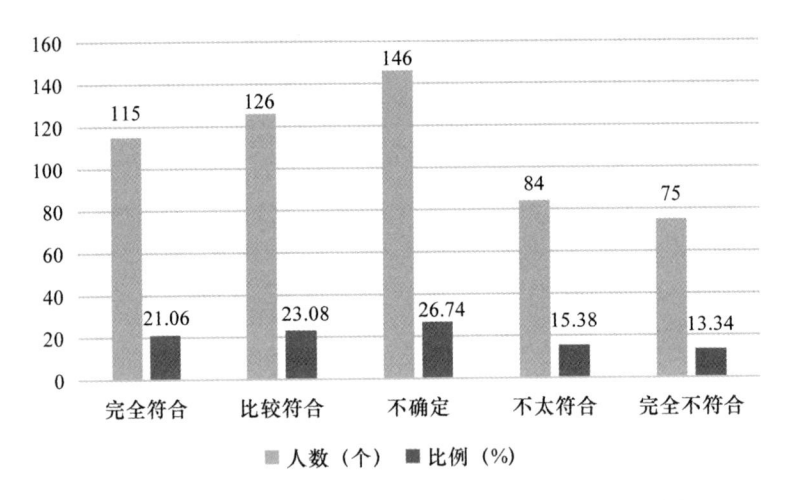

图 4—10 "学校体育工作 = 体育部（学院）的工作"调查情况

按照教育部文件精神，体育运动委员会是学校体育工作的最高管理机构，但目前大部分高校在"配备专职干部和管理人员"方面，还存在现实差距，调查与调研得知，绝大部分高校并没有配备专职干部和工作人员，一般的做法是由体育部的主管领导担任校体委具体工作的实际执行人。高校应设置体育工作机构并配备有专职的统筹协调高校体育各项工作的负责人，体育运动委员会应是具有实权性质和实际开展工作的职能机构。

体育运动委员会应设立专职人员进行统筹高校体育工作，体育教学部行使的工作职责是上好体育课。群体工作和体质测试工作应有专人负责，尤其是体质测试工作的后期服务很重要。应加强学生体育社团管理工作，二级学院也应建立体育工作领导小组。进行层级化管理十分必要：校长—副校长—体育运动委员会—体育教学部、二级学院体育工作组—体育社团组织、体育教师。上述工作应该由体育运动委员会的管理人员和工作人员负责统一协调，而不是当"甩手掌柜"的，当前的现实情况是体育部全部承担起全校体育工作，而后交由体育教师来执行，"体育教师像块砖，哪里需要哪里搬"的现象广泛存在。另外，高校体育教学部内部人员配置上，除书记外，管理人员大都是"双肩挑"，较少设置专职管理干部，一定程度上讲，当前普通高校体育管理人员专业化程度较低。

二 高校体育治理利益主体参与缺位

高校体育是指发生在高校场域内的一切体育活动的总和，如体育教育教学、课余体育锻炼、校园群体竞赛、学生体质健康测试、运动队训练与比赛、社会服务等，就其服务对象而言，涉及全体在校学生及高校教职工，就其业务跨度而言，理论上与多个职能部门和教学院系有业务交叉联系，可谓利益相关者众多。

如表4—19所示，治理主体各分量表与治理效果各分量表间｜r｜>0.8则属于高度相关。可见，高校体育治理离不开多元利益相关者主体的参与，主体间的联动对高校体育治理效果是正相关的。多年来，高校体育管理机构为学校体育运动委员会，该机构为校级层面管理学校各项体育事务的组织，在组织结构中基本涵盖了职能部门和教学院系领导，但是并未涵盖学生和普通教职工。高校体育与高校相关职能部门、教学院系、在校学生和教职工是利益共生关系。但这种相互关系，通常要通过合约制度或契约制度保证其关系的相对稳定性，获得关系的合法化，有鉴于此，高校体育治理主体的参与，制度保障是关键。在高校体育治理主体中，可简单分为组织与个体。高校体育教学部、职能部门和教学院系可视为高校体育治理中的组织主体；教职工和在校学生则为个体主体。当前，高校体育治理利益主体参与缺失，主要体现在高校体育利益相关者部门参与缺失和高校体育利益相关者个体参与缺失两个方面。

(一) 高校体育利益相关者部门参与缺位

高校体育治理主体中，部分职能部门和教学院系与高校体育工作有着或近或疏的业务关系，在高校体育治理中应充分发挥各自岗位职能，协同推进体育治理。根据调查和访谈，当前高校普遍存在职能部门和院系参与缺失情况。

1. 高校职能部门的体育治理参与不足

按照教育部文件规定，"各有关部门积极协同配合，合理分工，明确人员，落实责任"。高校各相关职能应履行其主体责任，部门职能体现为：教务处，主要涉及学生体育课教学安排、成绩评定和学分认定；团校委,主要负责学生体育社团管理和学生校园体育活动的监管与审批;后勤处,负责学校体育场馆建设维修、运行管理;学工部(辅导员),主要负责学生体育锻炼监督和协助体质监测;校医院,有对学生进行医务监督与健康教育的职责。如果招收高水平运动员的高校,还会涉及招生部门和纪检部门等。

为了解高校体育治理中的跨部门合作情况,本书调查了国内部分高校体育主管部门领导,关于"各学院和职能部门配合体育部门工作"的调查中,选择"完全符合"和"比较符合"的调查者分别占到总调查人数的 11.36% 和 19.96%;选择"不太符合"的占比为 32.23%,有 15.93 的管理者认为该说法"完全不符合"实际情况;其余的为选择"不确定"选项(见图 4—11)。

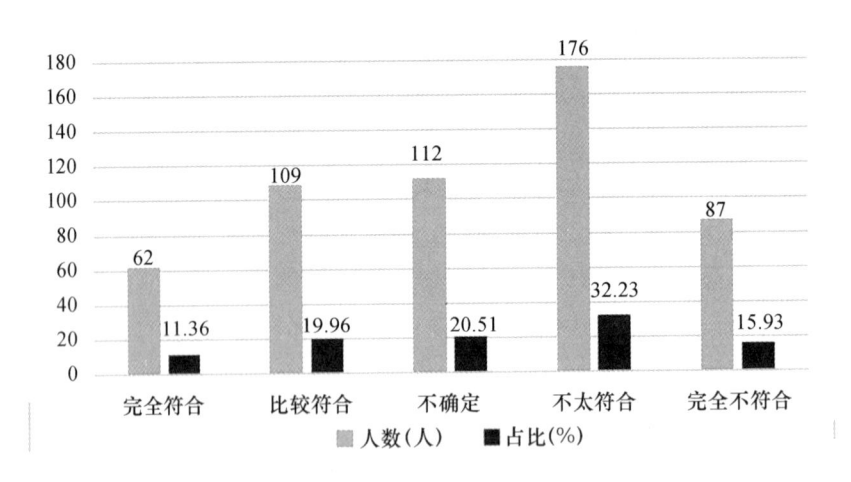

图 4—11 "各学院和职能部门配合体育部门工作"调查情况

各二级学院作为人才培养的主体,有加强学生体魄强健的义务,职能部门如教务、学工、团委、工会、医院等有为师生提高体育必要服务的责任,但现状是这些工作由体育部完成,似乎与他们无关。各职能部门和二级学院应在学校体育运动委员会的领导下,形成体育协同治理格局的阻力较大,其中主要是在多年管理中形成的"路径依赖"。某大学体育教学部 G 副主任表示:

坦率地讲，国家对于如何评价合格人才、综合人才，还没有形成统一的标准，比如说对学生的体质健康这方面的要求，能不能作为衡量合格人才的硬性指标？如果国家没有硬性的统一指标，那么各高校在执行过程中就无法形成统一的制度。比如说，各二级学院的工作重心是进行学科建设，以及如何提升学生的就业率，对学生体魄强健问题，他们关心不多。高校各部门协同育人的局面尚未形成，在体育促进身心健康的工作中，体现得尤为明显。

——访谈记录（2020年9月23日，FZDX002）

新时代高校思政教育中，国家大力提倡"三全育人"和"课程思政"建设，高校体育应该在综合育人方面体现出学科特点和课堂特色。某高校Z副校长认为：

将体育提升到综合育人高度，形成课程思政育人新亮点，引起学校领导层关注，进而形成重视体育工作的局面，使体育育人环境正向作用于学校体育治理环境。由于多年来形成的工作惯习，体育工作依然停留在"上好体育课、搞搞运动会"的管理模式上。有必要充分调动职能部门，特别是教学院系的体育工作积极性上，将学生体育行为纳入到学生综合测评中。

——访谈记录（2020年10月8日，ZNMZ004）

2. 高校教学院系的体育治理参与缺位

高校体育大事，如一年一度的校运会、学生体育体质健康测试、高水平运动员招生等，一般要校体育运动委员会的名义进行工作部署，除此之外，基本上是体育部一手操办了。教学院系在学生体育工作中的实质性举措不多，在访谈中，有体育教学部门领导直言："我们有许多促进学生体育工作的建议和措施，需要教学院系配合，但是他们表面上表示积极支持，但落实到具体事务上，会找出各种理由推脱。其中最主要的原因：一是我们是平级单位，没有行政强制性和权威性；二是多年来形成的工作和观念惯习，认为体育工作就应该体育教学部门全权负责。"在古典管理学中特别强调权责一致和权责对等，但在高校体育治理中常常可以看到某种没有权力的责任、超出权力范围的责任，或不使用、不依赖权力的责任，体育教学部门即是如此。

笔者对所在大学经管学院的副书记S进行了深度访谈，他表示：

> 作为分管学生工作的副书记，从内心讲我是希望学生多参加体育锻炼的，我们也做过调查，发现那些有心理方面问题的学生平时都很少参加体育活动，相应地经常参加体育锻炼的学生产生心理问题的概率大大降低，这都说明体育工作对学生管理有巨大的促进作用。但是像我们学院目前没有专职人员去负责管理学生的体育锻炼，顶多每年校运会期间会组织学生参赛和训练，日常实质性的管理工作、服务工作确实没有跟上。
>
> ——访谈记录（2020年12月18日，ZNMZ005）

高校体育运动委员会的部分委员来自教学院系，是负责学生工作的书记或副书记，现在的局面就是，高校体育工作得不到教学院系的积极回应，似乎这事情不是他们该做的。国务院颁布的《条例》指出，"辅导员应当把学校体育工作作为一项工作内容，教育和督促学生积极参加体育活动"，院系在监督学生体育锻炼方面是有文件依据的，但就目前高校的情况，教学院系并没有很好履行促进学生体魄强健之义务。

（二）高校体育利益相关者个体参与不足

教育部2005年颁布实施的《普通高等学校学生管理规定》指出，"要建立和完善学生参与民主管理的组织形式，支持和保障学生依法参与学校民主管理"。笔者连续多年参加所在高校召开的一年一度"学校体育工作会议"，没有任何一次会议邀请过学生代表参会，也未邀请非职务普通教职工参会，侧面反映了高校管理者并未意识到学校师生在体育治理中的主体地位。

1. 高校在校学生的体育治理参与缺位

大学因学生而存在。在校学生是高校体育的服务对象，也是高校体育存在的必要前提，在校学生同时也是高校体育治理过程中的重要参与群体，是体育治理的前提和核心，大学生具有作为公民的政治性权利，作为消费者的经济性权利，以及作为受教育者的文化性权利①。高校体育治理中，大学生行使高校体育治理权利主要是通过学生作为社群的集合体参与高校体育治理。

高校体育治理中非职务教职工和在校学生参与度情况，笔者调查了全国部分高校体育管理部门领导，在对"教工和学生参与了学校体育治理"的表述判断上，认为"完全符合"上述事实说法的调查者为0；选择"比较符合"的选项有26人，占比为4.76%；认为"不确定"的调查者有9.71%；选择了"不太符合"和"完全不符合"的调查者，分别占到总调查人数的47.62%和37.91%（见表4—44）。由此可见，对"教工和学生参与了学校体育治理"这一陈述持否定回答的占绝大多数，说明在调查的高校中非职务教职工和在校学生参与高校体育治理的机会十分有限，或者是基本没有实质性参与到学校体育治理中。

表4—45　"教工和学生参与了学校体育治理"调查情况（N=546）

选项	完全符合	比较符合	不确定	不太符合	完全不符合	合计
人数（人）	0	26	53	260	207	546
百分比（%）	0	4.76	9.71	47.62	37.91	100

体育运动委员会中，基本没有设置学生委员和普通教职工委员席位，绝大多数群体在体育治理过程中，缺失话语权。某高校的L老师表示：

> 体育运动委员会中，基本没有设置学生委员和普通教职工委员席位，绝大多数群体在体育治理过程中，缺失话语权。社会主体参与高校体育治理和软硬件建设的机会缺失，高校与市场的互动不佳。教职工和在校学生参与学校体育治理的渠道不畅，无从表达自己体育诉求。
>
> ——访谈记录（2020年8月18日，HNDX001）

---

① 郭俊：《成长：学生参与大学治理的权力研究》，中国社会科学出版社2018年版，第15页。

针对此问题，某高校的 H 同学谈道：

>作为学生，我们还真没有想过如何去参与学校体育管理或者学校体育治理，总觉得那是一个非常高大上的东西。我们所关心的呢，第一个是体育课，第二个是体质健康测试。第一个关系到我们的能不能拿到学分，第二个关系到我们能否拿到学位证，除此之外好像我们关注的也不太多。
>
>真正说到参与学校体育事务最大的一个困惑就是，我们不知道如何参与，也不知道哪个部门去能够很好接纳我们的一些建议。
>
>同学们大家都没有这么一个意识，也没有辅导员或者什么哪个老师告诉我们怎么参与学校体育工作的治理啊，给学校提意见等这些事情。
>
>——访谈记录（2020 年 8 月 18 日，HNDX002）

近年来中国在建设教育强国的道路上，将人的教育权利作为人的一项基本权利得到了广泛认可，但是体育作为一项基本的人权，其理念并没有深入人心。某大学分管体育工作的 D 副校长表示：

>体育权力是一项基本人权，教师和学生有享受体育锻炼并接受专业指导的权力，在学校体育事业布局中，师生是有参政议政权力的。但目前鲜有高校将师生体育权提升到一定的高度予以重视，反映出制度性赋权还有很长的路。
>
>——访谈记录（2020 年 8 月 27 日，FYSF001）

2. 高校教职工的体育治理参与缺位

高校体育的服务职能，是促进高校在校学生和教职工身心健康、体魄强健，为学生和教工提供体育公共服务，据此，高校教职工应作为高校体育治理的利益相关者群体之一，在体育事务决策中应具有参与权。

调查显示，目前高校教职工在体育公共服务获得感方面还存在诸多不甚满意之处，如教职工日常体育锻炼的公共服务保障、体育资源的利用、健康健身指导等方面，高校体育没有较好体现服务职能。当高校教职工在体育需求方面没有得到有效保障，其参与貌似与己无关的意愿不强。对此，W 大学经济学院的 H 老师坦言：

> 对于老师而言，科研教学压力巨大，经常久坐办公室，身体确实吃不消，这时候学校能够组织大家一起进行有规律的体育锻炼，对我们而言，那比发奖金可能更有益。我进校十几年了，但是学校体育部门好像没有组织过类似的活动。至于有没有意愿参与学校体育治理，你想想看，如果这个事情跟我没太大关系，我为什么要在这上面花费很多的精力和时间呢？
>
> ——访谈记录（2020 年 9 月 24 日，HBJJ001）

在问卷调查中，关于"贵校教职工关心参与学校体育治理"的选项，认为"完全不符合"的比例高达 51.32%，再次印证了高校体育治理过程中，高校教职工的参与度不高，参与积极性不强。笔者调查发现，2020 年突如其来的新冠肺炎疫情，使人们对健康尤为重视，对于体育促进健康的认知得到了较大提升，因此高校广大教职工的健身愿望和需求较之前有大幅提升。某高校经济学院的 Z 教授谈道：

> 学校组织的教职工的体育锻炼和竞赛活动较少，规模较大的是一年一度的全校运动会，在运动会上教职工大都参与趣味性的比赛活动。我们部分喜欢运动的同事，有自发组织的体育活动小团队，每周定期一起踢足球或打篮球。坦率地讲，我们老师的体质状况普遍不太好，对体育锻炼有需求，但学校工会关心教职工身心健康的措施和力度还不够。体育锻炼需要科学指导，所以希望学校层面可以搭建一个老师们体质健康的测试评价平台，让教职工了解自己身体健康状况，体育教师给我们提供一些运动处方，指导大家规律锻炼身体。另外，学校场馆的开放也应适当考虑教职工的体育运动需求。
>
> ——访谈记录（2020 年 8 月 27 日，FYSF002）

可见，随着高校教职工体育健身意识的逐步树立，体育锻炼软件方面的健身科学指导和硬件方面的场馆预定使用，作为为教职工提供体育公共服务的重要内容，应在体育治理中有所体现。

三　高校执行文件与制度建设待强化

国务院、教育部出台了多部法规文件，促进学校体育工作有序健康开展。制度的生命在于有效执行，从目前高校体育政策落实与执行情况来看，还不太理想，有学者将其概括为：政策执行局部化、政策执行表面化、政策执行全异化、政策执行扩大化和政策执行停滞化[1]；有的高校面对国家体育文件的态度是选择性执行、象征性执行、替代性执行、附加性执行、机械化执行[2]，呈现为执行而执行。从表4—20的分析结果可知，高校体育治理制度与治理效果各部分维度上存在显著差异，呈正相关，其中治理制度与治理效果的总相关度为（0.886**），在治理制度中，治理执行制度与体育治理高效相关度最高（0.833**）。据此，高校体育治理中严格落实国家文件法规，是实现体育效能的重要保障。

（一）高校贯彻执行国家相关体育法规不彻底

本书对高校执行国家出台的系列法规执行情况进行了问卷调查，问题设置为"学校执行国家相关体育政策全面彻底"，对该说法的认同层次统计显示：有121人选择该表述"完全不符合"事实情况，占比为22.16%；选择"不太符合"的人数占到总人数的30.58%；选择"不确定"的占16.30%；有17.58%和13.37%的受访者分别选择了"比较符合"和"完全符合"（见图4—12）。可见，有超过一半的被调查者认为本校没有严格执行国家教育部的相关文件和法规。

"上有政策，下有对策"是中国政策执行中存在的一种普遍现象，它的实质实际上是管理者与被管理者之间的动态博弈。国务院和教育部制定了许多旨在加强高校体育工作的文件，部分高校根据自身实际，选择

---

[1] 张强峰、汤长发等：《受众回应视角下的〈国家学生体质健康标准〉政策执行及其效果——基于10省40所普通高校的实证分析》，《中国体育科技》2020年第10期。

[2] 朱二刚、陈晓宏、武展：《高校体育政策执行偏差的表现、原因与纠正策略》，《石家庄学院学报》2019年第6期。

性执行。比如对高校体育运动委员会编制指标,很少有学校执行。高校体育治理研究专家 X 教授指出:

> 国务院和教育部制定了许多旨在加强高校体育工作的文件,部分高校根据自身实际,选择性执行。比如对高校体育运动委员会编制指标,很少有学校执行,主要是没有行政问责制度。当下一些不好的现象,那就是高校的体育政策执行中只看中两方面:一是课内教学完成教育部规定的必修课程,二是对于在校大学生体质测试及格率问题,还存在弄虚作假,虚报数据的现象。
>
> ——访谈记录(2020 年 8 月 20 日,ZWP001)

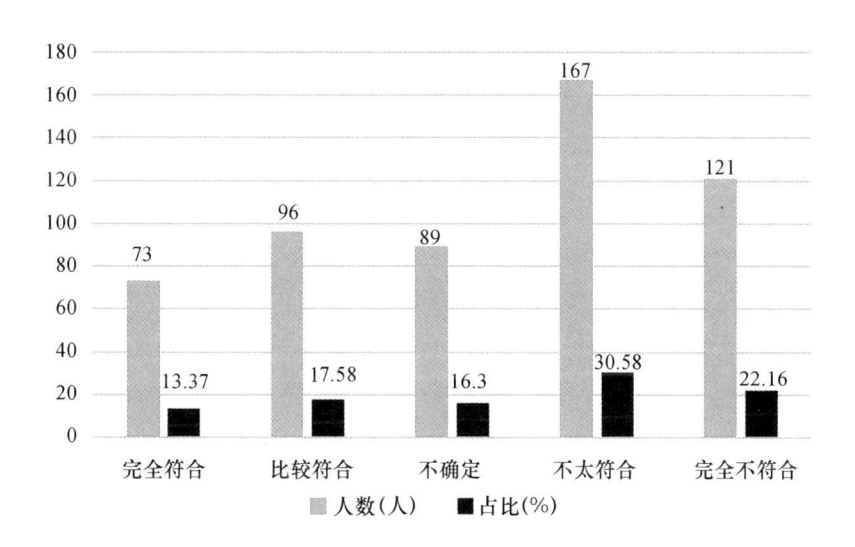

图 4—12　"学校执行国家相关体育政策全面彻底"调查情况

《关于深化本科教育教学改革全面提高人才培养质量的意见》(教高〔2019〕6 号)文件中指出:"加强学生体育课程考核,不能达到《国家学生体质健康标准》合格要求者不能毕业"。《基本标准》中指出,"设置体育工作机构,配备专职干部,对学生体质连续三年下滑的高校,对学校主管进行问责。"国家教育部出台这些文件无疑是为了促进学生体魄强健,但教育部将执行权交给了高校,政府监督权没有实质性履行,必将导致高校选择性执行这些政策。多年来，政府文件很多，但多为指导性、原则性的具有一定"弹性"的意见，落实多少、执行多彻底？高校主要看校领导意志，看"自选动作"的难易程度。

（二）高校体育运动委员会章程建设滞后

章程不同于一般的部门工作条例，是组织或机构按照特定程序制定的办事规则和程序的规范性文本。高校体育运动委员会章程建设始于2010年前后，个别高校依据文件《高等学校章程制度暂行办法》精神，在学校体育业务层面制定的规范文件。在笔者调查的300余所高校中，有超过一半的高校制定了本校体育运动委员会章程，有的高校章程文本内容十分详细；而有的高校章程文本仅有寥寥几百字。章程是高校体育运动委员会开展工作的准则，是指导学校体育工作的法规性文本，从理论上讲，全校师生应该对其有一定的理解，但调查显示，在校学生和教职工较少了解该文件。事关高校师生身心康健的体育事业，教职工的知晓度高低，一定程度上反映了高校体育事业开展的深耕程度。某高校 G 老师坦言：

> 没有听说学校有制定体育运动委员会章程，从来没有在学校官网上或者下发的某些文件中看到有所谓的运动委员会章程。同事们好像从未提及过学校还有这回事儿。如果老师们平时锻炼身体，有人进行技术指导或服务，我想大家可能对这个事情会有一定的关注。
>
> ——访谈记录（2020年8月18日，HNDX003）

笔者采访了某大学体育部 Z 主任，他回忆了当时章程制定的过程：

> 学校制定体育运动委员会章程的时候，应该说是比较仓促的，记得那天分管体育工作的副校长找到我建议参照其他高校，尽快制定我们自己的运动委员会章程来回应国家对机构章程建设的规定。时间短任务重，在章程的制定过程中，说实话，没有进行广泛论证和进行听证。
>
> ——访谈记录（2020年10月8日，WHFZ001）

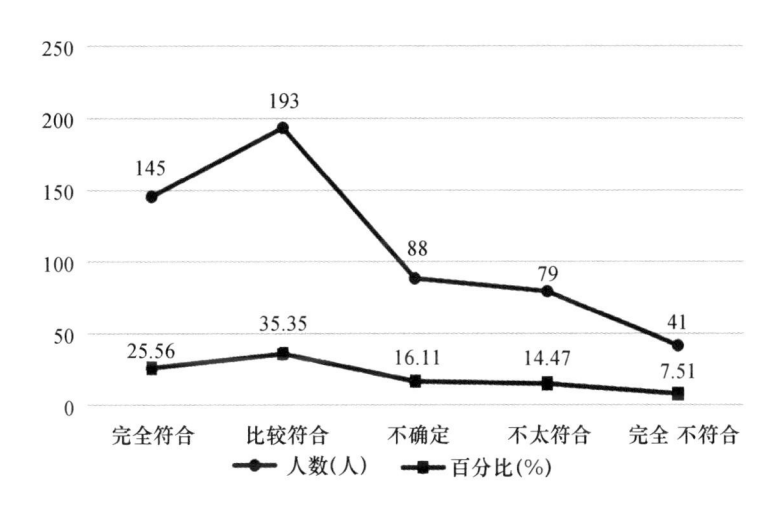

图 4—13　"学校制定有体育运动委员会章程"调查

笔者对高校体育管理部门领导的调查中,有关"学校制定有体育运动委员会章程"表述认同层级排序分别为比较符合、完全符合、不确定、不太符合和完全不符合,分别占 35.35%、25.56%、16.11%、14.47% 和 7.51%（见图 4—13）。调查结果显示,尽管超过六成受访者给出了肯定地回答,也即大部分高校制定了体育运动委员会章程,但在实地调研中发现其在校内的知晓度较低,显然体育规章制度的宣传和体育权利意识的培养较为薄弱。

《学校体育运动委员会章程》是高校体育治理的"宪法",如果缺失将致使学校体育治理无章可循。即便个别学校制定了章程,但制度普及率过低,师生鲜有听说,　是学校职能部门宣传不够,另一个重要原因是章程论证与制定过程中,较少有学生代表和普通教职工代表参与。学生和教职工对于学校公共事务参与热情不高,与高校忽视学生和教职工主体地位也有一定关系。

（三）高校内部体育工作制度建设不够健全

加强学校各项体育管理制度建设,是提高学校体育管理效率的重要途径。目前,学校虽然建立了一定的学校体育管理体制,并设有体育运动委员会和体育部，也制定了一套管理规章制度和管理实施办法。但在具体工作的实施过程中，笔者研究发现这些工作制度不够健全，例如管理者—工作者—学生之间配合不够严谨，各院系体育部—校学生会体育部—校学生各体育社团—校体委之间协作不够、监督力度不够，体育社团凝聚力不强，没有建立评比奖励制度等一些问题与不足，因而在学校体育管理方面无法形成科学、系统的规范化管理模式。

学校各部门出台的有关体育的条例主要体现在：约束体育教师认真上课，不得迟到和早退；不得出现有违师德师风的情况；警告学生体育考试不得挂科；体质测试不得替考；等等。其制定初衷不是如何把学校体育治理的更好，而是防止其出现不好的事情，造成不良负面影响。某高校体育部 W 主任谈道：

> 按照国家相关的文件，学校这些年来也出台了一些体育工作方面的管理条例，主要是规范课堂教学的管理办法、教研室的工作条例以及场馆器材的管理规定等。坦率地讲，这些文件不是指导如何进行高校体育治理，是针对一些非常细的工作流程的管理办法。
>
> ——访谈记录（2020 年 8 月 20 日，ZNDX001）

高校体育管理制度不仅涉及体育教育教学、群体训练和对外竞赛，还应涉及高校体育事业管理中的其他各个方面，职能部门的跨部门合作工作机制、教学院系学生体育工作的规章制度等。就当前情况而言，高校体育治理的制度化建设还存在不够健全、不尽合理的地方。长期以来，高校体育在高校中的地位没有得到应有的认可，原因之一就是定位不清，之二是治理结构过于单一，治理制度尚未建立。如果对高校体育的定位依然是"体育课＋运动会"，高校体育的管理体制和治理结构不会发生太多的变化，已产生了较为严重的制度路径依赖。

四 高校体育软硬件环境保障待完善

高校体育促进学生体魄强健和为师生提供校内体育公共服务职能的有效发挥，离不开高校内部体育治理所依托的软硬件环境支持。这里所谓的高校体育治理环境，在软件建设方面，主要体现为工作制度建设、师资职员配备、校园体育文化建设、体育健身组织扶持、体育锻炼指导服务和体育精神培育等；在硬件方面，主要体现为室内场馆建设、室外场地设施配备、体育健身指导器材配置等。调查显示，大部分高校硬件建设方面取得了长足进步，场地设施配备基本满足学生教学使用，但在师生体育锻炼资源配置方面还存在优化之处；在高校软件建设方面还存在一定的差距，尤其是在工作制度建设、校园体育文化建设、体育公共服务意识与能力提升方面存在较大提升空间。

（一）高校体育硬件建设与管理有待进一步加强

高校体育硬件建设是近年来高校重视发展事业的体现，调查发现，中国办学层次越高的高校，体育硬件建设力度越大，部分高校的体育场馆成为学校的地标建筑。学校场馆建设基本目的是进行体育课教学使用和师生员工日常运动锻炼使用，随着学生体育项目需求的多元化、课余体育锻炼时间的个性化，师生健身需求增长与场馆建设滞后与运营不力之间的矛盾会不同程度出现。对此，笔者实地访谈了H大学体育教学部D主任，他表示：

> 总的来说，我们学校体育设施场馆建设还是比较完备的，许多体育项目教学都能够在室内场馆进行，这样一定程度上规避了天气对课堂的影响。但是新冠肺炎疫情之后，学生和教职工对体育健身需求陡然增加，使得我们的场馆相对资源短缺。我们（体育部）也积极向学校申请新场馆建设，但是由于学校土地资源有限，可能近期内很难有新的场馆投入建设。
>
> 还有一个情况是，我们学校场馆管理不属于体育部，学校专门成立了场馆管理中心，体育场馆平时的开放和运营都是由场馆管理中心来进行的。一定程度上讲，实现了科学化的管理，但是也带来了教学与锻炼之间的矛盾。我们有高水平运动员训练，他们需要在课余时间进行专用场地训练，但是这个时段场馆中心又将其开放给学生进行锻炼，不可避免会产生一些纷争。
>
> ——访谈记录（2020年12月20日，HHDX001）

对于学校日常体育锻炼的场馆和场地使用情况，笔者访谈了 Q 大学的 H 同学——一位体育健身爱好者。他认为：

> 学校尽管有综合体管，但是项目较少，羽毛球是主项，而对于我们喜欢轮滑和攀岩运动的同学来讲学校相关场地设施是缺乏的，希望学校能够根据学生的新需求、新变化来增添一些体育设施。还有学校场馆开放时间不够科学，每天下午 5 点开放，9 点关门，远远不能满足我们运动健身的需要。
>
> ——访谈记录（2020 年 12 月 20 日，HHDX001）

由上述访谈资料可见，高校体育场馆在教学方面可满足实际需要，主要矛盾是在服务师生体育锻炼方面还有需要改进的空间，集中体现为学校场馆管理和运行方面需要进一步的进行优化和创新。

（二）高校体育软件建设力度与服务能力有待进一步提升

高校体育软件建设，主要是指人才建设、制度建设、服务能力建设三个方面。由于高校体育课是教育部规定的大学生必修课程，原则上规定了每个教学班级不超过 30 人，因此在师资配备方面（加上外聘教师），大部分高校能够满足大学一、二年级学生的课程开设需求。在相关制度建设方面，依然存在盲点，如高校体育运动委员会章程建设滞后、高校内部体育工作制度建设不够健全等，已经在前文进行了阐述。这里重点考察高校体育在面向全体学生和教职工的体育公共服务供给方面存在的主要矛盾。

本书所指高校体育公共服务，涉及高校为在校全体学生和教职工提供的体育健身指导与服务、学生体质测试后运动干预措施、校园群体活动的组织实施、校园体育文化活动的策划等。就此论题，笔者对 N 大学的体育学院分管大学体育的 S 副院长进行了访谈。他认为：

> 目前各高校基本上都能够按照教育部的规定来开启开足大学生体育必修课，但学生体质健康的获得，需要在课余时间规律的进行体育锻炼，这就需要高校有相应的跟进服务措施，来加强学生日常

及锻炼的科学指导。实话实说，高校目前还没有形成一个服务体系来有针对性地服务学生的体育锻炼；教职工的体育锻炼指导，还没有形成一个常态化的工作机制。其中的原因是多方面的，一是该项工作的责任主体不明，按规定来说应由校体委负责，但该机构又是非常设机构；二是该项工作的工作量的认定方面存在制度真空，教师的积极性不高；三是相关领导在体育服务职能方面还存在认识不足。

——访谈记录（2020年12月25日，NJDX001）

通过对全国部分高校体育部门领导关于"为师生提供体育公共服务能力强"调查统计显示，有115人选择该表述"完全不符合"事实情况，占20.06%；选择"不太符合"的有190人，占总人数的34.80%；选择"不确定"的占21.25%；有13.92%和8.97%的受访者分别选择了"比较符合"和"完全符合"（见图4—12）。可见，在受访者中，大部分体育部门领导认为学校在为师生提供体育公共服务能力方面存在不足。

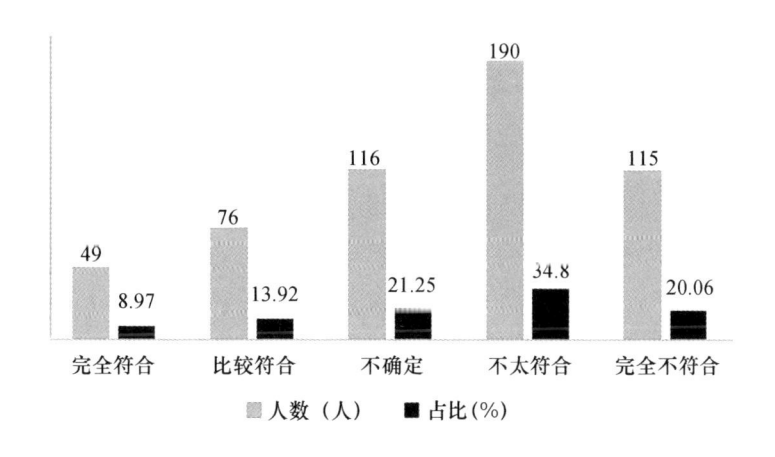

图4—14 "为师生提供体育公共服务能力强"调查情况

高校体育软件和硬件条件作为高校体育治理的重要环境因素，对高校体育服务体育课教学、校园体育文化构建、学校师生群体竞赛和公共服务能力提升具有举足轻重的作用。总体而言，在高校体育治理环境保障中，国家和高校在硬件条件方面的投入是显而易见的，但在软件构建中，高校应转变课程思维观念，将构建高校内部面向全体学生和教职工的体育公共服务提升到统一认识上来，提升高校体育综合育人的能力和水平。

综上所述，经过几十年的发展，中国普通高校体育事业发展呈现良好态势，软硬件建设方面、更多学生参与体育锻炼、体育促进健康理念逐渐深入人心等有较大进步与改观。但高校体育治理结构和治理效能距离师生期盼的结果还存在一定差距，如：高校体育治理的组织结构设置不合理，体现为学校体育运动委员会机构设置虚化、高校体育教学部的职能定位模糊、高校体育专门管理人员配备缺位；高校体育治理利益相关主体参与缺位，体现为高校体育利益相关者部门参与缺位、高校体育利益相关者个体参与不足；高校体育治理的制度建设与落实不力，表现为高校贯彻执行国家相关体育法规不彻底；高校体育运动委员会章程建设滞后，高校内部体育工作制度建设不够全面；学校体育的功能价值尚未得到全面认同，进而在高校体育权力运行和资料调配中屡屡受阻；高校体育教学管理采用的是"直线型"管理模式，具有浓厚的行政化色彩，加之体育部和教务处缺乏沟通协商，容易造成教学管理脱离实际等。基于上述问题，本书将在下一章探讨高校体育治理中存在问题的原因。

第 五 章

中国普通高校体育治理结构问题成因探析

　　进入新时代以来，高校体育和大学生体质健康被纳入教育现代化和办学水平评价指标体系。高校体育工作紧紧围绕促进大学生身心健康全面发展的基本目标，提供体育课程改革、校园体育文化繁荣创新、体育与教育融合发展、提升体育服务能力建设等措施，推动高校体育治理体系与治理效能改革创新，支撑高校体育发展的评价机制、保障机制和推进机制建设取得一定实效，进而推动高校体育不断改革发展创新。"完善治理结构，营造工作环境，狠抓政策落实，注重工作实效"正成为高校体育治理革新努力方向。就目前而言，中国高等体育治理体系和治理水平亟待提高，距离人民满意的高校体育发展格局还存在不小差距。

　　唯物辩证法认为，任何事物的产生、发展和灭亡，总是内因和外因共同作用的结果，但内因是事物发展的根本原因，外因是事物发展的第二位的原因。"外因是变化的条件，内因是变化的根据，外因通过内因而起作用"[①]。就高校体育治理结构问题而言，外部原因如国家的政治体制、经济发展水平、社会文化环境等，对高校体育治理会产生巨大影响，这些影响主要体现为行政政策主导下的文件法规颁布与实施。而对该问题起决定作用的是高校内部要素，也即高校内部体育治理结构问题。因此，本书将高校体育治理结构问题成因聚焦于高校内部。

　　诚如上一章中所呈现的问题，高校体育治理结构性矛盾是制约高校

---

① 毛泽东：《毛泽东选集》第一卷，人民出版社1951年版，第277页。

体育职能更好发挥的深层次原因。通过调研与分析，本书认为其致因主要集中于：高校体育管理走向治理的历史积弊和治理主体参与缺失（历史与现实因素）；高校领导治理意愿和体育地位弱势（主观因素与客观因素）；政府对高校体育工作的监管缺位与内部治理执行乏力（外部与内部因素）等（见图5—1），这些因素构成了高校体育治理结构困境的主要原因。

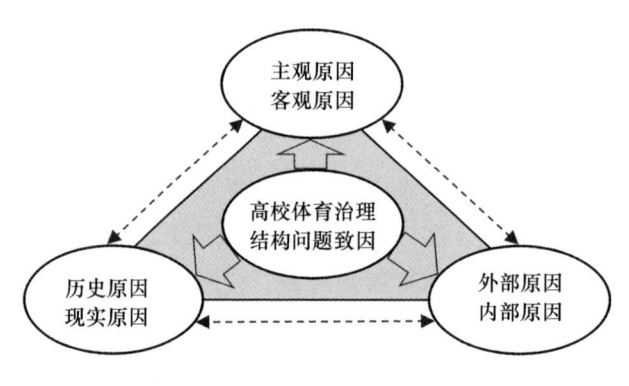

图5—1　校体育治理结构问题成因

第一节　历史因素与现实因素：管理体制固化、管理观念滞后

经过多年发展，高校体育治理从机械模仿与自主探索，到艰难恢复与稳步发展，再到锐意改革与特色重塑，积累了一定的经验和有成效做法，但放到教育治理体系与治理能力现代化的时代背景下，还有诸多方面需要进一步改进和优化。高校体育治理结构是高校体育利益相关主体获得体育权利的组织与制度保障，治理结构的健全与否，直接影响到高校师生体育权利的表达。上文所述高校体育治理结构问题，从历史因素看，主要是长期形成的管理体制逐渐难以适应新时代高校体育事业发展需求；从现实因素看，高校体育利益相关者主体参与体育治理的情况还不够理想。因此，管理体制积弊和利益相关主体参与缺位、责权边界不

清,已成为高校体育治理结构调整所要克服的因素之一。

一 体育管理体制机制呈现路径依赖

体育管理体制,是指体育管理范围、权限职责、利益及其相互关系的准则,它的核心是管理机构的设置①。这里所谓高校体育管理体制,是指高校在体育工作中的机构设置、权限划分、运行机制等方面的体系和制度的总称。当前,高校体育的主要矛盾是大学生和教职工日益增长的体育服务需要和急需变革的管理体制之间的矛盾,简单地说就是大学内部各治理主体及其相互之间的关系,具体表现为大学内部的组织机构设置架构②。调查显示,学校体育管理体制与日益发展的外部环境不相适应,与高等教育治理现代化的要求还存在差距,管理的理念和方式有所滞后,致使与以"享受乐趣、增强体质、健全人格、锤炼意志"为主导的多元化、多样化高校体育治理理念存在不相吻合现象。

目前中国普通高校在体育事业管理中,采用的基本组织框架是"学校党委行政—体育运动委员会—体育部/学院—学生"。诚如上文分析的,高校体育不仅指体育课,还包括诸多课堂之外的体育事项,管理主体也应体现多元,而在现实管理过程中主要由体育部具体负责全校体育工作,校体委和其他相关职能并未很好发挥应有的职能作用(见图5—2)。调查显示,过去行政主导下的高校体育的管理体制和运行机制,越发难以适应新时代高校体育的发展要求,尤其是高校师生员工日常体育健身指导等体育公共服务,这种管理体制的路径依赖成为高校体育治理改革创新的障碍之一。

"路径依赖"类似于物理学中的惯性,事物一旦进入某一路径,就可能对这种路径产生依赖③。自20世纪80年代后期各高校相继成立"体育运动委员会",该机构成为了管理高校体育事务的校级机构,一直沿用至今。该机构在高校体育治理中发挥了积极的历史作用,基本形成了中国

---

① 贾志强:《新时期我国体育管理体制与运行机制研究》,《北京体育大学学报》2007年第9期。
② 李旭炎:《现代大学内部治理结构研究》,人民教育出版社2016年第48页。
③ 时晓虹、耿刚德、李怀:《"路径依赖"理论新解》,《经济学家》2014年第6期。

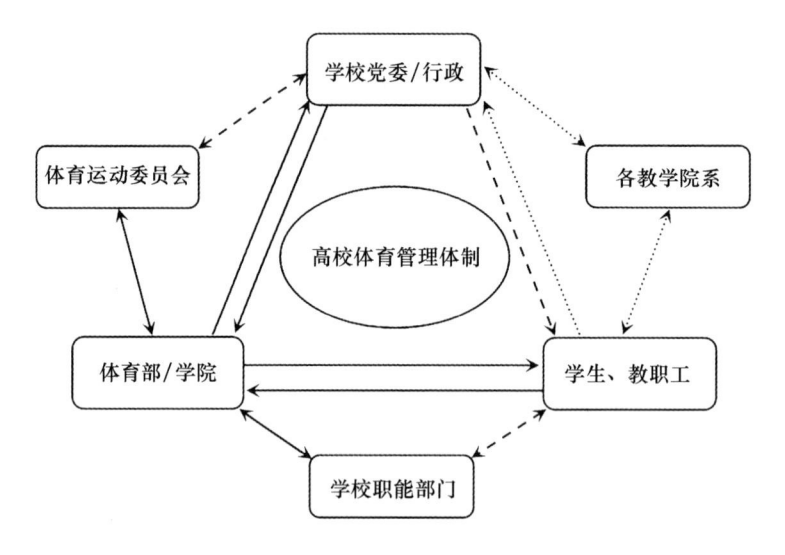

图 5—2　中国高校体育管理架构示意

注：图中的实线代表所指能够形成治理互动；虚线则表示其在工作中较难形成协同和互动。

特色的高校体育管理体制。随着高校体育职能的拓展、师生员工对体育权利的追求和对体育获得感的期望，这一管理模式已不太适应新时代高校体育治理逻辑，亟须改变。由于中国教育管理体制的长期影响，高校体育管理体制与运行机制具有明显的路径依赖特征，多年来高校体育的认识上存在较大误区，在许多人看来，"高校体育＝体育课＋校运会""高校体育工作＝体育教师的工作""高校体育管理部门＝体育教学部"。鉴于此，中国高校体育传统管理体制的历史局限性具体体现为：组织机构设置固化、机构成员配备不合理、管理主体责权界定不清等问题。

（一）高校体育管理机构设置僵化

高校体育管理是一个系统性工程，不仅管理机构与管理权力主体较多，而且管理内容较为复杂，涉及高校体育人力、物力、财力等方方面面。在高校体育科层制的管理系统中，基于权力结构大致可以分为两个层级：第一为决策层，权力主体为高校体育运动委员会或者主管体育的副校长，其职责主要是做出学校体育发展重大决策、制定学校体育发展规划、计划或实施方案等；第二为执行层，该层一般横向关联多个行政机构，而主体为体育部（室），一般由决策层直接领导，既是决策层的"参谋部"，又是决策的具体执行机构，具有承上启下的地位和作用。这一体育管理结构在实际运行中，主要是体育部为核心具体开展工作，而高校体育运动委员会，虽然名义是高校体育的最高权力机构，但在实际工作中由于未配备专职管理干部、无专职工作人员，也无专属办公场所，很难行使实际决策职能。许多高校实行的是"一套班子，两块牌子"，即将体育运动委员会挂靠在体育部，行政公章由体育部领导掌管，存在"即当运动员又当裁判员"的情况。在横向跨部门合作上，由于决策执行层的若干执行机构彼此没有行政隶属关系，功能发挥较为单一，彼此之间缺乏协调，甚至存在推诿扯皮的现象，难以形成工作上的合力。

（二）高校体育管理机构成员构成单一

高校体育运动委员会是高校体育治理非常设机构，实行的是体育重大决策委员会制，委员会做出的决策必然要广泛的反应各个利益群体的体育利益诉求，委员人选一定要能够代表高校主要群体的利益。调查显示，大部分高校校体育运动委员会委员通常主要来自教学院系的分管学生工作的书记/副书记、学校职能部门的负责人、体育教学部的领导，而极少有高校将学生和非职务教职工纳入委员会。高校体委成员构成随意性较大，多采取"席位制"而不是选举制，即谁担任职能部门和教学院系的相应行政职务，谁就自然成为体育运动委员会委员。高校相关体育管理规定中并未明确体育运动委员会的具体人员、数量和任期，也未明确体育运动委员会的具体决策运作程序。

从人员构成看，学校体育运动委员会由主任委员、副主任委员和委员组成。高校体育运动委员会的成员是席位制非正式选举产生，根据行政职位自然成为运动委员会成员（委员）。即谁担任教学院系的副书记和职能部门领导，谁就自然成为校体委委员，不考虑其个人是否人岗适切，因此，高校体育治理事务的参与质量难以得到保障。调查中有部分体委成员坦言，自己对体育工作规律一知半解，平时也不怎么参加体育运动，只是每年参加1—2次全校体育工作会议。学校对委员没有明确职责，即便有职责规定而不履行也没有相应的问责。

（三）高校体育管理主体责权不明

合理的责权利分配是驱动组织运转的重要因素，责权利之间的良性关系传导会促进组织的发展①。高校体育治理效能的有效发挥，离不开管理治理主体的履职尽责。调研显示，部分高校制定了《体育运动委员会章程》，从形式上看，《章程》规定了运动委员会主任、委员及秘书长的工作职责和权限，但由于人员设置上存在一定的缺陷，导致在高校体育管理过程中履职不力和责权不明。如 W 大学在"体委章程"中要求学校各职能部门应积极配合体育职能部门，进行高校体育工作的管理教学、群体竞赛和文化交流等事宜，但由于校体委的职能体现不够，使得体育部在教学、科研、竞赛以及与各职能部门的协调等方面面临许多困难。某高校的体育部门计划举行一场体育文化节，学校领导很支持，但是具体的经费开销、场地协调、安保安排等工作，体育部门没有资源调配的权限，在实际运作中不能不到处打报告、求协调。

上述问题在 K 大学也不同程度地存在。在与 K 大学体育教研室刘主任交谈时，他指出，在高校体育治理中大到高校体育治理的宏观权力生态，小到某项体育工作的微观权力生态，一定程度上存在失衡的问题。以体育课程权力为例，体育课程设定和内容安排应有体育教师和学生的参与，在体育课程编制、实施、评价中学生和体育教师的主体地位应得到尊重与实现（见图5—3），但在实际工作中这仅是一种应然建构。在体育课程管理中，三大权力主体，即体育教学委员会、教师与学生的权力本身就是不均衡的。

从体育教学委员会看，在体育课程编制权上，具有行政主导、权力独大的特征，无论是体育教学的标准与计划，还是具体教学项目的选择，决定权均在于体育课程委员会，而体育教师和学生极少参与其中，同时缺乏利益诉求的平台与渠道。另外，由于体育课程在高校的特殊性，教务处较少参与体育课程开设与建设工作，课程设置、排课、教学、评价、反馈等环节的主导权为体育教学部/学院。拥有相对集中体育课程编制权

---

① 张凌志：《责权利的传统意识、现代视角及在管理工作中的应用》，《领导科学》2019 年第 12 期。

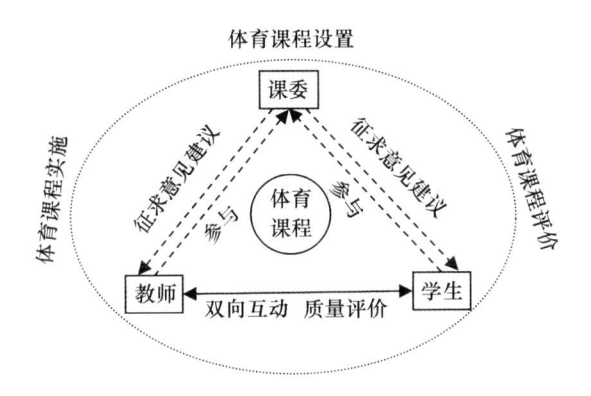

图 5—3　K 大学体育课程权力生态

的体育部门领导兼任课程监督的负责人，加之校体委的权力被"棚架"，这就造成了体育课程权运行中监督的缺失。从体育教师看，由于其体育课程编制上处于权力结构底端，加之其在体育课程实施与评价中受制于学校体育管理体制、评教等因素的影响，其体育课程权力便呈现出一种虚化。这种权力虚化的结果，往往是体育教师对专业权能的淡漠、对体育课程标准与方法的简单复制以及由此造成的"职业倦怠"。从学生看，其权力意识淡薄、权力表达渠道不畅，其体育课程权力往往被置于边缘，学生在体育课的选择上往往被动接受。在高校体育课程治理方面，体育教师、学生和教务部门主体参与的缺失，一定程度上造成了高校体育教学成效不理想。

（四）高校体育管理机制有待创新

运行机制是指组织或者机构在进行工作、开展活动时，其内部各个构成要素之间相互联系、相互制约的方式及其条件[①]。建立健全高校体育管理制度、工作制度，是高校体育治理中的制度性保证，更有利于高校体育运行机制的顺利推进。长期以来，在高校体育认识上存在较大误区，在许多人看来，"高校体育＝体育课＋校运会""高校体育工作＝体育教

---

① 文海燕、熊文、季浏：《对"体育管理体制"概念的解析》，《山东体育科技》2013 年第 1 期。

师的工作""高校体育管理部门＝体育教学部"。正是有了这样的认识，使得高校体育工作的运行机制和日常工作管理流程呈现了一个部门（体育部）统管全校体育事务的工作局面。如涉及全体在校学生的体育公共必修课程，应由高校教务处来进行课程设定、课时分配和课堂安排的工作，基本交由体育教学部来负责实施完成。大学生体质健康测试工作是高校为主体单位实施的、对大学生体质健康状态动态监控的一项行政工作，但由于职能划分和既有的习惯做法，该项工作全部由体育部来实施，包括实施过程、数据采集、后期数据处理以及上传教育部网站等；关乎高校教职工体魄强健的群体工作，本应由工会来负责牵头实施，但由于专业性及惯有的路径依赖，该项工作仍由体育部来负责全程实施。

高校体育不仅仅是体育教学部和体育教师的工作，应该是体育教师为主、职能部门协作、学校领导统筹、体育教学部实施、全校师生积极参与的一项事业。根据高校体育各项工作的归类，可简单将其划分为课内部分和课外部分。学校体育运动委员会，将学校体育的具体实施权下放到体育教学部，那么体育教学部对课内、课外体育的有效开展、有序运行负有管理与执行权。但体育部在整合校内体育资源的会遇到组织障碍，其主要原因是高校体育部和其他职能部门以及教学院系同属于处级单位，在整合教学、训练、场地和服务等事项时，应由学校体育运动委员会来统筹、协调，但该机构属于非常设机构，没有专职管理干部和工作人员，势必导致体育部在体育工作中职责权不对等。因此，中国高校体育的管理体制和运行机制，存在诸多不适应新时代高校体育发展之处，成为制约高校体育治理能力有效发挥的因素之一。

二 体育职能部门领导管理观念陈旧

高校是人才培养、科学研究、社会服务、文化传承创新和国际交流的公共性组织，高校的治理主体内部则表现为政治、行政、学术、监督诸权力的协商共治，其治理主体的广泛参与和共建共享是现代大学制度的基本遵循[1]。据此，高校体育的治理是高校公共属性的体现内容之一，

---

[1] 李立国：《大学治理的转型与现代化》，《大学教育科学》2016年第1期。

其治理逻辑理应遵循共享共治原则。调查显示，高校教职工与学生参与体育治理的权利保障机制不健全，部分领导对体育工作的认识还停留在"上好体育课，办好运动会"的传统观念上，传递的信息自然与体育治理理念是相悖的，如体育健身权利的保障不足以及体育治理参与权利的保障缺位，表明高校体育利益相关主体管理观念陈旧，制约着高校体育治理从单向管理走向多元主体共治。

（一）高校赋予师生体育权力的意识淡薄

以人民为中心的发展理念，成为新时代贯彻新发展理念的根本遵循。高校体育的主要使命之一是促进人的全面发展，保障在校学生和教职工的体育权利的有效满足。当前作为体育治理关键行动者的地位没有得到充分彰显，教师和学生的参与度和话语权被弱化，大学生和教职工的意识还较为淡薄。究其原因，体育工作还没有得到应有的重视，部分高校在赋予师生体育教育、体育锻炼和体育治理等参与权力方面的意识还不强，在体育治理架构中较少吸纳学生代表和教职工代表。H大学体育学院党总支书记表示，公共体育在高校基本属于边缘地位，开设体育课、完成学生体质测试成为体育工作的重要内容，近年来学生课余体育健身热情高涨，师生体育公共服务需求旺盛，已有的管理模式和组织形态越发难以有效进行资源调配。学校领导尽管表示重视体育工作，但在实际工作中很少将学生体育权力诉求放在重要位置，职能部门在涉及体育事务上也没有充分考虑学生的主体性。

新公共管理理论强调，组织目标实现的重要保证是鼓励和支持利益相关者参与到与自身利益有关的治理活动，在信息共享中保证利益各方都可以得到有效而及时的反馈，这将有助于治理效能的提升。学生作为大学直接利益相关者之一，是大学治理结构中的重要治理主体。学生作为直接利益相关者，不仅是学校管理和服务的对象，同时也是教育教学和管理活动的重要参与者，学生的主体地位不仅为学习权利提供了合法性基础，也构成了学习权利的重要来源，在合理范围内赋予学生一定的权利，既是尊重和维护学生主体地位的重要体现，也是大学履行育人职能，保障学生受教育权，促进学校科学发展实现的需要。学校应重视学生的体育利益诉求，提高赋予学生参与体育事务的意识，拓展渠道使学生有机会参与到学校体育活动与竞赛日常管理工作中。

(二) 高校师生主动参与体育治理的动力不足

在高校体育利益相关者中,在校学生、教职工和体育教师三个群体应处于核心位置。根据笔者的调查,目前中国部分高校在校学生和教职工主体地位没有体现,参与学校体育治理的动力不足,主动参与的意愿不强。教师和学生有享受体育锻炼并接受专业指导的权利,但目前鲜有高校将师生体育运动权提升到一定的高度并予以重视。

(1) 在校学生参与高校体育治理的动力不足。学生参与大学内部治理,是大学治理体系与治理能力现代化建设的重要表征[1]。大学生是高校体育实施教育教学的主体,也是高校校园体育文化建设与服务的主体,体育事业发展成效最又发言权的群体。鉴于此,高校体育治理过程中大学生是不应缺席的。多年来,高校体育管理体制沿袭了计划经济时代行政指导下单一性管理主体模式,学生在决策与执行中缺乏话语权。立足高校体育新发展阶段,这一路径依赖形成了高校体育管理格局有待被多元主体协同治理结构打破。比如在美国,大学各个层次的委员会都设有一定数量的学生席位,学生参与大学决策的权利也得到了制度上的保障[2]。《宪法》第四十六条规定,"国家培养青年少年儿童,在品德智力体质等方面全面发展",可见,发展青少年体育成为一项受法律保护的发展权。囿于体育价值功能没有得到广泛认同,大学生自身体育权利意识淡薄,许多大学生认为体育只是简单的锻炼身体和排解压力的手段,很少会有人将体育上升到权利的高度来认识。

大学生参与包括体育事务在内的高校内部治理,有着重要的价值。有研究者强调,大学生参与包括体育事务在内的高校内部治理,基于政治学维度,是"合法性"与"正当性"的基本属性;基于经济学维度,是实现高校利益最大化的基本目标;基于社会学的维度,是"民主社会"与"公民社会"的最好彰显;基于管理学维度,是"分权思想"

---

[1] 王晓茜、姚昊:《大学生参与大学内部治理行为的影响因素研究——基于多群组结构方程模型的实证分析》,《重庆高教研究》2021年第3期。

[2] 陈阳:《高校传统权力结构模式的缺陷及优化研究》,《黑龙江高教研究》2012年第2期。

与"权力制衡"的重要体现；基于教育学的维度，是"以人为本"教育理念的深化发展；基于学生培养与发展的维度，是大学生成长所需、国家发展所需、社会进步所需①。有研究强调，在获取平等参与高校体育治理机会、通过体育参与获得自身的全面发展、高校为其体育参与赋权增能等方面，大学生有着强烈的现实诉求②。但在高校体育治理中，普遍存在大学生主体缺位与失位的问题。高校体育治理中大学生主体地位缺失，以及高校体育的异化，抑制了大学生体育参与的能动性与积极性，甚至引发大学生对高校体育的抵触、逃课、"出勤不出力"现象。

（2）高校教职工参与高校体育治理的意愿不强。教师参与高校体育治理程度较低，意味着高校体育治理结构中体育教师主体地位的缺失，未能在高校体育治理场域中发挥其应有的作用，有利于满足师生体育获得感和幸福感。《关于新时代教师队伍建设改革的意见》要求，"突出教师主体地位，落实教师知情权、参与权、表达权、监督权"，明确了教师参与高校体育治理的权利。总体而言，教工群体的体育诉求和体育权利难以得到有效保障，致使高校教职工对体育治理的关注与参与热情不高。职工参与包括体育治理在内的校内公共事务的意愿不够强烈，各有各的原因，其中共性的因素是长期受传统文化中的"实用理性"和实用精神，公共精神普遍匮乏所致③。一般认为高校体育的服务对象是在校学生，体育课程开设、体育场馆建设、校园体育文化构建、学校体育活动开展、对外体育竞赛交流等工作都是围绕学生体育进行的，而事关教职工的体育公共服务普遍建设不足，致使高校教职工关心关注体育事业的热情不高。

（三）体育教师群体参与体育治理的缺位

体育教师的能力素质直接决定着学校体育工作的整体效能以及各项

---

① 周娜：《学生主体参与大学治理的机制研究》，博士学位论文，西南大学，2017年。
② 朱海莲：《高校生理性弱势学生体育教育的改革诉求与优化路径研究》，《浙江体育科学》2019年第6期。
③ 刘爱生：《为什么我国大学教师不太愿意参与治校——基于组织公民行为理论的探讨》，《高教探索》2020年第2期。

政策方针能否落实到位①。体育教师既是高校体育教育教学的主导者,也是高校体育治理的重要参与者,其参与程度与质量,直接关系着高校体育治理的效能的高低。但从现状看,教师参与高校体育治理还不尽如人意。表现在:首先,教师参与高校体育治理的程度较低而且呈被动式参与表征。有研究指出,"知识是文化资本的行为惯习""文化资本遵循知识演进逻辑而运行"②。作为"从事生产性工作"高校教师,其职能与"知识生产与传播"密切相关③。基于这种文化属性,高校体育教师的基本职责在于体育教学、体育科研等相关事务上,而对于高校公共体育事务关注度、积极性不高,较少有体育教师把时间和精力投放在高校体育治理中。客观现实是,高校体育教师每周的工作任务十分繁重,每位教师平均每周工作 22 学时左右,加上个人的科研工作和学生竞赛组织工作也会花费大量时间,体育教师对"与己无关"的事务有一定的抵触情绪。调查显示,体育教师偏好参与高校体育治理的决策内容,排在第一位的是体育科研,第二位是职级晋升与待遇,第三位的是体育教学,然后是人事、后勤资产等。作为高校体育具体工作的实施者、亲为者,理应在高校体育治理中具有显著的话语权和参与权,他们是最能够发现高校体育问题和赌点的人,他们的建议是很具参考价值的。如何发挥这个群体的参与积极性和主动性,是高校体育管理部门需要认真思考、认真对待的问题。

综上所述,高校师生参与体育治理的意愿不强、治理效果不彰,主要原因在于治理机制不顺、治理结构失衡,而改进的关键在于完善师生参与体育治理的制度设计④。高校体育治理结构的变化是高校体育适应新需求和新变化的结果,高校师生参与体育事务的监督、有限参与体育事

---

① 高鹏、林娜:《新时代高等体育院校体育教师教育模式改革研究》,《北京体育大学学报》2021 年第 9 期。
② 何晓芳:《大学治理场域中的资本、惯习与关系》,《大连理工大学学报》(社会科学版) 2012 年第 3 期。
③ 郭卉:《大学治理中教师与行政人员的关系:基于社会资本的研究》,《现代大学教育》2005 年第 3 期。
④ 刘爱生:《为什么我国大学教师不太愿意参与治校——基于组织公民行为理论的探讨》,《高教探索》2020 年第 2 期。

务的决策，是高校体育治理结构从简单走向成熟的表现，学生参与事关切实利益的事务，是公民意识教育的有效途径，更是化解高校体育治理中利益各方矛盾冲突的解困之道。

第二节 主观因素与客观因素：革新意愿欠缺、体育地位弱势

2020年国务院下发的《意见》指出，"贯彻新发展理念，构建科学合理、切实可行、运转高效的现代化学校体育高质量发展体系，担起党和国家赋予学校体育的时代重任和历史使命，意义重大，影响深远"。全社会应充分认识学校体育对学生健康成长的重要意义、学校体育对幸福家庭的重要意义、学校体育对健康中国的重要意义。多年来，学校体育不被广泛重视，具体工作中让位于学校其他学科已是不争事实，这一客观存在的片面认识传导至高校，为高校体育治理带来了诸多现实困境。在高校体育治理结构问题的主观因素方面，高校领导层的主观认识和治理意愿，对高校体育治理结构优化产生巨大影响。

一 校领导缺少治理改革创新主动性

高校领导是学校教育工作的第一责任群体，领导意志对推动某项工作有效开展起着决定性作用，就高校体育而言，校领导的体育治理意愿决定着高校体育治理格局和体育资源获取的程度。调查显示，中国部分高校的学校领导对体育工作治理的意愿还不够强烈，对体育工作的重视程度还有待提高。

（一）高校领导对体育工作重视不够

中国著名的教育家、体育家、南开大学的创始人张伯苓先生说："我觉得不懂体育的，不应该当校长。"尽管这句话拿到现在讲，有人可能会质疑过于片面，但站在高校培养德智体美劳全面发展的国家合格人才高度看，也是不过时的。时任湖南师范大学校长蒋洪新也曾公开表示：一个校长，必须重视体育，不重视体育的校长不会是称职的校长，不懂得体育的校长也不可能成为真正的教育家。笔者在实地调研中发现，个别

高校的校长带头进行体育锻炼，高校体育健身氛围会蔚然成风，学校体育硬件设施建设力度就大。这侧面反映了中国高校在行政主导的情况下，校领导的意志对体育工作具有决定性意义，因此，在高校体育治理中校领导或者领导层的重视与否，能够极大影响该校体育事业的发展。比如清华大学，历任领导都十分重视体育工作，该校"无体育不清华"成为中国高校体育事业发展、体教融合发展的一面旗帜。在调研访谈中，受访者大都会提及学校领导对体育工作的重视程度，较大比例的受调查者给了较低的评价，也即他们认为学校领导不太重视体育工作，说明高校领导在体育工作重视度上有待加强。

整体来说，高校体育工作这些年有所改进，校级领导层至少在谈话中大都认为体育工作很重要，在硬件投入上高校还是较为慷慨的，许多高校的体育场馆成为学校的地标性建筑。高校重视体育的氛围在党的十八大以后有了显著提高，学校体育工作的整体提升需要一个持续努力的过程，学校领导层的意志很关键①。学校体育是学校教育的有机组成部分，理应得到平等对待，但现实中"说起来重要、干起来次要、忙起来不要"的情况依然存在。体育对促进人的身体机能健康作用早已得到医学界证明，体育教学与体育锻炼是增进学生体魄强健的重要手段，中国青少年身体素质连续二十多年下滑，截至 2020 年，部分指标有所好转，但青少年体质的总体状况仍然堪忧。

笔者访谈的一位分管学校体育工作的副校长就坦言，"不是学校领导不重视体育，而是重视的程度还没有达到人们的期盼高度。我们校长也是有体育需求的，体育的重要性自然都是清楚的，如果简单粗暴地认为学校领导不重视体育，是存在误解的"。由于各个高校的历史积淀和体育传统有差异，在高校阶段性发展中，人财物聚集学科与专业是有侧重的，不可能形成统一标准来评价高校领导重视程度，但有一点不可否认，校领导的体育治理意愿是推动高校体育发展的主要力量。

（二）高校领导的体育治理工具有限

治理工具指的是参与治理的各主体（尤其是政府或公共部门）为了

---

① 王力：《新时代背景下体育的不平衡发展问题探析》，《当代体育科技》2019 年第 9 期。

实现治理目标而采取的行动策略或方式①。据此，高校体育治理工具是高校为达成体育治理目的而采取的手段与方法。多年来，高校体育被认为是一门公共必修课程，基于这层逻辑，对于高校体育的治理所涉及的广度和深度相对要简单一些。随着高校体育职能拓展，学生体育诉求多元化以及师生对高校体育公共服务体系的需求，使得高校体育从课程思维走向了公共服务思维，相应地高校体育治理也从课程治理走向更广泛的高校场域内的公共事业治理。那么，高校体育的课程思维和课程治理工具，逐渐无法适应新时代高校体育公共服务思维和治理模式，需要在思维层面转变观念和操作层面转变方式。高校试图以规制的方式来实现体育综合价值目标的做法已经不合时宜，必须实行治理工具的创新来解决治理问题。

长期以来，高校体育主要解决两个问题，一是开齐开足体育课；二是完成大学生体质健康测试工作，而这两项工作基本上由体育部负责完成，这一管理模式沿袭多年。进入新时代，高校体育的职能进一步拓展，被赋予了更多的使命，单纯的体育课已经无法完成任务，就需要进一步深化管理体制改革，或者说过去的治理工具已经难以很好解决现实问题。表面上看，高校建立了管理组织架构——体育运动委员会和体育教学部，客观讲目前高校体育运动委员会制度大都是搭建了框架，其实质职能没有得到应有的体现。学校领导如果将体育运动委员会作为高校体育治理的"牛鼻子"，可能会面临治理工具匮乏的窘境。鉴于此，目前高校体育治理结构需要进一步完善，深化高校内部组织机构改革，完成组织架构重建、实现机构职能调整。完善机构设置、调整机构职能、科学配置人员。

二 高校体育工作整体处于弱势地位

根据笔者的调查研究，制约高校体育在治理结构优化的主要客观因素，一是高校体育的教育与健康促进价值尚未得到广泛认可，较之其他

---

① 张璋：《政府治理工具的选择与创新——新公共管理理论的主张及启示》，《新视野》2001年第5期。

学科专业，体育在高校的地位不平等；二是高校体育长期以来定位为公共课，较之其他学科专业，在高校资源获取中处于弱势地位。

（一）高校体育的价值没有被广泛认可

在调研中，笔者与受访在校大学生和教职工谈及"对高校体育的认知"时，大部分受访者表示，体育就是指体育课。在"体育的价值有哪些"问题回答中，多数人认为体育可提高身体素质、增进健康，诸如调节情绪、团队协作、挑战自我、遵守规则、尊重对手等作用，则较少被提及。笔者与某高校分管体育工作的 H 副校长交谈中，他也直言不讳地说，当前高校体育在高校的价值被低估是客观存在的。由于高校体育在人才培养、科学研究中作用没有被广泛认可，相应地在高校的课程地位是可以想象的。近年来部分综合大学争相创办体育专业，体育教学部转设为体育学院，一定程度上反映了高校体育工作者争取平等话语权的诉求。

学校体育的存在意义在新时代被定义为"享受乐趣、增强体质、完善人格、锤炼意志"，这为学校体育的价值延展指明了方向。《基本标准》指出："高等学校要充分认识加强学校体育工作的重要意义，牢固树立健康第一的指导思想，把体育工作摆上重要位置，切实加强领导和规范管理。"联合国教科文组织发布的《国际体育教育、体育活动和体育运动宪章》指出，"体育教育、体育活动和体育运动可以增强对于身体的自信、自尊和自我效能，舒缓压力、焦虑和抑郁，改善认知功能，培养多种技能和态度，例如合作、交流、领导能力、纪律、团队合作，这些都有助于在取得成绩和学习的同时参与生活的其他方面，从而改善精神健康和心理健康，提高能力。"可见，高校体育健体育人的价值有待被在校学生、高校教职工和高校各级管理部门认可。

（二）长期以来高校体育的自身定位模糊

长期以来，高校体育在高校中的地位没有得到应有的认可，原因是其定位不清，以及由此带来的价值彰显不足。学校体育长期得不到认可、自我定位矛盾的深层次原因，主要有学校体育存在体育教育体制陈旧、体育与健康教育割裂、健康教育处于边缘化、健康教育评价标准缺失、体育教师健康教育素养低下等现实困境①。高校体育多年来定位为"公共课",即所谓的"副科",因此在高校资源配置中,常常要让位于优势学科与专业发展。笔者与体育治理方面专家交流,形成一个共识,那就是当前和今后很长一个时期,高校体育的职责,已经不仅仅是开齐上足体育课,而是要为高校师生甚至高校社区居民提供优质的体育公共服务。高校体育的重新定位,也为高校体育治理带来新的挑战和机遇,挑战体现为高校体育工作者的工作样态会发生改变,工作内容也将发生变化;机遇则体现为有利于扭转高校体育在学校的地位,进而在体育治理结构改革中获取资源与支持。

《中华人民共和国体育法》(2021年修订)规定,"学校必须开设体育课,要作为考核学生学业成绩的科目",体育的必修课程地位是有法律依据的。高校体育是学生接受系统体育教育的最后一个阶段,肩负培养中国特色社会主义事业的合格建设者和可靠接班人的重任。高校在体育治理中将体育育人效能作为工作的出发点和落脚点,把"学生体质健康状况作为评价高校工作的重要依据"这一规定落到实处。全社会应该转变观念,真正认识到体育在增强体质、锻炼意志方面无法替代的作用。体育的价值在于创造文化、提升人的生活质量和构筑理想的人文世界,全社会还应该形成体育促进健康的共识。高校体育治理结构的变革是涉及高校体育治理组织的变革,根据组织变革理论,组织变革要实现目标,就要使公共组织承担更多的公共责任②。高校体育机构的设置和优化,其主要的目的是更好地服务于高校体育事务,满足师生的体育生活化需要和运动促进健康需要。

第三节 外部因素与内部因素:外部监管松散、内部执行欠佳

学校体育政策是国家推动学校体育建设与发展的重要手段,也是衡

---

① 陈曙、王健:《健康中国视域下学校体育的时代使命、现实困境及发展路径》,《北京体育大学学报》2020年第5期。

② 陈振明:《公共管理学》,中国人民大学出版社2017年版,第56页。

量国家对学校体育发展重视程度的重要体现。新中国成立以来，国家出台了130部有关学校体育的法规文件，涉及体育课教学、大学生体测、校园体育、体育管理、体育场馆器材等方方面面，可谓"政策红利"颇丰。不可否认，依靠政策驱动和制度引领，中国学校体育事业的发展取得了长足进步，但国家法规文件在高校落地生根、讲求实效方面，依然存在诸多不足，其中有两方面较为突出：一是外部因素，国家对高校执行法规文件的监管没有落到实处；二是内部因素，高校在执行国家文件时存在选择性执行和被动性执行等现象。

一 高校体育文件落实监管缺位

研究高校体育治理结构，学校体育政策是一个不可或缺的考察维度。随着高校体育被赋予更多职能、高校师生体育需求多元化发展，基于教育强国与体育强国战略，虽然国家颁布了一系列的政策法规，高校体育也在积极完善治理体系，但二者之间的互动还存在一定的障碍。国家在颁布文件法规后，对高校执行情况缺少必要的监督与评价；有的文件是指导性表述，为高校执行带来具体实施困难，同时也为高校选择性执行、打折执行提供了变通空间。

（一）文件法规的行文以原则性、指导性为主

指导性文件是指用于上级机关或有关主管部门阐述和说明开展某项工作的基本思想、原则、要求，并对工作进行原则性指导的文件，指导性文件仅供参考。当前，高校体育在制度执行中存在的问题是国家教育部文件指导性为主，要求与监督没有形成闭环，未建立实质性的监督细则，抑或监督要素缺失，对高校体育工作开展实质性监督很难实现。高校体育法规的制定多以指导性为主，如《意见》要求，"把体育工作及其效果作为高校办学评价的重要指标，纳入高校本科教学工作评估指标体系和'双一流'建设成效评价。对政策落实不到位、学生体质健康达标率和素质测评合格率持续下降的地方政府、教育行政部门和学校负责人，依规依法予以问责"。文件的指导思想是明确的，然而在具体操作层面，高校的灵活度、变通性还是有的，比如：高校体育效果怎么衡量？具体尺度是什么？谁来评价这个"效果"？是否简单将学生体质测试数据作为

评判标准？这些事关具体政策落实的问题，并没有从文件中找到明晰的答案。

多年来，教育部制定了若干指导性的文件，这些"意见"文本的指导性与原则性，如《基本标准》，"原则上"要求高校"设置体育工作机构，配备专职干部和工作人员，并赋予其统筹开展学校体育工作的各项管理职能"，笔者调查走访 50 余所高校了解到极少有高校配备了专职体育工作干部，2016 年中央民族大学曾配备了校体育运动委员会专职副主任，主抓学校群体工作，也仅仅存在了 3 年时间，又回归到原先的"体育部/学院统管一切"的状态。《基本标准》是目前为止出台针对高校体育工作的最权威的文件，高校应该对标整改，尤其在治理架构中，将学校体委机构"实体化"并配备专职职员。在对全国 300 多所高校的调研中，极少高校遵照执行，不执行的后果是什么？似乎从文件中没有找到答案。文件的权威性，主要体现在执行上。《意见》指出，"要完善学校体育法律制度，鼓励地方出台学校体育法规制度，为推动学校体育发展提供有力法治保障"。有专家建议，国家应将加强学生体育工作上升到法律层面，以法律形式增强强制执行的力度[①]。

（二）对法规文件落实监管力度不够

监督，顾名思义是在各种规章制度健全的情况下，对工作具体执行者，执行过程中和结果的一种检验，目的是使其执行结果能够达到预期目标。它是日常管理工作中不可或缺的一把利剑。调查显示，国家有关学校体育的法规制度在高校执行失之于宽、失之于软，甚至一些文件法规被当作束之高阁的一纸空文。为配合文件的有效推进，2016 年 5 月 17 日，教育部办公厅关于组织开展了《基本标准》实施情况专项调研，每所高校调研时间为 1 天，主要包括听取学校分管领导工作汇报、查阅有关文献、召开相关人员座谈会、实地考察学校体育工作情况等。按照"文件发布—自查自纠—专项调研—汇总发布"的流程，应该说规定动作已经完成，但在调查中，部分体育部门领导直言不讳地表示，只是"表

---

① 项立敏：《我国学校实施"强制体育"的理论与实践研究》，《北京体育大学学报》2013 年第 12 期。

格工程",把数据做漂亮点就可轻易过关,没有触及高校体育的核心问题,监管的力度远远不够。这也一定程度上反映了不少学校体育政策在实施初期都习惯于轰轰烈烈的"风暴式"推进①,然而,当政策的实施真正触及根本、核心、关键性的问题时,却又往往虎头蛇尾。

国家学校体育法规执行监督机制部分缺失,出现新问题或者老问题没有得到解决,通常做法是再制定"提升式"法规,显著的标志是文件名称中加上"加强""进一步加强""全面加强和改进"等字眼,凸显问题的重视和重要。以《基本标准》和《意见》两部法规为例,文件都提到"对学生体质健康水平持续三年下降的学校,在教育工作评估中实行'一票否决'",据调查,尚未出现某高校学生体质健康测试结果会"三年连续下降",也未出现高校被"一票否决"的案例。行政主管部门这种"戒尺高高举起,然后悄无声息放下"的政策监督机制,某种程度上在高校体育治理中已形成了惯习,高校选择性制度执行和降格式文件落实,普遍存在。

这其中的原因,主要存在高校体育监管体制中的行政隶属矛盾问题,比如教育部直属普通高校(包括了"985""211"高校),体育工作的业务指导管理机构是教育部的"体卫艺司",行政级别中是司局级单位,而大部分高校的行政级别是正厅级甚至是副部级,平级管理过程中可能出现不够充分情况;省属高校体育工作者的业务指导管理机构是省教育厅的"体卫艺处",也存在行政级别与隶属上的矛盾,形成"下级部门管理上级部门"的情况。因此,管理层级的不对称与不顺畅使得高校体育工作缺乏有效的指导与监管②。

二 国家体育文件贯彻高校执行偏差

调查显示,高校在执行国家有关高校体育法规文件过程中,存在部分执行、被动执行和异化执行等"政策搁架"现象,在落实文件的过程

---

① 潘凌云、王健、樊莲香:《我国学校体育政策执行存在的问题与应对策略》,《体育学刊》2017年第2期。

② 马德浩:《新时代我国高校体育发展的使命、挑战与对策》,《体育学刊》2018年第5期。

中没有很好发挥能动性和创造性，制定相应文件具体的实施细则，在实际操作中沿袭过去传统做法的现象时有发生，成为高校体育治理结构中制度建设的阻力与堵点。推动学校体育政策的顺利落实，必须做到严格执行上级文件与自身制度建设同步推进。

（一）高校存在被动执行文件法规

国家体育法规体系，尤其是学校体育法规文件是较为健全的，自新中国成立以来，学校体育一以贯之地受到法规层面的重视。制度有效执行是制度制定的生命力体现。调查显示，部分高校在执行国家教育部法规文件的过程中，或多或少存在选择性执行和被动执行的情况。学界研究认为，高校体育制度执行中存在的主要问题有：形式执行、滞后执行、曲解执行、碎片化执行、表浅化执行和疾风骤雨的运动式执行[1]；学校体育政策执行的治理结构"碎片化"问题突出，缺乏整体性[2]；改革开放40年来，高校体育存在政策制定偏于虚化、政策执行路径不畅、政策督导评估体系不完善等问题[3]。一定程度上，高校体育政策在执行层级的问题是高校体育治理的根本性问题，折射出高校体育法规"谁执行、怎么执行、不执行会怎么"这些治理结构难题。

国家制定学校体育发展规划和相应的文件，其初衷是为了促进学生体魄强健，通过学校体育帮助学生在体育锻炼中享受乐趣、增强体质、健全人格、锤炼意志，但许多高校在执行国家文件的时候，只注重了两点：一是要将学校体育课的144个学时开足；二是想方设法使学生体质测试健康合格率达到国家要求。国家是通过开足体育课和学生体质健康合格率达标来促进学校体育的整体提升和有效推进。部分高校曲解了国家的学校体育文件，认为上足了体育课，学生体育体质健康合格率达标就算完成了学校体育工作。事实上从体育的综合育人功能看，学校体育工

---

[1] 潘凌云、王健：《我国学校体育政策执行存在的问题与应对策略》，《体育学刊》2017年第2期。

[2] 樊莲香、孙传方、庄巍：《治理视域下学校体育政策执行过程机制研究》，《体育学刊》2020年第6期。

[3] 杨雅晰、刘昕：《改革开放40年学校体育政策嬗变的回溯与展望》，《北京体育大学学报》2019年第5期。

作所肩负的职能,还包括了通过体育锻炼健全人格,形成勇敢拼搏、公平守纪、合作乐群等优良品质,这些才是体育运动为学生带来的持久珍贵的价值。

高校体育政策落地不实、执行不力,是执行主体的缺失或缺位。制度一旦制定就应该严格执行,但中国高校似乎缺失依照规章制度办事的传统[1]。国家体育法规执行不力的部分原因是高校体育治理结构责权传导制衡机制不畅,也即对高校领导有待形成有效约束,高校对体育教学部门和管理部门(实质上是一体的)未建立实质性的问责机制。比如,对学生体质测试结果的处理,基本是体育教学部/学院内部消化,并未将其作为考核体育教师、教学院系和其他职能部门的一项指标。可见,有必要建立高校体育工作专项督查和行政问责机制。

(二)高校执行文件缺少责任担当

对政府政策的过度依赖极易造成体育管理改革创新的路径依赖,主动求新求变的内生动力不足,致使高校体育治理改革进程缓慢。部分高校只是被动执行国家文件,没有针对国家教育部文件制定具有实操性的配套文件和办法,致使制度执行中遵循的是"原则性",并非具有强制性的法规。现阶段中国学校体育改革突出问题是基层改革的动力不足,缺少微改革力量培育,改革"只是在落实国家的教育政策"[2],高校内部体育部门工作条例建设存在不同程度的惰性。部分高校对国务院和教育部的要求和制度的精神领悟不深刻、不到位,出现形式主义、教条主义倾向,制度执行中的人为柔性过大。制度执行大打折扣,没有厘清行动主体的责任,建立责任清单制度,构建起高校体育治理责任归属的执行机制,减少由于职责不清而导致的体育治理工作"缺少整改主体"现象。比如在教学评价中,师生配合互不为难,出现"分数膨胀"现象[3],教师的主阵地失守,学生体育锻炼积极性无要求、无约束现象突出。体质测

---

[1] 刘爱生、王文利:《中国高校内部治理的现状、优化及其创新》,《重庆高教研究》2018年第2期。

[2] 何劲鹏、杨伟群、韩文娜:《我国学校体育"微改革"力量的培育》,《北京体育大学学报》2014年第12期。

[3] 孙鳌:《分数膨胀的博弈分析》,《现代大学教育》2016年第5期。

试成为高校体育工作的最主要抓手，成为高校完成国家下达任务的硬指标。体质测试一测了之，成为另一场"应试教育"，体测替考、代考现象频发，折射出高校在体育工作监管中的缺位问题。

部分高校在制定体育规章制度过程中，由于制定者对高校体育目标任务认识不清，对国家相关政策法规研究不深，对高校体育发展的规律把握不够，在制度建设上缺乏系统性规划与整体性思考，最终造成所制定的制度与高校体育的实际相脱节，与高校体育制定本身的要求相背离，与广大师生的愿望与诉求相冲突。事实上，高校体育管理者制定相关规章制度，往往都是基于管理的方便与效率的目的，使得制度呈现出浓郁的行政管理色彩。很大程度上反映了高校行政决策部门缺失责任担当意识，还缺乏对高校体育工作协同育人价值的统一认识，有待在治理结构创新中发挥能动性，变被动靠政策吃饭为主动作为，打破传统管理体制束缚，为高校体育职能发挥与拓展提供制度保障。

当然，在国家文件法规创新执行中，个别高校探索出了有效举措，如哈尔滨工程大学 2016 年颁布了《学生体质健康促进工作实施方案》，构建了体委领导，学院主导、部门协调、全员参与，主体责任明确的学生体质健康工作体制机制，该校大学生体质健康测试及格率稳步上升，毕业生体测及格率在 95% 以上。武汉大学 2016 年出台了《进一步加强体育教育的实施意见》，构建了学校主导、有关部门分工负责和广大师生参与的体育工作机制；制定加强体育教育的奖励措施，对体育工作业绩突出的学院（系）和个人进行表彰奖励；将学生体质健康水平纳入学院（系）工作考核指标体系，加强对学校体育工作绩效评估和行政问责。部分高校的创新做法，是对国家文件法规的积极回应，彰显了高校对体育育人使命的落实与践行。

综上所述，高校体育治理结构问题背后的原因是多方面的，有历史积弊、亦有现实窘境；有客观实事、亦有主观缺位；有内部惰性、亦有外部放任，由于高校体育治理是一个动态过程，本书即便将上述这些致因融合分析，似乎也难以透彻解释高校体育治理结构全部问题。比如高校体育治理的制度建设，是一项系统性工程，顶层事关国家教育方针和体育意志的贯彻执行，底层关乎大学生身心健康和体魄强健的现实需求，高校体育治理既离不开自上而下的设计与推动，也离不开自下而上的实践与促进。多年来，高校体育制度建设更多体现为自上而下的行政推进，以大学生体质健康不佳、体育获得感不强为代表的治理成效不甚显著，甚至已步入路径依赖，鉴于此，高校体育的治理制度活力需要源于自下而上的驱动力予以补充和配合。可见，高校有待建立符合治理理念、体现治理精神的高校体育治理结构。

第 六 章

部分发达国家高校体育
治理结构经验分析

完善高校体育治理结构，提升高校体育治理效能，充分释放高校体育功能，是全球高校体育治理的共同追求。由前文论述可知，高校体育治理结构是在高校与国家、社会互动基础上建构与形成的。换言之，由于各国政治、经济、社会与文化的不同，高校体育治理结构与治理模式也存在较大的差异性。西方发达国家，尤其是欧美国家的经济较为发达，体育相关产业较为成熟，且体育文化较为丰厚，这为其高校体育治理提供了坚实的物质基础与文化条件。虽然西方发达国家的高校体育治理结构与治理模式可能具有"不可复制性"，但我们可以从中探寻建构和优化高校体育治理结构的规律与经验，从中获得借鉴与启示。

第一节　部分发达国家高校体育
结构形成的路径

高校体育治理结构，既没有放之四海而皆准的标准，也没有一蹴而就、一成不变的固化形态，而是随着历史与时代的发展、形势与任务的变化而不断变化的。西方发达国家由于高校文化、体育文化发展悠久，高校体育治理结构相对完善、有效，虽然内设结构不同、规章制度有别、治理理念各异，但在实践中均产生了的良好反响与效益。由于篇幅有限，现选择美国、英国、德国三个体育较为发达、高校体育治理较好的国家，分析其高校体育治理结构探索与优化的实践与经验，以期为中国高校体育治理结构的优化提供借鉴与启示。本选取美国、德国和英国高校的体育治理作为发达国家大学体育治理典型是基于如下考虑：

（1）美国高校体育治理的特点：小政府、大组织。大学体育治理与美国一流大学建设相伴相随，迄今已跨过3个世纪。联邦政府没有统一的部门管理高校体育事务，甚至各州也没有强有力的政府部门管理州内大学的体育事务。学校体育各项事务中，除涉及招生外，基本由体育部统一协调下，学生自发组织来处理日常体育事务，其治理特点是学生组织自治程度较高，社团化管理。校际体育联赛由全美大学生体育联合会（NCAA）负责，政府较少实质性干涉[1]。NCAA现有1281所美国和加拿大的高等院校会员，每年48万多名大学生运动员在篮球、棒球、橄榄球、冰球、田径和游泳等23个项目展开体育竞技，是美国规模最大、职能最广和会员最多的体育管理机构。

（2）德国高校体育治理的特点：资源整合、服务师生。德国人有酷爱体育传统，学校体育是德国各大学体育的组成部分。学校体育的指向是以满足全体学生和工作管理人员各种体育锻炼的愿望和需要。德国各城市整合市内学校体育资源服务于学校学生和教职工，不同的课程上课地点除了在学校场馆内，还可能分布在城市的各个角落。德国政府体育资源动员能力加上体育俱乐部专业化管理，使得德国高校体育在服务师生体育健身方面具有鲜明的特色。

（3）英国高校体育治理的特点：大政府、强大学。由于英国的传统历史文化，人们都非常向往健壮的体格，加之英国所处的特殊自然地理环境，气候温度较为适合从事户外活动，造就了英国人崇尚体育的民族性格。对公共体育和学校体育的投入也是不遗余力，尤其是对大学体育的硬件设施投入是非常慷慨的，政府也成立了专门用于指导大学体育开展和管理的部门。英国高校对体育十分重视，学校成立有专门的体育管理机构，直接隶属于校长和校董事会，英国高校体育有强大的政府支持

---

[1] 郝鑫鑫、王大磊、欧阳海宁：《美国一流大学体育治理研究及启示》，《当代体育技》2019年第2期。

和强大的学校领导层支持，治理水平处于全球较高水平。此外，西方发达国家的高校尤其是名校的体育地位确立，得益于在人才培养和校园建设中持续不断的贡献，如将体育作为衡量学生素质的重要标准、将体育作为人才培养不可分割的重要载体、将体育荣誉视为学校声誉及地位的重要象征等[1]。基于上述原因，本书选取上述三个国家的高校体育治理作为研究对象，以期为中国高校体育治理结构优化提供域外经验借鉴。

一　美国：借助校际体育联赛构建高校体育治理体系

美国历史上第一个有组织的大学公共体育课程，是 1861 年由希区柯克（Edward Hitchcock）在马萨诸塞州的阿姆赫斯特学院（Amherst College, MA）创建[2]。由于美国联邦宪法未赋予美国政府教育治理权限，加之科层制的政治文化与治理体制缺乏，联邦政府既未设置全国学校体育的管理机构，也未颁布统一的体育课程标准，学校体育治理体制较为松散，但这并不意味着国家放弃对学校体育的治理与干预[3]。事实上，联邦政府通过立法，如颁布《个人健康投资法案》《2011 学校体育设施恢复法案》等法律，通过税收优惠、政府拨款与补贴、实施国家"体育教育周""体育活动月"、发布政府白皮书及体质检测报告等形式，强化对学校体育治理的渗透与治理。同时，由于美国社会组织体系较为完善，美国高校体育治理体制属于"社团主导"，在外部，接受美国运动与体育协会（NASPE）的指导、评估与协调；在内部，建立了各种各样的体育协会，主导高校体育教学与竞赛事务的治理。总的看，美国高校体育治理具有高度的自治性。

美国高校一般没有体育必修课，也即学生不必须完成一定数量的体育学分才可以毕业，这与中国高校的"强制体育"不同。美国人学的体育主要由两个部分构成，即以高校体育竞赛代表队为主体的竞技体育和

---

[1] 杨娜：《大学体育文化建设的西方经验与中国选择》，《北京教育》（高教）2020 年第 2 期。

[2] 边宇、刘明、吕红芳：《美国大学体育的历史沿革及阶段性特征》，《体育学刊》2013 年第 3 期。

[3] 张文鹏：《美国学校体育政策的治理体系研究》，《体育文化导刊》2013 年第 10 期。

以体育教学、俱乐部活动等为主体的校园体育，上述两种体育事务分别隶属于两个部门，即"竞技体育部"（Athletic Department）与"体育系"（Physical Education Department），从两个部门的关系看，可分为"独立型"与"合并型"①。

所谓"独立型"，即两个部门相对独立，分别负责竞技体育与校内体育，如西点军校便采取这种治理体制。竞技体育部下设体育运动办公室、体育竞赛指导办公室等机构，两个部门共编制130多人②，分别负责竞技体育与校内体育。该校基于"完整的人"的培养目标，从学员招录到其毕业，建立了较为完善的体育教育教学机制。从学员招录看，该校较为看重学员的体育运动特长，如2008年招收入1224名学员中，曾是高中运动队队员的1113人，占录取人数的90.93%，其中，曾担任运动队长、获得运动等级证书的分别有766人、1072人③。从培养过程看，该校实施文化、军事、体育"三位一体"的教育计划，其中，体育计划的内容主要包括体育课程、竞技运动与体能测试，要求每一个学员积极参加俱乐部、校际及校内体育运动，而且必要通过7门体育课程考试与体能测试。在此过程中，注重完善体育教学内容，包括8门体育理论课程、体育基础训练课、体育运动技能提高课等；注重体育教员队伍建设，体育教员、教练员分别有38人、50人，所有体育教员均具有博士或硕士学位，教练员均是资深专家，而且分工明确，如体育教员主要负责体育理论教学，教练员主要负责体育训练与技术指导；注重完善学校体育场馆设施，拥有2座大型综合场、5个体操馆、3个游泳馆，还有橡皮球、手球、摔跤、举重、篮球、举重、高尔夫球、棍球、滑冰等项目的中心功场房等。

所谓"合并型"，即两个部门共同管理高校一切体育事务，如斯坦福大学等高校便采用这种治理体制。该校专门设立了"竞技体育—体育教育—休闲体育部"，将竞技体育与体育教学等部门合而为一，统一管理学校的体育事务。该部门下设16个相关部门（见图6—1），共有224名工

---

① 池建：《竞技体育发展之路：走进美国》，人民体育出版社2009年版，第45—46页。
② 李现平：《美国西点军校发展大学体育运动的经验》，《比较教育研究》2008年第8期。
③ 李元奎：《西点军校体育运动的开展及启示》，《教育科学文摘》2014年第5期。

作人员。由图19可以看出，在16个内设机构中，主要是围绕竞技体育而提供服务的，可见，斯坦福大学高度重视学校竞技体育的发展。该校既是太平洋12联盟成员之一，也是NCAA Ⅰ级院校，拥有32个竞技体育俱乐部、36支校运动代表队、140名体育教练员。该校竞技体育成绩在全美高校中居于第一方阵，在国内体育大赛中，截至2017年，该校先后获得全国锦标赛冠军140项、全国个人赛冠军558个[1]；在国际体育大赛中，自1912年参加第7届夏季奥运会起，每一届奥运会该校均派大学生运动员参与，先后获得270枚奖牌，其中，奥运金牌139枚，2016年第31届奥运会，该校获得金牌、银牌、铜牌分别为14枚、7枚、6枚，获得金牌和奖牌总数位于美国大学之首[2]。

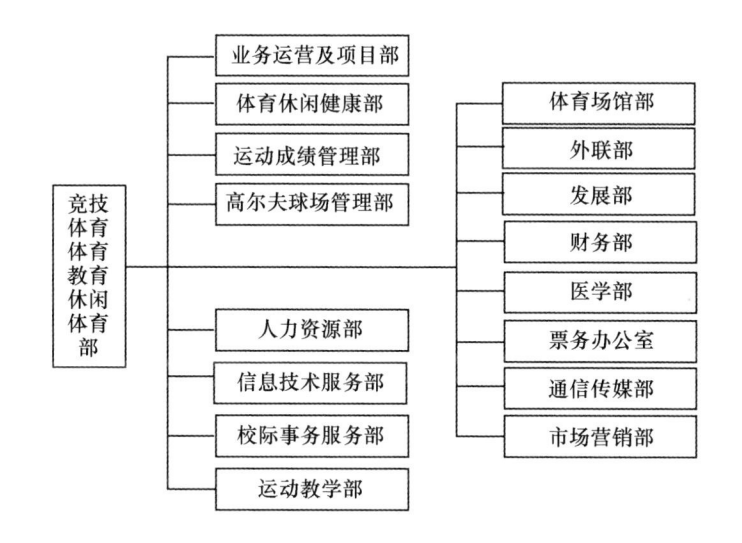

图6—1 斯坦福大学体育治理组织架构

资料来源：图示来源于斯坦福大学体育部官网，笔者略作了调整。

虽然斯坦福大学竞技体育发展成就显赫，但并不意味着校内体育的

---

[1] 郝鑫鑫、王大磊、欧阳海宁：《美国一流大学体育治理研究及启示》，《当代体育科技》2019年第2期。

[2] 《说说世界一流大学的体育与休闲》，https://www.sohu.com/a/333881095_100006123，2020年8月19日。

弱化。事实上，该校高度重视校内体育的治理与发展。该校校内体育主要包括体育教育教学、校内体育竞赛等。在体育教育教学方面，虽然该校没有设置体育专业学位课程，但要求学生必须修满一定体育学分（满分为8个学生，自修课业每完成1项得1个学分）。自修体育课程的内容主要有户外体育、搏击运动、运动技能、室内健身等，全年共开设班次370个；其中，户外体育、搏击运动、室内健身教育教学，主要由体育教师负责；运动技能主要由教练员负责。在校内体育竞赛方面，每年组织的面向全校学生的体育竞赛多达1700多场次，涉及篮球、足球、垒球等14个项目，参与体育竞赛的学生团队多达700多个。体育俱乐部举办体育活动，不仅面向校队运动员，而且也面向学生、教职工及其家属，涉及的项目多达20多个。同时，"竞技体育—体育教育—休闲体育部"还根据季节、学生与教职工特点，开展身体训练、体适能评价等形式多样的室内体育活动、户外体育活动，全年参与人数累计1万余人[①]。

从上面两个案例可以看出，美国高校十分重视学校竞技体育的发展。在高校竞技体育方面，强化校际联合，是美国高校体育治理结构的基本特征。而"全美大学生校际体育联合会"（NCAA）正是由1200多所高校结盟的体育组织。在内部治理上，该组织赋予各个相对独立委员会一定的权力与职责，具有"集权与分权、统一与灵活"的特征[②]，并建立了三级组织架构（见图6—2）。三个级别的领导委员会分别负责23项体育的89项锦标赛。并根据运动项目、观众人数等指标，将1200多所成员高校划分为Ⅰ、Ⅱ、Ⅲ三个等级。三个等级的高校在运动代表队、男女项目数量上有具体标准，而且在比赛等级和规模上也有具体规定，比如，Ⅰ级高校须有14支代表队、有资格组织和参与高水平竞赛，而Ⅱ级、Ⅲ级高校须有8支代表队、只能组织和参与业余性或传统性的竞赛[③]。

在此组织框架下，各成员高校普遍建立了相应的内部治理体制（见

---

① 潘前：《斯坦福大学体育运动现状探析》，《浙江体育科学》2012年第1期。
② 牛国胜：《美国大学生运动员培养模式及其对中国的启迪》，《南京体育学院学报》（社会科学版）2017年第3期。
③ 凌平：《中美高校大学生体育运动竞赛管理体制的比较》，《体育与科学》2001年第3期。

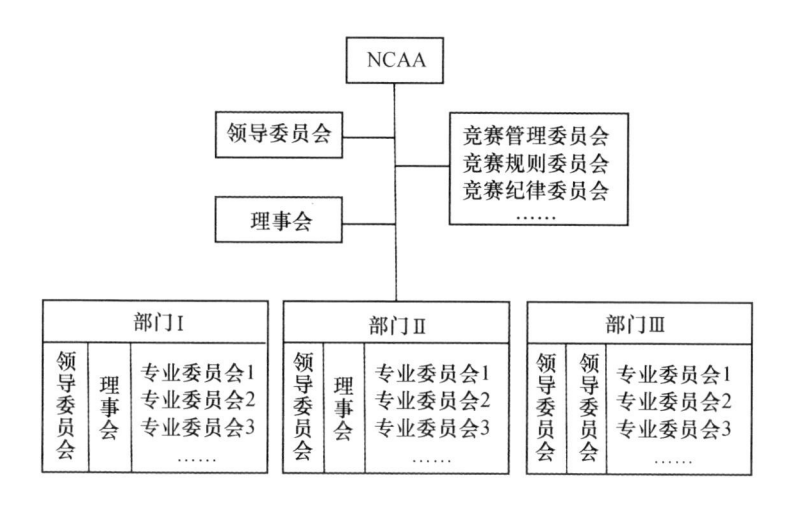

图6—2 NCAA组织架构示意

资料来源：NCAA官网。

图6—3）以及灵活多样的治理机制。在内部治理体制上，各成员高校竞技体育由校长或副校长负责，学校的竞技体育与研究生院、各院系居于同等地位，赋予了竞技体育相对独立的地位，反映了高校竞技体育的重要地位。这一治理体制，有力地促进了高校竞技体育的发展，带动了校园体育文化的繁荣。

在内部治理机制上，NCAA制定了一系列的治理制度机制。从制定程序看，该组织在对各成员高校广泛调查、征求意见的基础上，制定了"关键""区域关键""一般""联合"等不同类型的条款。其中，"关键条款"由NCAA特别会议制定，经过所有成员高校投票，并经2/3以上的执委会成员同意方可有效，是NCAA所有成员高校的行为规范；"区域关键条款"由级别年会制定，经过所有成员高校投票，并经2/3以上的某一区域成员同意方可有效，是某一区域成员高校的行为准则；"一般""联合"条款分别由各级别立法程序制定，是本级别成员高校及其下属机构的行为规范[①]。这4类条款相互补充、密切联系，既代表了各成员高校

---

① 张锐、胡琪、任洁：《美国大学体育联合会的立法分类与程序》，《北京体育大学学报》2003年第4期。

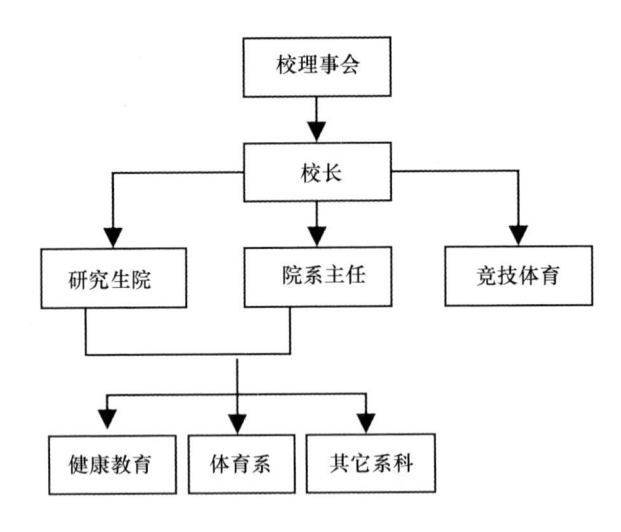

图 6—3　NCAA 成员高校独立型内部治理体制

资料来源：NCAA 官网。

的共同的利益与目标追求，也兼顾了彼此之间的差异性，具有较强的严谨性与科学性。从具体内容看，该组织制定的规章条款较为精细，几乎涵盖了高校竞技体育的方方面面。总的看，该组织制定的竞技体育制度机制，具有两个突出特点：第一，主张在高校中体育与教育密不可分，学生在高校中接受教育是首要的。美国没有像中国的竞技体育培养体系，竞技体育很大程度上必须依托大学，因此 NCAA 的章程明确提出，"大学体育是大学教育的一个重要组成部分，接受常规教育是大学生运动员首要考虑的事情，而且运动员不能特殊化，学业必须等同或优于普通学生，[1]"并由此确定了相关原则。第二，强调高校竞技体育以制度为先。基于高校竞技体育的目标追求，该组织制定了科学的可操作性强的高校竞技体育治理制度机制，并基于治理制度机制的执行与落实，设立了权责明晰的管理机构以及完善的内部监督机制，强化对各相关权力主体的制衡与监督。

---

[1] NCAA Student – Athlete Insurance Programs National Collegiate Athletic Association, Home page, 2020 – 7 – 27, http：//www.ncaa.org, 2021 – 5 – 23.

二 德国：利用培育社团组织提升高校体育治理效能

与高度自治的美国高校体育类似，德国高校体育具有鲜明的自治特征。在德国高校体育治理中，国家将管理权与监督权下放给各州教育部门，各州通过立法、制定高校体育课程标准等，为高校体育自治提供法律保障。比如，《北威州高校法》中规定，"高校在其范围内促进体育与文化的发展"；《巴登—符滕堡州高校法》中规定，"高校在其范围内支持大学生体育方面的发展"[①]。而且国家没有统一的体育课程标准体系，这表明，德国高校对学校体育具有高度的自治权。

在治理体制上，各高校普遍建立了学校体育不同的治理组织框架。以波鸿—鲁尔大学为例，该校成立了"体育委员会"，负责该校体育事务的指导、管理与监督工作。该组织主要由教务委员会组织成，独立于体育学院，其成员主要由管理人员、评议会员、教师、学生会、学生、合作学校、体育部等12名代表等组成（见图6—4），负责高校体育的训练、学生体育兴趣培养、体育竞赛的组织与承办、体育场馆的免费供给等任务。该组织属于一种管理机构，其功能在于权衡内部相关主体的利益、制定相关规章制度等，真正的执行机构则是该校的"体育联合会"，即学校内部由在校师生组成的各个单项体育协会的联盟。各个单项体育协会是学校体育活动的具体组织者、实施者。该校每年均通过学校网站发布招新信息，学生可根据自己的兴趣偏好及特长，选择加入自己心仪的单项体育协会，参与其组织的体育训练、体育比赛等。

各个单项体育协会的联盟——"体育联合会"，在开展学校群体活动同时，还承担着为全国高校体育单项锦标赛转送运动员的任务，这就意味着该组织与其他高校产生互动，促使这一互动的组织便是德国大学体育联合会（ADH）。德国所有高校几乎都是ADH的成员，其宗旨在于支持高校体育发展、组织全国大学生锦标赛、为国家竞技体育培养后备人才等。该组织内各部门职权明晰，分工合作且彼此监督（见图6—5），有

---

① 沈佳丽：《法律和规章下的德国高校体育》，《体育学刊》2012年第4期。

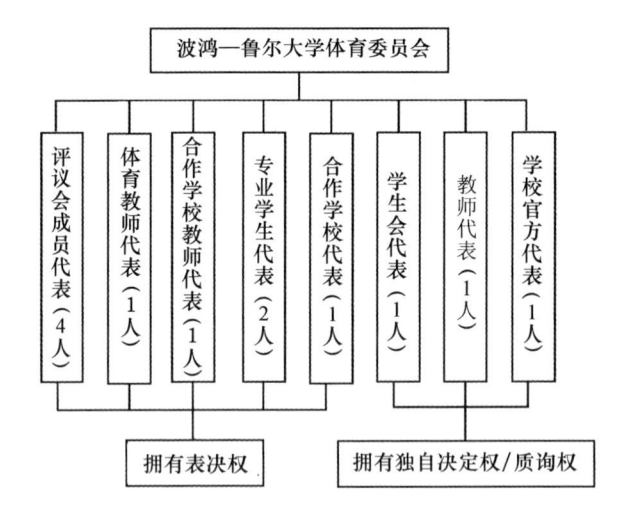

图 6—4 波鸿—鲁尔大学体育委员会组织结构示意

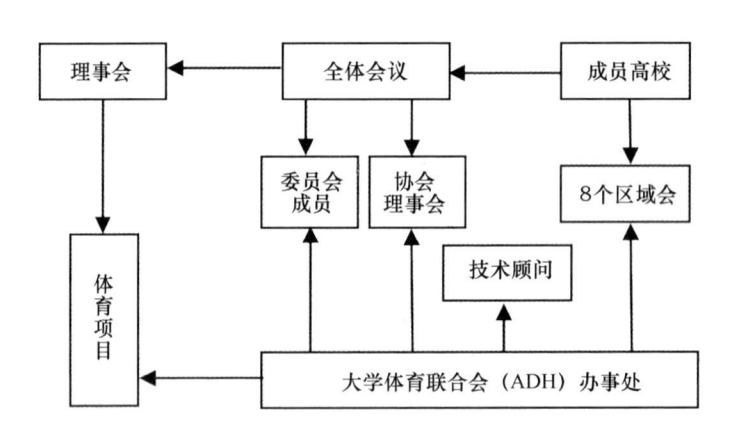

图 6—5 德国 ADH 组织运行机制

力保障了各项事务的公正性①。该组织在推动德国高校体育发展、促进高校之间合作与互动具有极其重要的地位和作用。

在体育教学模式上，该国高校一般不开设体育课，其教学模式主要

---

① Satzung und Ordnung, Gedreckt von Allgemeinem deutschem Hochschul sportverband, . Stand, 2003, pp. 21 – 25.

是学校单项体育协会和体育俱乐部[①]。学生自由参与单项体育协会和体育俱乐部，免费使用学校专门体育场馆设施，这种教学模式具有组织与成员互利性、维护学生权益本位性、内部事务参与义务性、组织决策民主性等鲜明的特征[②]。在实践中，高校体育注重以人为本、强调整体教育观、关注学生身心健康[③]，因此，注重开发和实践多样性的体育运动项目、体育体验和参与、体育行为开发的体育课程模式。比如，斯图加特大学基于2万多师生员工的体育需求，设置了4类、60多个体育项目，其中，竞技类包括22个体育项目，占36.67%；健身类包括19个体育项目，占31.67%；格斗类包括8个体育项目，占13.33%；闲暇类包括11个体育项目，占18.33%，体现了高校体育多样性、自主性、选择性等特点[④]。体育指导教师主要是聘用校外职业体育教师，且拥有国家承认的"教师资格证"，其职能在于制定高校体育活动计划、组织和指导师生员工科学健身等。为吸引更多的师生员工到体育运动中来，许多高校不仅制定了冬季、夏季学期体育运动计划，而且也制定了冬季、夏季假期体育运动计划，推动高校体育向社会体育、终身体育延伸。

在体育场馆运用与管理上，该国高校普遍重视体育场馆设施的建设、使用与管理。德国地处北温带，冬季漫长而寒冷，除了滑雪等冬季项目，高校体育活动主要在室内进行，因此，高校体育场馆不仅数量多，而且设施较为完善。从功能看，室内场馆的功能多样。以斯图加特大学为例，该校室内体育场地较多，每个体育场馆分为3个颜色不同的运动区域，其中，标有黄线的为曲棍球场地，标有绿线的为羽毛球场地，标有红线的为排球场地，标有黑线的为篮球场地等，分别进行不同的体育训练，彼此互不干扰。从使用看，各类体育场地的器材设施并非

[①] 王东亮：《高校体育选项课发展模式分析和研究》，《山西广播电视大学学报》2013年第4期。

[②] 傅光磊：《德国学校体育俱乐部特点及其对我国高校体育俱乐部的启示》，《哈尔滨体育学院学报》2002年第4期。

[③] 俞宏建：《德国现代学校体育演进及其对我国的启迪》，《南京体育学院学报》（社会科学版）2007年第5期。

[④] 王946源、刘政潭：《德国大学健身体育的特点及对我国学校体育改革的启示》，《山东体育学院学报》2006年第5期。

固定的，可以根据体育训练的需要随时装置、拆卸，如室内设置的篮球板、吊环等设施，均是电动的，可以随时迁移，操作较为简便，有效拓展了体育训练的空间。器械室设置在体育场地旁边，一般的器械，如双杠、足球门等，规定使用拖轮小车搬运，目的是防止器材与地板的损坏；笨重的大型器械，如蹦床等，多是折叠的，拆分、折叠较为方便，有效节约了训练时间。从管理看，高校体育场馆的管理较为规范。如斯图加特大学体育管理部门配备了4名管理与维修人员，负责校内体育场馆的安全管理与日常维修，学校每年为体育管理部门划拨5万欧元经费，用以体育场馆的补充与维修[1]，较好地满足了体育专业教学与体育训练的需要。

三　英国：通过政府宏观调控配置高校体育治理资源

与美国、德国不同的是，英国的精英体育政策由文化、媒体和体育部（Department for Culture, Media and Sport, DCMS）领导，该部将战略和运营领导权授予英国体育部。UK Sport 的使命是"在世界舞台上推动和展示英国奖牌的成功"，英国的精英发展工作至少在理论上受到学校和社区体育政策和计划的支持[2]。英国注重对高校体育的宏观控制，其控制手段主要是：首先强化法律保障，颁布了《教育改革法》（1989）、《体育：提升游戏》（1995）、《英国：体育大国》（1997）等，明确了学校体育目标、规划、保障措施，并围绕学校体育课程颁布了《公立学校国家体育课程标准》（1992）、《青少年优质体育教育和运动指南》（2004）、《英国国家课程：体育课程学习纲要》（2013）等法律法规，对学校体育课程作了具体规范、提出了统一的标准，但同时在学制、课程及大纲上提出了不同的要求，体现了宏观控制与兼顾差异的特点，并由此形成了

---

[1] 王海源：《对德国大学体育的认知与探究》，《体育学刊》2004年第3期。

[2] Scott R. Jedlicka, Spencer Harris & Danyel Reiche, "State Intervention in Sport: A Comparative Analysis of Regime Types", *International Journal of Sport Policy and Politics*, Vol. 12, No. 4, September 2020, pp. 563–581.

国家、地方课程标准与学校教学计划相统一的三级体育课程管理体制[①]。其次，强化资金供给。通过财政拨款、税收扶持、政府补贴等方式，强化学校体育资金保障。其中，财政拨款主要用于学校体育发展、公共体育设施与民间公益组织建设，税收扶持、政府补贴主要用于地方体育俱乐部建设，其目的在于让学校体育走出校园、融入社会。为此，英国还于2002年专门颁布了《学校与体育俱乐部结成伙伴关系》，为青少年学生参与体育提供了平台与机会。2015年，英国传媒、文化和体育部颁布了《体育未来：积极国家的新战略》，所倡导的合作伙伴关系构建是英国体育治理的主要特色，也是英国体育发展的重要支撑[②]。

在校际之间，建立有英国大学体育协会（BUSA）。目前，该组织的成员高校已达170所，每年举办的锦标赛多达100余项，参与队伍多达4800多支[③]。为强化各成员高校体育治理，该组织建构较为完善的组织体系（见图6—6）。其中，BUSA董事会主要由执行董事、主席以及8名非执行董事组成，负责BUSA重大事务的决策；咨询顾问部由执行官、4名学生官、4名雇佣官员以及学生、员工代表组成，负责为董事会提供决策咨询与意见建议；各地成员高校均有资格为董事会、咨询顾问部推送学生与员工代表[④]。

在高校内部，均建立有"体育部"，负责高校体育活动开展以及俱乐部、体育场馆的运营等。其人员配备主要是教练与管理人员，而无专职体育教师，其数量因学校而异，比如，巴斯大学体育部配备120人，其中50多人负责体育场馆的管理与运营工作；而安格利亚鲁斯金大学仅配备8人，其原因是，该校体育训练与活动开展的场地主要是租借社区体育中心。该组织配备的教练员指导和服务学生业余体育活动以及学校运动队

[①] 张金桥、王健、王涛：《部分发达国家的学校体育发展方式及启示》，《武汉体育学院学报》2015年第10期。

[②] 王亮、范成文：《英国体育治理特征及其启示——基于〈体育未来战略〉》，《体育成人教育学刊》2021年第4期。

[③] 郝晓、陈家起：《英国高校体育联盟发展模式探究及镜鉴》，《湖北体育科技》2018年第6期。

[④] 舒竞、易剑东、詹新寰：《英美大学校际竞技体育的发展及其对中国的启示》，《体育科研》2016年第3期。

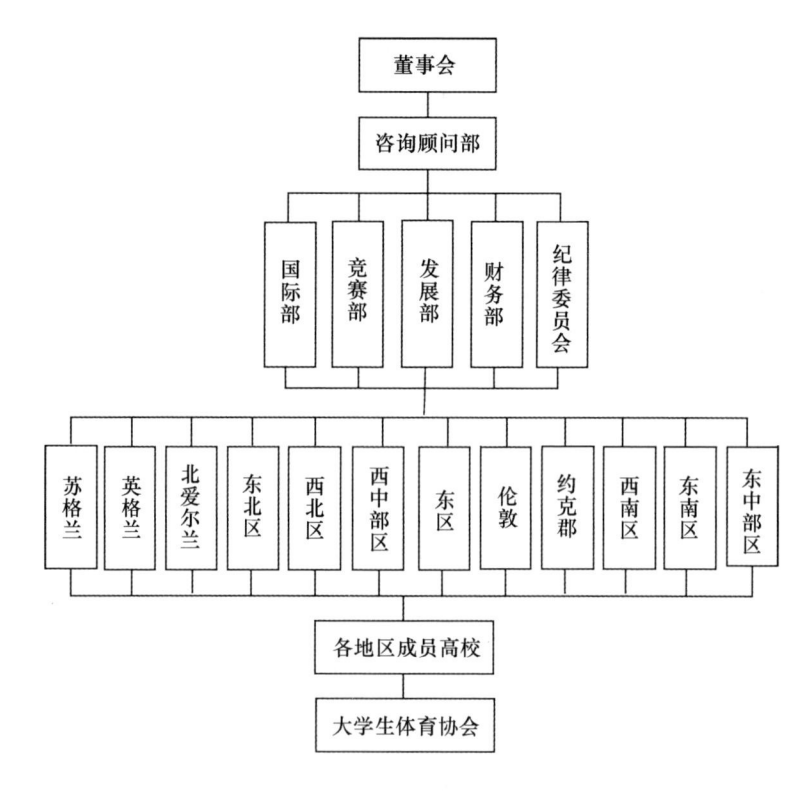

```
                    ┌──────────┐
                    │  董事会   │
                    └────┬─────┘
                    ┌────┴─────┐
                    │ 咨询顾问部 │
                    └────┬─────┘
   ┌──────┬──────┬──────┼──────┬──────┐
 国际部  竞赛部  发展部  财务部  纪律委员会
```

图 6—6　英国大学生体育协会（BUSA）组织架构

训练，其来源主要是外聘或从学生中选拔。高校建立了教练员培养选拔体系，在学生自愿报名的基础上，从中选拔优秀学生，并进行专业的培训，学成后受聘于学校体育俱乐部，并从中获得相应的报酬。同时，还组建学生志愿团队，协助体育部管理与开展高校体育活动。

表 6－1　　英国部分高校休闲体育相关专业课程设置比较

学校/专业	必修课	选修课
中央兰开夏大学/户外运动领队	领导概论/探险运动风险处理/个人专业发展/团队领导/研究能力发展等	语言学/环境应用/探险运动原则/项目咨询/学术演讲/户外运动调节等
哥比亚大学/户外运动领队	登山/攀岩/水上项目/户外项目探索与研究/丛林/复杂技术环境中的领导等	自然地理学/户外运动与环境教育/户外活动教练/冰雪项目等

续表

学校/专业	必修课	选修课
伍斯特大学/户外探索领导与管理	水中个人技术/陆地个人技术/天气和气候/户外学习的引导与评估等	社会与情感发展/教育探索/健康生活方式/语言学等
坎伯特利基督大学/体育与休闲管理	休闲研究概论/体育与休闲政策/休闲运营管理/项目研究等	体育运动心理学/职业体检/体育教练心理学/旅游休闲与事件营销等

在高校体育治理中，一方面，高校普遍重视体育专业体系建设。在课程设置上，体育课程设置具有自主性与多样性，如在休闲体育相关专业课程设置上，各校均不相同，即使同一专业，其课程设置也因高校不同而不同（见表 6-1）。比如，中央兰开夏大学（University of Central Lancashire）与哥比亚大学（University of Cumbria）虽然均是"户外运动领队"专业，但其必修与选修的课程也完全不同。在体育课程教学中，英国高校没有统一的教材，教材与教学内容主要依靠教师自主选择[1]。同时，体育课程设置注重学科融合，建构交叉与融合的跨学科课程架构，着力培养学生多科学理念与创新思维[2]。在师资选拔上，高校普遍建立了严格的体育教师培训与选拔制度，如果体育教师未能达到学校规定的业绩标准，学校将给予其改进机会与时间限制，如果在规定时间内，体育教师的能力与业绩还达到要求，将面临降级或被解雇。在人才培养上，高校体育教学具有鲜明的开放性，体现在，注重开放交流，如伯明翰大学建立了"2+1+1"人才培养模式，即在该校体育运动与康复科学学院学习 2 年后，提供海外留学 1 年，最后 1 年继续在该校学习研究；注重体育课程设置多样化，如拉夫堡大学灵活设置体育课程与课时安排，规定，大学生运动员可根据训练与比赛时间，提前或延迟参与体育课程学习与

---

[1] 李齐、方春妮：《英国大学休闲体育专业发展特点研究》，《体育文化导刊》2016 年第 7 期。

[2] 陈富成：《英国大学体育专业体系建设、治理特征与启示》，《体育文化导刊》2019 年第 12 期。

考核；注重实践应用，如爱丁堡大学体育与休闲管理专业采用"双轨制"的人才培养模式，即在大学二年级开设了义务教育课程，并为其提供在单项体育俱乐部或其他体育公司服务的机会，增强学生自觉参与体育运动的能力。

表6-2　　　　　　　英国部分高校体育跨学科课程架构

学校	课程架构	内容安排
拉夫堡大学	多学科联合课程	体育产业相关课程/心理学核心课程与体育心理学/地理与体育管理荣誉课程
伯明翰大学	交叉学科荣誉课程	理疗/体育与教练科学/体育与运动科学/人体运动与康复研究
埃克塞特大学	多学科联合课程	运动与运动医学/人类生物科学/运动与运动科学
巴斯大学	交叉学科联合课程	体育营销/管理设施运营/体育与政治/政策与实践
爱丁堡大学	交叉学科荣誉课程	体育运动政治/环境生理学/运动与运动医学
利兹大学	交叉学科学位课程	运动科学与疼痛/肌肉骨骼医学与运动损伤/功能运动解剖学与临床评估
伦敦大学学院	交叉学科研究生课程	运动与健康/运动医学/肌肉骨骼医疗保健与康复

另一方面，高校也重视和加强高校校园体育文化建设。其一，打造高校体育标识。尊重体育传统、推崇竞技体育、突出学生体育参与，是英国高校体育的文化底色。拉夫堡大学建构了设施完备的体育场馆，被誉为英国体育"兵工厂""英国体育的地标建筑和灵魂安放之所"[1]；巴斯大学、诺丁汉大学等高校将运动员照片置于校内展示牌上，为学生配备统一的运动服装，展示高校特有的文化内涵。其二，广泛开展体育活动。各高校开设了多种体育俱乐部，开展的体育项目至少在50项以上，学生可以根据自己的偏好，自主选择和参与体育活动，参与率

---

[1] 《英国体育的骄傲：拉夫堡大学体育专业》，https://www.douban.com/note/237159684。

高达80%以上①。埃克塞特大学的学生会有运动联合会（AU）等体育社团，下设50个运动俱乐部，为学生提供运动、比赛、指导以及社交的安全环境。诺丁汉大学围绕校园打造了"体育之路"，该项目设置5个站点，每个站点设有不同的运动项目与相关器材，使学生在从站点到站点的转换中充分体验不同的体育文化。斯特灵大学推动"活跃起来"常态化，通过设置游泳、散步等项目，引导学生参与体育、体验体育。其三，培养高水平大学生运动员。许多高校为发掘、培育为学校和国家争光的高水平大学生运动员，出台了各种奖励措施，如巴斯大学专门设立了"天才运动员奖学金计划""汤普森教育基金"等7类体育奖学金，斯特灵大学设置了足球、游泳等体育项目奖学金，并为大学生运动员优秀教练员、标准场地设施、医疗技术设备等支持，培养造就了大批优秀大学生运动员。其四，完善校园体育场地设施。英国高校普遍建设了数量较多、设施完善的体育场馆。拉夫堡大学校区内建有奥运会标准体育场馆设施，还有众多非奥运项目使用的室内场馆，如羽毛球馆、篮球馆和壁球馆及数十块非标准的室外足球场等；埃克赛特大学拥有200个健身位的健身房和众多健身室、泛光天文和3G球场、20个室外草坪、壁球场、室内板球中心、10个室内网球中心、专业级高尔夫球练习场；巴斯大学建设有"体育训练村"，设有奥运会规格泳池、露天田径运动场、室内室外网球场、人工与草坪运动场、设备先进的健身房和步枪射击场，不仅满足了学生与教职工的需求，还定期向20余万附近居民开放②。

第二节　部分发达国家高校体育治理结构呈现的特征

从上述对美国、英国、德国三国高校体育结构的分析可以看出，虽然各国高校体育治理结构具有显著的差异性，这种差异性宏观上主要源于各国经济、政治、文化等方面的差异性，微观上主要源于高校体育治理目标、理念、价值取向的不同；但同时又有其内在逻辑的一致性，这

---

① 何玲、弓衡：《英国大学体育现状探析》，《体育科技》2018年第4期。
② 《最爱运动的大学——巴斯大学》，https://www.sohu.com/a/319585648_100057778。

种一致性可能源于体育的基本属性与功能,以及高校体育教育教学的内在规律。基于"SPE"协同理论,发达国家高校体育治理结构具有治理主体多样性与代表性、治理制度的渐进性与科学性以及治理环境的适宜性与优越性。

一 高校体育治理主体的多样性与代表性

不同利益相关者是影响高校体育治理结构的重要因素,从内部的高校领导、教师、学生、员工以及各类体育组织,到外部的政府、社区、社会组织及家长等,对高校体育均有不同的利益诉求与期待,并由此影响着高校体育治理结构的建构与形成。治理主体的多样性,决定着高校体育治理结构代表着各利益相者诉求与利益。西方部分发达国家高校在体育治理中,十分重视多元主体的协同共治,在涉及学生体育利益方面,会积极进行广泛意见征询和听证。由于多数高校没有体育必修课程,学生体育需求则集中于俱乐部活动和自发行为的体育健身活动,在大学硬件设施建设,尤其是大学内部体育公共服务供给方面,是学生重点关注的。

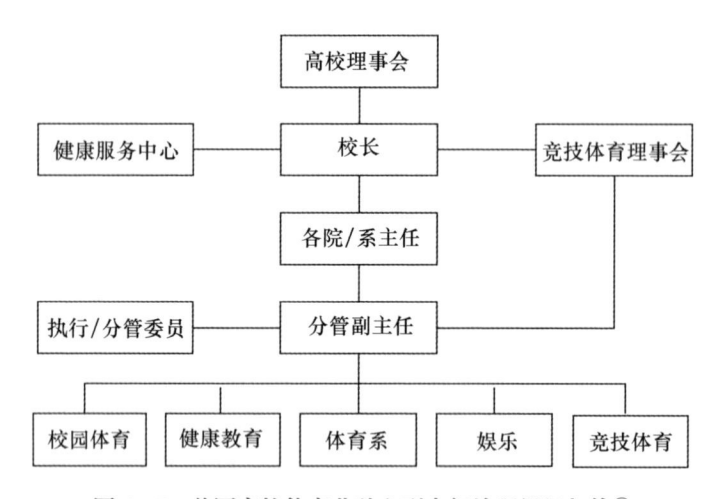

图6—7 美国高校体育非独立型内部治理组织架构[1]

---

[1] 彭国强、高庆勇:《美国大学竞技体育的制度治理及其特征》,《成都体育学院学报》2020年第4期。

在美国，高校体育主要由"竞技体育部"与"体育系"负责管理，从两个部门的关系看，其治理模式可分为"独立型"与"合并型"。如西点军校采用"独立型"的治理模式，竞技体育部下设体育运动办公室、体育竞赛指导办公室等机构，两个部门共编制130多人，分别负责竞技体育与校内体育（见图6—7）；斯坦福大学等高校采用"合并型"的治理模式，该校专门设立了"竞技体育—体育教育—休闲体育部"，下设16个相关部门，共有224名工作人员。在NCAA建构了纵向上分层分级、横向上互联互通的治理体制，高校体育治理模式呈现出一种"分化"态势，一种是竞技水平较高的高校独立地进行内部治理，即高校体育治理以校长或分管副校长为主导，由高校竞技体育系组成相关机构，独立地对高校内部代表队进行训练与竞赛治理，比如德克萨斯大学、印第安纳大学等，这些竞技水平较高的高校，均有自身传统优势项目，如印第安纳大学篮球队、得克萨斯大学的橄榄球队等；另一种则是竞技水平相对较低或者相对不太重视竞技体育的高校非独立地进行内部治理，高校竞技体育主要以学校分管的主任为主导，通过成立由多方利益代表组成的理事会、竞技体育委员会等相关机构，共同治理高校竞技体育。相比竞技体育独立制的高校，非独立制的高校更多地注重文化教育，而竞技体育仅是教育的一种形式（见表6-3）。

表6-3　美国高校竞技体育治理之独立制与非独立制的比较

比较项目	独立制	非独立制
治理主体	校长与分管副校长	体育部主任
治理组织	竞技体育部/系	竞技体育委员会/理事会
评价标准	竞技运动成绩是主要指标	竞技运动成绩不是唯一标准
经费来源	主要依靠竞技体育比赛	主要依靠学校投入
沟通交流	自成体系，与其他体育教学部门无关联	竞技体育是高校相关部门联系的载体
学生发展	依靠运动技能走向职业化	依靠学术教育走向多个领域

在德国，各高校普遍建立了学校体育不同的治理组织框架。以波鸿—鲁尔大学为例，该校成立了独立于体育学院的"体育委员会"，其成员主要由管理人员、评议会员、教师、学生会、学生、合作学校、体育部等12名代表等组成，负责高校体育的训练、学生体育兴趣培养、体育竞赛的组织与承办、体育场馆的免费供给等任务。注重以人为本、强调整体教育观、关注学生身心健康，开发和实践多样性的体育运动项目、体育体验和参与、体育行为开发的体育课程模式，如斯图加特大学基于2万多师生员工的体育需求，设置了4类、60多个体育项目，体现了高校体育多样生、自主性、选择性等特点。

在英国，高校内部均建立有"体育部"，负责高校体育活动开展以及俱乐部、体育场馆的运营等。其人员配备主要是教练与管理人员，配备的教练员指导和服务学生业余体育活动以及学校运动队训练，其来源主要是外聘或从学生中选拔。高校建立了教练员培养选拔体系，在学生自愿报名的基础上，从中选拔优秀学生，并进行专业的培训，学成后受聘于学校体育俱乐部，并从中获得相应的报酬。同时，还组建学生志愿团队，协助体育部管理与开展高校体育活动。

由此可见，注重高校体育治理主体的多样性以及组织中利益相关者的代表性，是西方发达国家高校体育治理结构的重要特征。

二 高校体育治理制度的渐进性与科学性

美国、德国、英国高校体育治理制度的建构与形成，都是随着历史的发展以及高校体育治理体制的演绎而不断修改和完善的，用以调节和平衡高校体育治理过程中各主体的价值、权力、利益和角色冲突。

在美国，价值、利益、角度等矛盾和冲突一直随着高校体育的发展，也推动着高校体育治理制度的不断调整与完善。以高校竞技体育为例，在价值冲突方面，理想业余主义是高校竞技体育早期的价值追求[1]，但由于一些高校对于竞技体育巨大利益的追求，以及制定多种资金制度，用

---

[1] 徐建华、谢正阳：《美国大学校际竞技体育发展的核心理念及对我国的启示》，《体育与科学》2016年第4期。

以激励更多的学生参与，NCAA 便因此多次修订规则，扩大对大学生运动员的经济资助范围与额度，2001、2002 年，分别制定了 Ⅱ、Ⅲ 级成员高校放松业余主义管制的提案，允许 Ⅱ、Ⅲ 级别的预科学生运动员接收签字合同、资金[①]。在利益与角色冲突方面，因学训矛盾引发的学生角色失衡，因大学生运动员与教练员收入差距悬殊、大学生运动员训练和比赛中伤残死亡等引发的利益相关者之间的官司，并不鲜见。在此背景下，NCAA 始终坚持业余主义原则，在招生、比赛、奖学金等方面，制定了严格的标准和规定，政府也通过立法形式，保障高校竞技体育的业余性，如美国国会关于禁止开支上限设置、禁止在竞赛器材上印广告等，最大限度地保障高校竞技体育的业余性；注重完善联盟型的组织体系，通过采取理事会制度，推动高校竞技体育利益冲突的民主协商化；注重完善制度体系，NCAA 形成了以联盟章程为统领、以各种规章制度为框架的制度体系，其中，联盟章程对高校竞技体育的发展目标、指导原则、协商机制等作了具体规定，操作规章对高校竞技体育的招生、竞赛组织、奖学金、竞赛资格等作了具体规定，管理规章对经费预算、实体行为、违规处罚等作了具体规定，虽然这些规章制度的执行并未完全解决高校体育发展中各种"潜规则"，但却为高校依法治理体育提供了有力的保障。

在德国，国家将管理权与监督权下放各州教育部门，各州通过立法、制定高校体育课程标准等，为高校体育自治提供法律保障。在政府法治背景下，各高校普遍建立了学校体育不同的治理组织机构，通过制定相关规章制度，平衡内部相关主体的利益与权力冲突。在具体治理实践中，各高校制定了具体的规章制度。如在体育课程上，波鸿—鲁尔大学制定的免费与收费体育项目分别为 28 项、25 项，对于学校体育场馆设施的使用，规定教职工与非学校人员每人每学期分别缴纳 20 欧元、40 欧元，并规定，上述规定如与利益相关者的诉求相冲突，可通过法律诉讼的形式加以解决。

在英国，高校根据国家政策法规与体育课程标准，在课程设置上，

---

① Kristen R, Muenzen, "Weakening Its Own Defense? The NCAA's Version of Amateurism", *Sports L Rev*, Vol. 13, 2003, p. 257.

既注重自主性与多样性，又注重学科融合，建构交叉与融合的跨学科课程架构，着力培养学生多科学理念与创新思维。在师资选拔上，高校普遍建立了严格的体育教师培训与选拔制度，如果体育教师未能达到学校规定的业绩标准，学校将给予其改进机会与时间限制，如果在规定时间内，体育教师的能力与业绩还达到要求，将面临降级或被解雇。在大学生运动员培养上，出台了各种奖励措施，如巴斯大学专门设立了"天才运动员奖学金计划""汤普森教育基金"等7类体育奖学金，斯特灵大学设置了足球、游泳等体育项目奖学金等。这些规章制度，为高校体育治理提供了制度保障。

三　高校体育治理环境的包容性与协同性

治理环境是高校体育治理结构的重要组成部分。从宏观上看，主要包括经济环境、政治环境、社会环境等。目前，美国、德国、英国等西方发达国家基于全球高等教育的竞争，均在调整和优化高等教育，如在政治上，国家与政府扩大高校办学自主权，加大对高等教育的投入力度；在法治上，制定和出台相关法律法规，推动高等教育治理法治化；在社会上，强化高等教育与社会互动，在扩大和丰富高等教育资源的同时，引导高校回应社会需求、促进科研成果向社会转化等，为高等教育和高校体育治理结构的优化提供了强大动力。从微观上看，欧美部分高校体育治理环境的优化，主要是指高校校园体育文化的营造与构建。现基于微观视角，重点分析美国、德国、英国等西方发达国家高校校园体育文化的发展特点。总的看，部分西方发达国家高校校园体育文化建设，具有以下特点：

在理念上，强化价值引领。美国、德国、英国等西方发达国家高校，普遍以尊重传统、深度融合、以人为本的理念，引导高校校园体育文化建设与发展。所谓"尊重传统"，及其高校校园体育文化根植于以竞争、规则、超越的西方体育之中，并传承了本国的文化基因。美国高校校园体育文化推崇个人价值、集体荣誉的特性，德国高校校园体育文化强调体育文化的开放性、整体性、人文性，英国突出尊重传统、体育参与等，这些理念都是西方体育文化与本土文化基因共同作用的结果。所谓"深度融合"，即促进高校校园体育文化与大学精神互融互通，高校校园体文化成为大学精神的重要构成与重要体现，表现为：把体育成绩作为评价学生素质的一个不可或缺的指标，如在学生招录方面，体育特长是一个先决条件或是重要因素，并针对体育特长生设立了各种奖学金；把体育作为高校人才培养的重要途径和手段；把体育作为提升高校知名度与美誉度的重要平台，美国、德国、英国等西方发达国家高校普遍以宣传大学生运动员、打造校园体育标识等，向社会彰显其魅力。所谓"以人为本"，即突出和尊重学生和教职工的个体价值，并充分发挥学生和教职工在高校校园体育文化建设中的能动性与创造性。一方面，为学生和教职工赋予充分的自主权，允许其在一定范围内，自主购买体育设施、自主参与高校体育俱乐部及体育社团；另一方面，通过开展不同类型、不同层次的体育活动，以满足不同学生与教职工的需求。

在保障上，强化制度机制。美国、德国、英国等西方发达国家高校，一方面，注重校际联盟，通过建立常态化的高校与高校之间的互动机制，促进高校校园体育文化建设。在美国，高校之间普遍建立了常态化的竞赛体系，有两校间的传统赛，如斯坦福大学与加州大学举办的每年一届的橄榄球赛，从1892年开始，已延续100余年；有多校间的体育竞赛，如由哈佛大学、耶鲁大学等8所高校成立的常春藤联盟（Ivy League），由芝加哥大学、西北大学等14所高校成立的大十联盟（Big Ten Conference），由斯坦福大学、加州伯克莱大学等12所高校成立的太平洋十二校联盟（Pac–12 Conference）；校际之间的体育竞赛从未间断、影响深远；还有全国性竞赛，如NCAA，定期举办全国性的大学生体育竞赛。在德国与英国，也分别有ADH、BUSA组织开展校际间的体育竞赛。常态化的竞赛体系，不仅促进了高校体育基础设施的建设与完善，而且在制度与精神层面，对高校体育文化产生了深远的影响。另一方面，注重自主治理，即在本国法律法规的保障与支持下，美国、德国、英国等西方发达国家高校普遍建立了自主治理体系，重视校园体育设施建设，三国高校均建立了数量充足、设施丰富、项目较多的体育场馆；注重打造体育品牌，三国高校通过打造大学生运动队、推广体育标识、举办体育赛事等形式，培育体育文化品牌；培育高水平运动员，通过体育明星培育和宣传，强化校园体育文化建设的示范引领、凝聚力量；注重校园体育文化传播，通过建立校园体育文化网站、借助主流媒体等，加强高校校园体育文化宣传，提升校园体育文化的影响力。

在实践上，强化体育社团。美国、德国、英国等西方发达国家高校，普遍重视和加强大学生体育社团的建设与治理，呈现出多样化、专业化、规范化的特征。所谓多样化，即指大学生体育社团类型多样化，既有课内的，也有课外的，还有课内外结合的；大学生体育社团涉猎项目多样化，既有球类、格斗类、户外运动类，也有益智类、竞技类，体育项目极为丰富；大学生体育社团参与主体多样化，参与主体无种族、性别、专业、年级之别，大学生可根据自身的体育偏好，自主选择和参与，而且大学生体育社团也向校内教职工、校友和社区居民开放；大学生体育社团开展的活动多样化，除了开展体育比赛、项目交流之外，还开展志愿服务、社区共建等活动。所谓专业性，即大学生体育社团专业性水平较高，体现在：大学生体育社团一般均有资深教练或体育教师指导，如美国、德国高校的大学生体育社团普遍都有一名资深教练或体育教师指导，英国则外聘教练或体育教师指导；开展的活动具有较强的专业性，大学生体育社团不仅负责校园内的体育项目培训与比赛，而且可参加校际之间的体育联赛及其他相关活动；大学生体育社团成员普遍具有较高的专业素养，它们不仅是培养大学生运动员的基地，而且也引领全民健康的重要力量。所谓规范化，即指高校与大学生体育社团普遍建立了较为完善的治理制度机制，涵盖了大学生体育社团的组织机构、日常管理、活动流程以及行为规范，如美国哈佛大学建立了"指导+制度"框架，由体育部指导大学生体育社团建立组织机构、完善规章制度，强化大学生体育社团治理；英国谢菲尔大学则由内部的学联董事会统一管理大学生体育社团，大学生体育社团主要依据该组织制定的《学联章程》《学联战略》而开展相关活动。

第三节　部分发达国家高校体育治理结构构建的经验

美国、德国、英国等西方发达国家高校，由于高校体育治理起步早，加之校园体育文化发展的历史悠久，建构和形成了较为完善的组织体系、制度体系与环境体系，为全球高校体育治理结构优化提供了可资借鉴的经验与启示。

一 鼓励和促进体育利益主体参与治理

促进高校体育利益相关主体参与共同治理，是美国、德国、英国等西方发达国家高校体育治理结构优化的重要实践路径。

在美国，高校体育治理最早强调的学生与校友自治，Smith 指出，美国高校校际之间的第一次体育竞赛，便是由美加铁路商人支持开始的[①]，而且是由学生自己组织的[②]。美国内战之后，高校竞技体育开始由校友资助的学生团体来组织，校友成为学生团体的重要构成，甚至负责高校体育代表队的事务管理[③]。由于校友对大学生运动员的资助具有复杂性、隐蔽性与灵活性，损害 NCAA 业余主义原则，因此在 1956 年后，NCAA 禁止校友资助，并规定由高校负责大学生运动员的资助。随着学生与校友自治模式的不适宜性，高校教工开始渗入并主导高校体育治理，如哈佛大学于 20 世纪 80 年代成立了教工委员会，该组织由于认为橄榄球项目"极度危险"，而取消了该校的橄榄球队，教工委员会对高校体育的影响由此可见一斑。由于校长对本校竞技体育拥有"最终责任和最高权威"，高校体育开始转向"以校长为主的联盟与联合会治理[④]"。1984 年，NCAA 成立了校长委员会，该组织又于 1991 年与 NCAA 共同成立了联合政策董事会，并于 1997 年并入 NCAA 治理结构中，校长开始成为高校体育的主要治理主体，但这并未意味学生、教职工、校友待其他主体的消失，只是说校长在高校体育治理结构中居于主导地位。

在德国，高校体育强调"共治"，高校体育治理组织机构中的成员主要有管理人员、评议会员、教师、学生会、学生、合作学校、体育部等

[①] Smith R., *Sports and Freedom: The Rise of Big-Time College Athletics*, New York: Oxford University Press, 1988, p. 35.

[②] Shulman J. L., Bowen W. G., *The Game of Life: College Sports and Education Values*, Princeton: Princeton University Press, 2011, p. 6.

[③] Crowley J. N., Pickle D., Clarkson R., *In the Arena: the NCAA's First Century*, Natl Collegiate Athletic Assn, 2006, p. 4.

[④] 杨占武、李树旺：《美国大学体育自主治理传统的回顾与思考》，《武汉体育学院学报》2017 年第 7 期。

方面的代表,共同负责高校体育的训练、学生体育兴趣培养、体育竞赛的组织与承办、体育场馆的免费供给等任务。在英国,高校内部均建立有"体育部",其人员配备主要是教练与管理人员,配备的教练员指导和服务学生业余体育活动以及学校运动队训练,体现了高校体育治理主体的多元化。

在多元的治理主体中,美国、德国、英国等西方发达国家高校均重视体育教师或教练队伍建设,体现了对高校体育治理结构中体育学术权力主体的重视。从美国看,在宏观管理上,该国高校普遍采取理事会领导下的校长负责制、教授为主体的民主管理制,并由教授委员会推选代表参加高校内部的各种委员会,强化民主管理与民主监督;在微观管理上,体育学院的院长、系主任由校长任命,管理人员主要是聘任制,体育教师通过参与教授或学科学术委员会,参与学校体育事务的管理,并就教师聘任、晋升、评价等提出意见和建议。从德国看,由于高校一般不开设体育课,体育指导教师主要是聘用校外职业体育教师,且拥有国家承认的"教师资格证",其职能在于制定高校体育活动计划、组织和指导师生员工科学健身等。在英国,高校普遍建立了严格的体育教师培训与选拔制度,如果体育教师未能达到学校规定的业绩标准,学校将给予其改进机会与时间限制,如果在规定时间内,体育教师的能力与业绩还达到要求,将面临降级或被解雇。在教学实践中,体育教师拥有较大的教学自主权。

二 建构和完善强有力的执行制度体系

制度的生命在于执行。美国、德国、英国高校体育治理结构的优化与有效,从根本上说,在于建立了与高校体育治理制度相匹配的激励约束机制,这是上述部分国家大学体育发展的重要保障。

在美国,NCAA 始终坚持业余主义原则,在招生、比赛、奖学金等方面,制定了严格的标准和规定,政府也通过立法形式,保障高校竞技体育的业余性;注重完善联盟型的组织体系,通过采取理事会制度,推动高校竞技体育利益冲突的民主协商化;注重完善制度体系,NCAA 形成了以联盟章程为统领、以各种规章制度为框架的制度体系,其中,联盟章程对高校竞技体育的发展目标、指导原则、协商机制等作了具体规定，操作规章对高校竞技体育的招生、竞赛组织、奖学金、竞赛资格等作了具体规定，管理规章对经费预算、实体行为、违规处罚等作了具体规定。同时，建立了多元治理与监督体系（见图6—8），主要是：政府通过法律与各州教育机构的监管，有效规避了高校体育治理的缺陷；强化民众监督与媒体监督，有效规范了高校体育商业化运作，促进了NCAA与体育学术活动的协调；强化组织自律，NCAA注重加强对成员高校的监督，促进成员高校竞技体育组织结构、运行机制的完善；强化利益相关者监督，为此，NCAA建立了激励、约束和信息披露机制，激励机制主要通过对成员高校、教练员、大学生运动员的奖励促进教体融合、自我实现，约束机制主要通过界定成员高校资格和业余运动员以及相关处罚制度来保证高校体育治理机制的有序运行，信息披露机制主要通过公开相关信息来接受社会的监督与支持。

同样，在德国和英国，各高校基于政府法治背景，通过制定相关规章制度，平衡内部相关主体的利益与权力冲突。在具体治理实践中，各高校制定了具体的规章制度。高校体育治理结构的有序运行，得益于各项制度机制的良性互动，比如，政府出台的法律法规与高校制定的相关体育治理的规章制度，不仅周密细致、合情合理，而且具有较强的权威性与严肃性；公民社会具有强烈的法律意识，相信与敬畏法律；法律制度执行过程中，接受管理人员、教职工、学生、社会与媒体等多方面的监督与制约。

三 密切和强化高校与政府的互动关系

高校与政府的关系从来都不是对立的，核心在于如何处理这种关系。作为国家权威代表，政府功能与作用发挥得怎样，直接影响甚至决定着高校体育治理结构的优劣。如果政府给予强势控制与过多干预，不仅会严重制约高校体育办学与治理的自主权，改变高校权力主体的位序，而且也难以达成政府的预期目标。通过上述美国、德国、英国高校体育治理结构分析，我们不难看出，西方发达国家高校体育治理结构的优化，虽然始终可以看到政府这只"有形的手"的存在，但这只"有形的手"

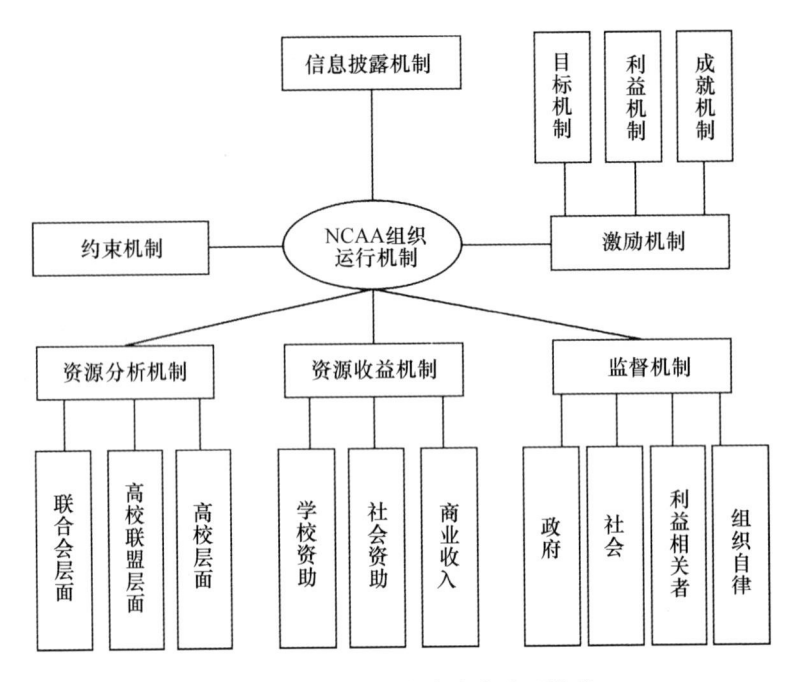

图 6—8　美国高校体育竞赛治理模型

并非是对高校体育的强势控制，而是通过法律法规，规范政府与高校之间的互动关系，给予高校体育必要的服务与支持。

在美国，联邦政府通过立法，采用税收优惠、政府拨款与补贴、实施国家"体育教育周""体育活动月"、发布政府白皮书及体质检测报告等形式，强化对学校体育治理的促进。从学校体育的治理目标看，提升学生体育参与机会与时间、促进其身体健康、预防和减少肥胖。比如，美国联邦议会颁布的《青少年课内外健康促进法案》中规定，每个州均要强化体育教育，以"切实保障青少年的身体健康，以及减少和预防肥胖"[1]。从学校体育的治理机制看，各州教育机构主要是通过体育教师资格准入、政府拨款、体育设施建设等，支持和促进学校体育治理。从学校体育的治理工具看，注重使用激励工具，即通过拨款、补贴、税收优惠等，促进学校教育与体育治理，比如，2009 年颁布的"力争上游"

---

[1]　张文鹏：《美国学校体育政策的治理体系研究》，《体育文化导刊》2016 年第 10 期。

政策，为学校拨款 4 亿美元[①]；2011 年联邦政府颁布的 NCLB 法案规定，凡是达到 NCLB 标准与要求的学区及学校，均可获得联邦政府拨款支持[②]。

在德国，国家将学校体育管理权与监督权下放各州教育部门，各州通过立法、制定高校体育课程标准等，为高校体育自治提供法律保障。比如，《北威州高校法》中规定，"高校在其范围内促进体育与文化的发展"；《巴登—符滕堡州高校法》中规定，"高校在其范围内支持大学生体育方面的发展"。从德国法规政策学校体育的治理目标看，主要是以增强学生体质、提升运动能力、促进自我发展为目标。20 世纪 70 年代，联邦政府多个部门联合颁布了"学校体育锻炼计划"，强调促进学校与体育俱乐部合作，目的是实现体育资源共享，为学生体育参与提供完善的物质保障。从德国法规政策学校体育的治理机制看，联邦政府主要是通过支持学校体育场地设施建设、俱乐部运行拨款、税收优惠等手段，对学校体育进行宏观调控，而学校体育的具体事务主要由各州负责，如在体育课程标准方面，联邦政府只是颁布指导性文件，而具体标准与内容的确定则交由各州负责。而州及其所辖的乡镇区政府也有明确的职责与分工，如在学校体育场地设施方面，州政府负责规划和建设，而乡镇区政府主要负责保护与维修。

在英国，同样也注重对高校体育的宏观控制，比如，通过颁布相关政策法规，明确学校体育目标、规划、保障措施，规范对学校体育课程，并在学制、课程及大纲上提出了不同的要求，体现了宏观控制与兼顾差异的特点；通过财政拨款、税收扶持、政府补贴等方式，强化学校体育资金保障。总之，通过政策法规，促进高校与政府密切互动，既是美国、德国和英国等西方发达国家高校体育治理的特色，也是其高校体育治理的基本经验之一。

另外，西方部分发达国家高校在学生运动员发展方面，提供了较为

[①] Mc Neil, Michele, "Race to Top Districts Personalize Plans", *Education Week*, Vol. 32, No. 26, November 2013, pp. 1 – 17.

[②] Moe, Terry M, "An Education in Politics: The Origin and Evolution of No Child Left Behind", *Political Science Quarterly*, Vol. 129, No. 2, April 2014, pp. 333 – 336.

优渥的训练发展条件和较为严格的学业考核标准，使得学生在从事体育运动的同时，可以兼顾学业成长。对普通学生而言，大学在体育服务方面的职责是为每一位学生提供尽可能丰富的健身硬件条件，同时也积极支持学生体育俱乐部发展。

第四节 部分发达国家高校体育治理结构的局限与启示

一 部分发达国家高校体育治理结构的局限

西方部分发达国家的高校体育治理，走过100多年的历史，基于自己国家高等教育发展实际积累了较为丰富的经验，使得高校体育成为其高等教育事业中不可或缺的有机部分。如美国、德国、英国，以及日本，这些国家大学体育取得了长足发展，个中缘由，有其高等教育的时代背景和国家社会文化特性是基础。尽管西方部分发达国家高校体育在治理结构设计中，体现了本国高等教育发展和高校体育发展逻辑，但在大学生体育均衡发展、大学体育与学术资源分配、大学体育治理主体和国家有效干预等方面，同样存在一定的局限性。

（一）大学精英体育与校园体育的均衡问题

首先，课程管理体系带来学生体育发展的差异。部分发达国家大学体育的存在形式是体育选修课、俱乐部和竞赛代表队，大多数学校没有中国强制开设的体育必修课。这一形式在促进高校精英体育成绩卓越的同时，往往忽略了普通学生群体的体育需求。精英体育至上，必然带来体育资源的过度集中，高校在竞赛代表队上的投入巨大，普通学生的体育资源获取难度相对加大。这种带有一定功利目的的体育的使命，与人人享有体育权利的精神是有背离的。

其次，竞技体育与校园体育的资源均衡方面存在不足。竞技体育为主体的校代表队管理，隶属于大学竞技体育部；俱乐部体育为代表的校园体育管理，接受大学公共事务部门管理，这样形成了两套管理结构，彼此之间的业务交叉虽不明显，但在大学场地资源供给中，难免会出现以竞技体育为主，以服务普通大学生为辅的局面。

(二) 大学体育资源与学术资源的投入矛盾

部分发达国家大学依靠大学体育的竞技成绩为高校赢得声誉、生源和赞助，一定程度上过分强调体育的功利性目的，大学竞技体育成为名副其实的商业阵地。以美国高校为例，各大学争相在精英体育上大手笔投入，其目的是通过校际竞赛获得好成绩，为学校赢得社会声誉，进而带来社会捐赠和成绩较好的国内学生和国际学生申请该校。有的大学为了创造体育竞赛佳绩，球队高薪聘请大牌教练，其薪酬数十倍于普通教职工，学校公共资源也给予倾斜，尤其是世界知名大学有时候为了大学的发展，不得不在更多支持体育还是更多支持学术方面产生矛盾，有时学术目标不得不做出妥协，这势必在不同程度上影响大学的学术成就①。

(三) 大学体育的高度自治增加治理难度

西方发达国家大学一般注重学术自由和自主治理，折射到大学体育中便呈现出过度自治而带来的监管乏力。体育事务自治，既是大学体育顺应学生和校友需求的产物，也是美国大学面临激烈竞争环境的产物，同时也是美国大学体育多样性特征的必然体现②。部分发达国家高校的体育组织众多，有部分涉及探险和极限户外运动，这些高风险的体育运动，单凭学生群体力量有时很难解决突发事件，当需要大学出面解决与协调时，缺乏法理依据，为高校体育工作的整体监管带来极大难度。另外，有的高校学生体育社团为了博得眼球，开设了娱乐成分多、健身元素少的项目，如德国波茨坦大学和奥古斯堡大学开设的魁地奇（Quidditch）运动，为体育课程管理带来挑战。

(四) 大学体育的国家治理权力局部失灵

西方发达国家大学体育治理主体一般是社会组织，或者是半官方性质的治理机构，缺乏强有力的国家治理主体参与。以美国为例，联邦政府对大学体育没有强制性的权力，即便是州政府也是对大学体育进行有限监督，各大学在体育事务治理中有充分的自治；英国采用"伙伴关系"

---

① 丁辉：《对美国大学体育正负面效应的文化学审视》，《体育科技》2019年第2期。
② 杨占武、李树旺：《美国大学体育自主治理传统的回顾与思考》，《武汉体育学院学报》2017年第7期。

将公共部门、大学和准自治非政府组织作为高校体育治理的主体，这一治理结构看似可激发各方治理活力，但在重大事务协调中存在国家利益无法有效及时得到保障，行政命令形式的管理手段存在无法得到落实的风险。

二 部分发达国家高校体育治理结构的启示

体育伴随西方近现代大学的诞生而成为学校教育的组成部分，西方发达国家的高校体育的公共服务属性和校际竞赛服务体系，是高校体育在大学占有重要地位的基础。面对百年未有之大变局，立足新发展阶段，中国高等教育面临诸多挑战也蕴藏住机遇，在办学方向、治理结构、人才培养模式等方面必然具有中国特色，应坚守"扎根中国大地办大学"。鉴于此背景，结合中国高校体育自身发展逻辑与历史规律，聚焦当下高校治理结构性矛盾，有选择性地借鉴西方部分发达国家大学体育治理的成功经验，有助于探索中国特色的高校体育治理结构模式。

（一）形成高校上下重视体育工作共识

肯定高校体育的价值，是国际知名高校重视体育工作的底层逻辑，高校上下形成重视体育工作的广泛共识，是体育得以健康发展的前提，比如美国哈佛大学、斯坦福大学、英国的牛津大学、德国的洪堡大学都将体育作为教育有机组成要素，大学的体育相关事务由专门机构进行管理和服务，这些机构直接接受校长或教务长领导。实践证明，大学校长的体育情怀和对体育价值的全面认识，能够有力地推进所在大学体育工作的开展，无论是体育教育教学、师生日常体育锻炼，还是体育对外竞赛、社会服务，都可获得全校资源的调配与整合。体育与大学教育深度融合，在人才培养中的地位要得到确立，是高校体育治理的基础和保障，目前国内体育工作开展较好的高校，如清华大学、华中科技大学、南京工业大学、南开大学等，莫不如是。

另外，当前中国对大学生健康干预，除了政策文件推动外，激励机制没有得到充分体现，即便体质测试达到"优秀"，也只反映在数据上。因此，建议教育部会同体育总局指导高校建立体育锻炼激励与奖励制度，通过授予体育锻炼相应的荣誉称号，激发大学生的体育锻炼热情。在这方面南开大学大胆探索出一条成功之路，值得推广：南开大学历来重视体育教育，自 2016 年起对四年体质测试全部达标的毕业生将获得《体质健康证书》，体质测试优秀的毕业生将获得"体魄强健毕业生"称号。荣誉制度折射的是高校对学生体质健康的重视，从实践效果看，能够增强学生参加体育锻炼的荣誉感和自觉性。

（二）加强高校体育治理组织架构建设

建立科学性的治理组织架构是实现治理结构效能的保证，纵观体育发展较好的国际名校，均建立强有力的治理组织结构。建立相对独立的高校体育治理组织架构，赋予较强的管理和资源调配职能，如美国亚利桑那州州立大学，成立了管理学校体育代表队的训练和竞赛活动的体育部，该部门由一位副校长管理，配备有专职的 1 名高级主任和 4 名副主任，其中的高级主任具体全权负责体育部工作，是学校最重要的职位之一，实质上扮演了体育经理人的角色。体育部下设有 8 各相关部门，各个部门各司其职，分别负责人力资源、财务、学生运动发展、运动医疗保健、政策与法规、市场开发、场馆设备管理、运动赛事、日常训练等①。各部门相对独立而又协同配合，其中的重要因素是大学体育部（类似于中国高校的体委）发挥了指导、协调、统筹职能。就国内高校的普遍做法，高校体育工作主要由一个教学单位负责，涉及健康、保健、医务、场馆、安保等业务则分属于若干部门，加之体育运动委员会的机构虚设和职能虚化，导致跨部门协作中不同程度创新相互推诿、互不买账的局面，可借鉴国外大学的成熟做法进行机构创新。

同时，高校体育涵盖面广、涉及人员众多，形成高校内部体育治理协调机制也是十分必要的。西方部分发达国家高校的体育事务分类管理，形成相对独立的治理机制值得借鉴，美国高校为例，他们将校级竞技体育与校内面向普通大学生的体育活动分而治之，很好地调配优质资源进行合理分配。国内高校尚未将两者分开，很大程度上导致体育对外竞赛组织管理、经费保障、训练指导与体育课教学产生冲突。

---

① 傅亮：《试论美国"高校体工队"模式下的竞技体育人才培养——基于典型个案调研》，《南京体育学院学报》2019 年第 7 期。

(三) 推进高校学生体育社团组织培育

发挥高校学生体育社团在体育治理中的主体性地位，同时发挥学生在体育社团治理中的主体地位，是世界名校惯有的做法，国外高校的在学生体育组织支持与建设方面经验，值得国内高校借鉴。以美国杜克大学为例，该校的校内体育社团俱乐部，由体育社团执行理事会负责管理，成员均由在校学生担任。理事会设有主席、副主席、财务、秘书、宣传专员、年刊编辑等6名核心成员负责日常事务。理事会下设体育社团理事会，每个社团由专门成员负责各自体育社团的运转，他们直接为普通会员提供健身、健康、康复、竞赛等服务[①]。德国大学体育组织形式是俱乐部制，而且将校内资源与校外社区资源进行了很好融合，有力地促进了大学体育治理。中国高校近年来逐渐重视学生体育社团建设，学生体育社团已成为大学生体育健身指导服务的中坚力量。大部分高校体育社团隶属于学校团委，服务意识弱、监管意味浓，致使社团的组织建设支持力度和赋权意识尚待加强，有待形成体育社团治理新格局。

(四) 推动高校体育治理制度创新

高校体育在发展中的制度法规引领作用很关键，国际知名大学在这方面是高度一致的。以英国为例，英国2004年颁布了《青少年优质体育教育》、2013年实施了《英国国家课程：体育课程学习纲要》，为各个年龄段的学生制定了详尽的体育课程体系，规定学校必须严格执行这些课程，以法律形式强化英国学校体育（包括大学体育）；如德国在2017年制定了《2017—2022年学校体育发展行动规划》，旨在促进学校体育高质量发展。新中国成立以来，关于学校体育的文件"存量"十分丰富，在推动学校体育，包括高校体育中起到了巨大作用，从"开齐开足体育课"到"上好体育课"的有效转变。但高校体育课程建设相关文件建设，没有很好紧跟时代步伐，最新版的《全国普通高校体育课程指导纲要》是2002年制定的，距今近20年，文件内容有待进行更新重设。另外，尽管

[①] 秦海权、姜丽萍、梁同福：《美国一流大学体育社团管理模式研究——以杜克大学为典型案例》，《武汉体育学院学报》2014年第5期。

各高校紧跟国家经济社会发展步伐，5年制定一次发展规划，但反映在高校体育事业发展上，各高校体育制度建设没有很好体现与时俱进。高校在国家文件执行中有待实现"一竿子插到底"的执行效力，与大学生体育需求的"最后一公里"还没有很好对接。其中的主客观原因很多，而高校制定文件实施细则和工作办法的意识还不强，没有形成体育治理制度体系。

(五) 构建高校体教融合育人战略布局

2020年印发的《融合意见》指出，充分发挥高校在体育育人主阵地，将体育与教育深度融合、协调发展。放眼欧美发达国家大学，体教有机融合的教育体制与培养模式，促进高校高度重视大学生运动员的训练与学习。美国NCAA及其成员高校制定了相关制度与措施，运动员决不能成为获取胜利的工具，学生的身心健康和正常学业必须得到保障，他们参加体育竞赛只是其大学教育经历的一个部分而非全部。正是有了体教融合制度设计，高校在发展大学生竞技体育中不遗余力，成就反映在国际体育赛场上。英国大学生体育协会（BUCS）官网显示，在2020年东京奥运会英国代表团376名正式运动员中，有118名运动员来BUCS[1]，占比为31.38%。美国大学体育联合会（NCAA）公布数据显示，美国奥运代表团来自169所大学的462名学生运动员的参赛，占到总人数613人的75.37%[2]。相比而言，中国体育代表团运动员为431名，身份为在读学生的人数为108人，占到总人数的25.06%，与部分发达国家存在不小差距。中国目前有近300所高校具备了招收高水平大学生运动员的资格，但整体竞技水平还有待提升，还没有形成中国特色的高校体教融合发展模式。

诚然，域外经验尽管有成功的样板但不是灵丹妙药，需要进行本土化创新，要符合中国国情与实情，要适用大学所处的政治体制背景，更要与自身的真实情境相融合。中国高校体育的治理规律，既要遵循世界

---

[1] BUCS takes On Tokyo, https://www.bucs.org.uk/resources-page/bucs-takes-on-tokyo.html.

[2] College Sports Proves Integral to Olympic Movement, https://www.ncaa.org/about/resources/media-center/news/olympic-glory-starts-here.

先进的成熟做法，同时也要考虑中国特色国情与高校自身发展规律。立足体育事业发展新格局，理顺高校体育治理规律，构建组织设置合理、权力分配均衡、责权边界清晰的治理结构体系，形成决策科学、执行坚决、监督有力的权力运行机制。

第 七 章

中国普通高校体育治理结构优化策略

推动治理能力与治理体系现代化，是新时代中国全面深化改革的新理念、总目标。推动高校体育治理能力与治理体系现代化，既是国家治理的时代要求，也是实现高校体育高质量发展的必然路径。而要达成这一目标，必须优化高校体育治理结构，这是因为，高校体育治理结构是高校体育治理体系的重要构成，其优化程度，既是高校体育治理体系完善的基本表征，也是高校体育治理能力现代化的重要体现。虽然，中国高校体育治理体系取得了积极进展，但依然存在体系滞后、法治不足等问题[①]。应基于新时代诉求，着力推动高校体育治理能力与治理体系现代化。

由"SPE"协同理论可知，行动者的主体行为，既是由制度、文化等构成的社会系统作用的必然结果，又是社会系统变革的重要动力。作为一个相对独立的社会系统，普通高校体育治理结构的优化，正是高校体育利益相关者彼此互动的过程，其秩序及其稳定性依赖于制度安排与内部控制所形成的复杂网络。基于中国普通高校体育治理结构现实思考以及部分西方发达国家高校体育治理结构优化的经验，现从高校体育治理结构优化原则目标、优化模式与优化建议等几个方面，探求中国普通高校体育治理结构优化的策略。

---

① 马丽：《新时代学校体育治理体系和治理能力现代化研究》，《体育学研究》2020 年第 3 期。

第一节 高校体育治理结构优化的目标与原则

新时代教育强国、体育强国战略背景下，高校体育面临的任务更加艰巨，高校体育治理事务日趋复杂，而传统的高校体育管理体制改革乏力、路径依赖的窘境，治理结构中权力生态的失衡、制度体系的缺憾、内外部环境的约束，越来越难以适应新时代的发展需求。因此，应基于时代诉求，首先明确高校体育治理结构优化的遵循原则与既定目标。

一 高校体育治理结构优化的目标

推进高校体育治理结构优化，其主要目的是改进高校体育传统管理模式，激发高校体育利益相关者主体的参与度，提升高校体育服务高校师生的能力与水平。基于"SPE"协同理论，优化高校体育治理结构，其标准主要是高校体育治理主体的民主性、高校体育治理制度的平衡性、高校体育治理环境的互动性。

（一）推动高校体育治理主体多元化

在高校体育治理结构优化过程中，治理主体的民主性主要体现为参与高校体育治理主体的多元性。基于多中心治理理论，高校体育各个利益相关者均有不同的利益诉求、表达方式、参与渠道，从而形成一种合作共治的治理网络。在"健康中国"与全民健身战略背景下，维护和发展高校内部每个利益相关者的体育权益，特别是大学生群体的体育权益，是优化高校体育治理结构的"初心"所在。在实践中，由于并非每个行为主体都能参与高校体育治理，于是强调"关键"利益相关者[1]；但在笔者看来，高校内部各利益相关者、各个行为主体，均是体育的参与者、行动者、模范者，他们有着不同的利益诉求，有着利益最大化期许，也理应都是高校体育治理的参与者。事实上，高校体育治理中的许多难题，均涉及各个利益相关者。比如，近年来大学生体质健康水平下降的治理难题，其直接诱因在于学生体育兴趣不高、体育参与积极性不强；这一

---

[1] 李永亮：《高等学校内部治理结构优化研究》，博士学位论文，山东大学，2016年。

问题的直接原因在于体育教师教育教学不安心、不尽心,或者能力不强、质量不高;而体育教师的问题原因又可归结于体育教师评价体系不健全、学校领导重视不够、相关职能部门科学化管理缺失等;再比如,高校体育场馆使用率不高问题的治理,如果全部免费开放,需要大笔的维修经费以及相关配套服务、安全措施等;如果有偿开放,费用太低难以维持高校体育场馆的正常运营,费用太高又难以吸引更多人消费。这些治理难题,其实质是高校内部利益相关者利益博弈陷入僵局后的困境。而要摆脱高校体育的治理困境,我们就要正视和回归利益博弈本身——综合考量各利益相关者的利益诉求与期许,寻求利益共同点、平衡点,并围绕扩大各利益相关者参与高校体育治理建构对策和机制,推动高校体育治理民主化、常态化。

(二)加强高校体育治理制度建设科学化

近年来,中共中央、国务院为颁布机构出台了多部有关学校体育和促进青少年学生体质健康的文件法规,教育部也出台了多部促进学校体育工作的办法条例,体现了党中央、国务院从国家战略层面谋划学校体育工作、强化青少年体质健康素质的决心。特别是党的十八大之后,国家对学校体育的工作力度不断加大,相关政策体系不断健全[1],可以说,高校体育发展的国家法规制度框架基本形成,顶层设计清晰明了。高校体育推进中,以改善提高大学生体质健康水平为抓手,将体育纳入人才培养方案,拿出勇气和决心从治理结构入手,切实提升高校体育治理效能。

在高校体育治理结构优化过程中,治理制度科学性主要体现在协调、平衡决策权、执行权与监督权之间的关系,其工作重心主要是协调好高校学校体育运动委员会、体育教学部和相关职能部门的关系,优化高校体育利益与权力的配置、协调与制衡,提升高校体育治理能力。在高校体育治理过程中,由于长期形成的管理模式固化,使得高校体育利益相关者习惯了现有的治理状态而创新内生动力不足,其实质正是其自身权力的"坚守"与"依赖"。推动高校体育治理制度均衡化,首先应从制度

---

[1] 李小伟:《学校体育要抓住时代发展新机遇》,《上海教育》2020年第33期。

机制上明确高校学校体育运动委员会、体育教学部和相关职能部门以及相关主体的权责关系，其次建立完善民主监督制度机制，扩大和保障教师、学生、员工等利益相关者的知情权、参与权与监督权，使决策权力、行政权力在监督下"阳光运行"。

（三）促进高校体育治理环境内外协同化

在高校体育治理结构优化过程中，治理环境互动性主要体现在治理主体、治理制度、治理环境与高校整体系统之间的多重互动，这是高校体育治理结构持续优化的动力所在。在新时代背景下，体育已成为人们追求幸福生活的"必需品"，高校体育内外部环境已发生了重大变化，各利益相关者的主体力量、体育理念、利益诉求等也随之发生了变化，固有的高校体育管理体制已越来越不适合时宜。高校体育主要面对的是在校学生，校内体育环境对体育治理产生巨大影响，同时也受到国家体育发展大环境的深刻影响，当前，如何将高校内外环境进行整合，形成促进高校体育治理创新的驱动力，是深化体育治理结构改革的重要抓手。

近年来，国家出台了一系列的旨在促进学校体育发展的法律法规，如教育强国战略、体育强国战略、健康中国战略、全民健身计划、体教融合意见等外部治理制度，法规文件的出台为高校体育治理提供了难得的外部环境和治理依据。在高校内部制度建设方面，出台了如体育课程改革方案、学生体质提升措施、健康课程实施计划、运动健康促进和群众体育开展等工作制度和工作条例，这些校本制度在各高校都有所体现，一定程度上促进了高校体育各项事业的长足发展。高校要积极开展体育制度建设，如体育设施管理制度、体育人员管理制度、体育活动开展流程等，推动体育教学的规范化和程序化。一直以来，高校体育依靠政策环境驱动发展，国家文件的相继出台推动着高校体育的管理变革；高校内部的体育发展环境也在发生改变，其中一个明显的标志是大学生体育社团的蓬勃发展和校内体育公共服务需求的空前旺盛。上述需求的变化倒逼高校进行体育治理改革，制定相应的工作条例推进体育工作健康发展。因此，高校内外环境的有效整合，可为高校体育治理形成自上而下、上下联动的改革局面提供政策保障，构建国家政策落地有声、高校制度执行到位、政府高校政策良性回应的新体制机制和配套的制度体系，为在高校体育发展中发挥作用营造良好政策环境①。高校外部政策环境与高校内部的发展环境，为高校体育治理结构优化，创设了难得发展机遇，高校体育治理结构优化中，应将内部和外部环境有效整合，形成协同合力。

二 高校体育治理结构优化的原则

中国普通高校体育治理结构的完善与优化，是推进高校体育治理现代化进程的必由之路，在推进高校体育治理进程中，高校体育要紧跟治理现代化时代诉求，治理结构优化要强调体育综合价值认同。

（一）高校体育治理优化要紧跟时代诉求

高校体育工作是促进大学生体魄强健的重要手段，是国家实施健康中国战略和体育强国战略的重要支点，是为党育才、为国育人的重要途径。高校体育，从课程教学走向高校体育公共体育服务供给，从教授学生体育运动技能到影响学生终身体育生活理念，从注重学生体质健康到关心教职工的体育诉求，是新时代对高校体育工作的期盼和定位，与时俱进、优化服务、提质增效是满足高校师生体育获得感的重要保障。

首先，确立现代化治理理念，推动高校体育回归人本与公共性。理念是行动的先导与原始驱动力。优化高校体育治理结构，首先应确立现代化治理理念。由于工具理性的影响，高校体育注重规模、数量等外在治理，虽然在一定程度上，促进了高校体育的发展，但发展质量并不高。在新时代背景下，社会与广大师生更为关注高校体育的质量供给，更为关注高校体育对自我发展的满足。如何优化高校体育治理结构，推动高校体育内涵式、高质量发展，是新时代赋予高校体育改革与发展的新的课题。确立现代化治理理念，应坚持以学生为本，基于"立德树人"目标，促进高校体育治理回归人本与公共性，突出高校体育的人文关怀，切实为提升学生身心健康水平、促进学生全面发展提供有力的保障。

其次，完善高校体育治理结构，建构党委领导下多元共治格局。高

---

① 朱传耿、王凯等：《改革开放40年来我国体育政策对发展理念演变的响应及展望》，《体育学研究》2018年第6期。

校体育治理权力结构的优化与完善，是高校内部体育相关利益主体权力运行的基础，它不仅关系着高校体育的发展方向与活力，而且关系着高校体育治理目标的实现。目前，中国普通高校体育治理结构，普遍是基于新公共管理治理模式建立的条块结构，虽然，这在一定的历史阶段有效推动了高校体育治理，但同时也存在沟通不畅、项目重复等弊端。优化高校体育治理结构，既要注重制度重建，明确和规范各种权力边界及运行规则，又要注重机制创新，建构和完善责任、协调、整合等机制，为建构形成多元共治格局提供制度保障。对此，笔者将在后面进行专题探索，在此不作赘述。

最后，创新高校体育治理手段，提升高校体育治理效能。进入新时代以来，随着信息技术的快速发展以及"互联网+"国家战略的实施，高校体育治理开始重视和强化信息化建设，探索高校体育治理的新路径、新手段，但同时也存在方向性迷失、政务化倾向、信息整合不足等现象，还难以满足信息化背景下高校体育治理的需求。为此，应在分析和研究高校体育治理信息化存在的矛盾与症结的基础上，优化升级高校体育信息化治理手段。在理念上，由"数量至上"向"质量至上"、由"技术至上"向"服务至上"转变，既要注重引进信息技术，更要注重其兼容性、实用性和有效性。在功能上，强化横向、纵向上的各种功能模块的整合，促进高校体育相关部门互联互通，实现体育教学、训练、比赛、管理等一体化，切实破除不同部门、不同层级、不同主体间的"信息孤岛"。同时，为密切各利益相关者互动关系，应注重创建"民主型"的信息化平台，如设置民主决策、意见收集、互动交流等功能模块或平台，增强高校体育利益相关者的互动关系，从而增强高校体育治理结构的回应性与包容性。

（二）高校体育治理结构优化要强调价值认同

认同是一个"信仰、模范及价值之综合"[1]，其中，价值认同是人们对于某种价值的认同与共享。完善与优化高校体育治理结构，其本质是基于一定的价值标准与行为规则而进行的一种制度安排，是对结构的合

---

[1] 李素华：《对认同概念的理论述评》，《兰州学刊》2005年第4期。

理性、行为的规范性一种探索与设计①。在高校体育治理结构的运行过程中，虽然需要相关的制度与规则来保障，但仅有制度与规则是远远不够的，还必须有主观价值的引领，舍此，制度与规则在执行中便会难以发挥应有的作用；而要发挥其应有的作用，就需要培育和确立高校体育核心价值观。这种核心价值观，不仅为高校体育治理结构的合法性提供了依据，为高校体育治理的逻辑框架提供了预知可能，而且为利益相关者的实践与行为提供了目标与方向②。让利益相关者深刻理解高校体育治理结构"所以然"，并内化为认知与认同，增强行动自觉，是高校体育治理结构有效运行的前提和保证，也是优化高校体育治理结构的逻辑起点。

　　从特征上看，高校体育治理结构价值认同具有博弈性、过程性、动态性等特征。所谓博弈性，即高校体育治理结构价值认同存在多元性与一元性的博弈。高校体育治理结构价值认同存在于利益相关者的互动中，在高校内部，不同的利益相关者，如学校领导、管理者、教师、学生、普通员工等，由于角色、职责、需求等不同，对高校体育治理的价值诉求自然不同，并由此催生了高校体育治理结构价值的多元性，而这也正是价值认同生成的基础。因为，高校体育治理的价值认同是在价值多元性的基础上追求一致性的过程。为此，高校应基于自身的价值定位与文化特色，基于高校体育的价值功能和目标，确立一元化导向，并使其得到高校内部各个利益相关者的认可与共享。所谓过程性，高校体育治理结构价值认同是在高校体育治理结构优化过程中所做出的某种价值选择。各个利益相关者或群体，其价值认同的过程，是在主观与客观因素的影响下，不断深化认知与自觉实践的过程，是从个体融入群体的过程。所谓动态性，虽然，价值观具有一定的稳定性，高校体育治理结构及其所处的内外部环境发生变化时，这种价值观也会随之发生变化。

　　从内涵看，高校体育治理结构价值认同是基于不同理念而做出的不

---

① 张永宏：《组织社会学的新制度主义学派》，上海人民出版社2007年版，第104页。
② 赵文华：《现代大学制度：问题与对策》，上海交通大学出版社2007年版，第91页。

同解读：基于共同治理理念，高校体育治理结构价值认同是高校体育治理主体从一元转向多元共治的价值认同。高校体育的根本任务在于"立德树人"，在于增强学生身心健康、促进全面发展，这也是高校内部各个利益者相关者共同的价值追求。近年来大学生体质健康水平持续下降的客观事实，其中一个重要原因，正在于高校体育治理中相关主体的缺失。因此，优化高校体育治理结构，应系统分析各个利益相关者或群体的价值预设、利益诉求、活动路径等，建构相关的协同规则与流程，使协同治理向着"立德树人"这一根本目标与方向发展。基于学术发展理念，高校体育治理结构价值认同是高校体育治理从"育体"向"育人"的转变。在高校体育治理中，不同程度存在"行政治理学术化"与"学术治理行政化"的倾向[1]，导致高校体育专项化教学薄弱、碎片化问题突出、"立德树人"功效低下等问题[2]。推动高校体育治理从"育体"向"育人"转变，高校应双重建构体育课程与教学内容，既注重体育技能的提升又注重道德培育，加强高校体育"课程思政"的建设与实施。诚然，这些高校体育治理结构价值认同，需要各个利益相关者或群体密切沟通与交流，并在此过程中自觉摆脱传统观念的束缚，确立体育"育人"理念，并以此为共同的价值追求参与高校体育治理之中。

从生成看，高校体育治理结构价值认同的实现，需要诸多条件与路径。基于"SPE"协同理论，其生成方式主要是：强化各个利益相关者或群体之间互动关系，在"知"与"行"的互动中，深刻认知与理解高校体育治理的理念、制度与文化，并按照"因知而行，以行促知，知行合一"的认同逻辑，参与高校体育治理之中；建构和完善高校体育治理制度机制，促进高校体育治理制度化、规范化与法治化；优化高校体育治理环境，通过加强与政府、社会互动，建设和发展高校校园体育文化等，为高校体育治理结构价值认同提供良好环境条件。

---

[1] 李维安：《大学治理症结：行政治理与学术治理的错位》，《南开管理评论》2017年第1期。

[2] 高鹏飞：《具身道德：学校体育何以"立德树人"的困境与治理》，《体育与科学》2020年第2期。

第二节　高校体育治理结构优化的模型构建

中国高校的管理模式主要是行政主导下的垂直型治理结构，西方发达国家高校多采用的是扁平式职能治理结构。随着高校体育利益相关者主体意识的觉醒和高校体育职能的进一步拓展以及体育公共服务属性的进一步彰显，中国普通高校体育治理结构应做出相应的优化完善，是对高校体育事业业务流程的再造和管理机制的变革。探索基于利益相关者体育权益保障，以行政监督、机构决策、部门协同、主体联动，以职能拓展为目标的高校体育治理结构，将成为中国普通高校体育治理结构优化的努力方向。

优化权力配置关系及其运行机制，既是实现中国高等教育大众化和普及化的制度保障[1]，也是推进教育治理体系新格局的根本任务[2]。高校体育治理改革创新必须考虑中国的国情，必须遵循普遍的高等教育发展规律，充分发挥政府的主导作用，全面总结过去几十年来中国高校体育治理的成功做法和经验，积极借鉴国外高校体育治理的有效措施，贴近时代需要和师生需求，构建中国特色共建、共治、共享的高校体育治理结构新模式。

一　高校体育治理"塔式"结构模型创设

当前，高校体育治理组织架构一般为"垂直"科层组织结构，也即"学校党委/行政—校体育运动委员会—体育教学部—体育教师—学生"。这一结构在计划经济时代和改革开放初期，发挥了统一指挥领导、协调资源调配、下级服从上级的作用。新时代，随着高校体育治理面临的新形势、新挑战，过去单向度的管理模式，逐渐难以适应发展需求，应做出改革创新。大学治理结构是关于大学各利益相关者或治理主体之间责

---

[1] 邬大光：《探索高等教育普及化的"大国道路"》，《中国高教研究》2021年第2期。
[2] 张志勇、赵新亮：《新时代我国教育治理体系新格局的现代化重构——基于教育权力配置的视角》，《国家教育行政学院学报》2021年第2期。

任和权力分布的架构,具体表现为大学内部的组织结构设置架构[1]。据此,高校体育治理结构,即高校体育治理的组织结构设置架构,本书根据"SPE"协同理论,高校体育治理效能的发挥,需调动主体要素、制度要素和环境要素,形成高校体育治理的协同力,而治理主体协同力的实现,治理架构是组织保障。因此,本研究针对高校体育治理结构优化需要,设计了中国普通高校体育治理结构优化模型(见图7—1)。

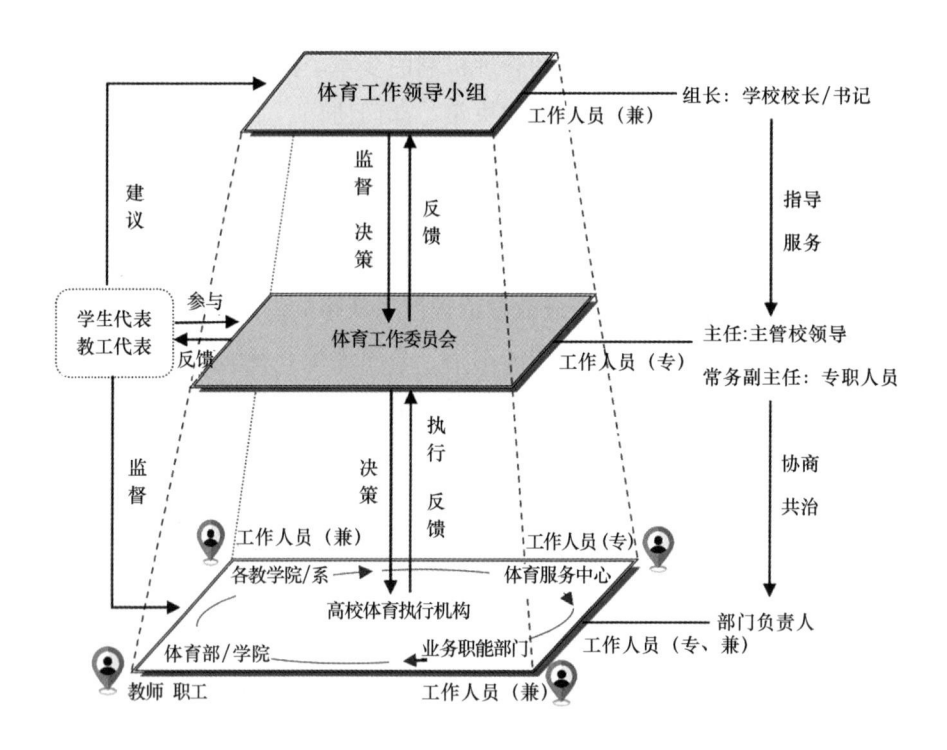

图7—1 中国普通高校体育治理结构优化模型

根据中国高校办学体制和高校体育工作实际,高校体育治理要遵循、依托高校内部治理结构和行政组织架构。组织治理结构依托于组织的基本结构组织结构是建设治理结构的基础,组织治理活动的开展必须遵循组织的基本形态,把握组织形态是治理活动得以顺利进行的前提[2]。结构

---

[1] 李旭炎:《现代大学内部治理结构研究》,人民教育出版社2016年版,第18页。
[2] 胡建华、王建华、陈何芳:《大学内部治理》,南京师范大学出版社2020年版,第40页。

由要素构成，要素是构成系统的基本单位，在一定意义上决定着系统的本质，高校体育治理结构就是各种治理要素按一定规则的排列组合。因此，在高校体育治理结构设计中，基于高校的党委与行政主导型高校治理结构框架，形成了高校体育监督、决策、执行三层"塔式"治理结构模型，力求实现各治理层级的职、责、权、利的协调对等。优化后的高校体育治理结构，呈现的是立体型治理结构模型，较之当前单维平面，优化后的高校体育治理结构，更适应新时代高校体育工作特点，也更利于形成协同治理合力，发挥组织效能。

该系统的特点在于：将高校体育治理权力分为三个层次，其中，以学校体育工作领导小组为代表的监督层；以学校体育工作委员会为代表的决策层；以体育部、教学院系、职能部门和体育服务中心为代表的执行层，分别居于金字塔的上、中、下三个层级，各个权力主体均具有双向互动关系，共同构筑高校体育治理结构框架。这一治理结构生态，既强化了各利益主体的权力分享、权力制衡与责任共担，又强化了各权力主体间的运行、互动、制约与监督。有学者认为，学校治理的关键要素，治理主体的多元化、行动方式的网络化和权力责任的一体化[1]，在本书构建的高校体育治理结构模型中已得到印证。据此，与传统式的高校体育管理模式下，事关学校体育发展监督、决策权基本掌握在学校党委行政手中所呈现的"行政管控"不同，在高校利益相关者协同治理模式下，各利益相关者基于各方体育收益最大化而共同参与高校体育治理，重大决策应在利益相关者充分参与的基础上共同做出，从而转变高校领导层对体育事务的控制或高校体育管理机构（体育部）的"一手操办"，使高校体育重大决策权在各利益相关者之间达到一种平衡，实现行政权力、教学权力与体育权力的有机统一，避免任何一方主体在组织架构上成为权力的摆设[2]。

---

[1] 杜明峰、范勇、史自词：《学校治理的理论意图与实践进路》，《教育研究》2021年第8期。

[2] 鲍传友：《提升学校治理能力需要进一步完善学校内部治理结构》，《教育发展研究》2017年第20期。

二 高校体育治理"塔式"结构层次解读

高校体育"塔式"治理结构模型，是本研究对历史进程中中国高校体育治理结构经验与问题考察、西方发达国家部分高校体育治理结构借鉴的基础上，对当前普通高校体育治理结构的完善与优化。

整体而言，高校体育"塔式"治理结构模型，纵向可分为三个层级，分别是：（1）高校体育治理监督层，该层级是由学校校长/书记担任校长组织组长的"学校体育工作领导小组"行使高校体育的监督权；（2）高校体育治理决策层，该层级是由学校体育运动委员会结构实体化而形成的学校"体育工作委员会"，由分管学校体育工作的副校长担任主任，行使高校体育的决策权；（3）高校体育治理执行层，该层级具体负责高校体育各项事务，由学校体育教学部、教学院系、相关职能部门和新成立的学校"体育服务中心"共同参与，各司其职、分工协作。诚然，在高校体育治理中，体育工作领导小组除了主要履行监督职能外，也有决策权；体育工作委员会主要履行体育治理中的决策权，而对体育事务执行机构也有监督权，因此，"塔式"治理结构的各层级的职能不是固定不变、不可逾越的，为实现高校体育治理目标，需要各行为主体的协商共治，遵循善治理念。

高校体育"塔式"治理结构模型横切面解析，主要涉及高校体育治理的决策层和执行层。在高校体育决策层，也即学校"体育工作委员会"，主任为分管学校体育工作的校领导；常务副主任为专职管理干部，具体行使主任职责；副主任构成为：体育教学部主任、新成立的学校"体育服务中心"主任、教务处处长、学生工作部部长和学校校办主任；委员为：学校相关职能部门领导、教学院系的领导和学生与教工代表。体育工作委员会（取代校体育运动委员会），具体负责高校体育工作的决策、领导、统筹、协调职能。

高校体育治理执行层，主要由四类机构或部门具体负责，首先是体育教学部，这里有必要加以说明的是，体育教学部的主要职责是实施体育课教育教学工作，全校学生的体育课程教学，体育教学部通过体育教师群体来完成；其次是新成立的学校"体育服务中心"，至于为何成立该机构，笔者将在下文专门进行阐述，该机构是实职常设管理服务机构，有具体固定的办公场所、专职管理干部和专职工作人员，该机构具体负责高校体育公共服务相关的事项；再者是教学院系，高校教学院系是培养人才的主要机构，有责任、有义务培养高素质合格人才，新时代综合人才评价标准中体魄强健，将作为一个重要的衡量指标，因此教学院系应协同其他部门促进学生体魄强健、身心健康；最后是相关职能部门，高校各项事业部门负责制要求职能部门届时承担起高校体育相关工作或相关协同工作。另外，在高校体育治理执行过程中，在校学生和非职务教职工有监督参与具体工作的权利，高校应形成机制保障教师、学生的体育知情权和参与权。在该治理结构模型中，教工代表和学生代表对体育工作领导小组的监督履职尽责情况、体育工作委员会的决策履职尽责情况和体育事务执行机构部门的工作情况均行使监督权和建议权，在个别工作中对师生提出的问题，各层级有义务反馈并做出说明。

根据"SPE"协同理论，高校体育治理结构优化模型各要素的协同性更强，参与主体的联动关系更加密切，部门分工更加明确，工作机制更趋健全，制度安排更贴近现实，校内外环境驱动着力点更加精准，各行为主体在责、权、利界定更加清晰，所形成的治理结构更有利于治理效能的科学发挥。

三 高校体育治理"塔式"结构要素阐释

较之现行中国普通高校体育治理结构，本研究所呈现的高校体育治理结构优化模型中，除保留原有治理结构中的合理成分外，增加了管理部门和专职人员要素。任何一项改革都不能脱离实际，也不能脱离过去，高校体育治理结构改革创新，亦是如此。优化后的体育治理结构增设了高校体育工作领导小组和高校体育服务中心；将高校体育运动委员会，更名为高校体育工作委员会；增加了高校体育工作委员会专职干部和专职工作人员；在高校工作委员会中增加了在校学生和非职务教职工席位；理顺了高校体育工作治理的监督体系、决策体系和执行体系。

（一）成立高校体育工作领导小组

建立健全高校体育治理中的监督权、决策权、执行权，形成既相互制约又相互协调的权力结构和运行机制，是高校体育事业发展的坚强保障。多年来，高校在体育具体工作执行中确保了教育部对"必修课程"的开设和学生体质健康工作的顺利实施。但对实施效果的有效监察和体育工作的科学决策，高校目前还存在一定的短板，还有待形成系统科学的体育监管协作机制。

当前，大部分高校体育工作主要是由体育运动委员会负责进行监督、决策和协调、领导，使得决策和监督同属一个机构，而且是非常设机构，出现"既当裁判员，又当运动员"的工作局面。因此，构建监督、决策和执行相对独立的治理组织架构，一定程度上能够克服高校以往在体育治理过程中的"路径依赖"。新时代高校体育的职能拓展与服务效能发挥，高校体育政策落实执行的监察机制，是一个不容忽视的因素。本研究建议，高校可成立"学校体育工作领导小组"，由校长担任领导小组组长，教务、纪检、组织、学工、工会等职能部门负责人担任成员，适时增加非职务教职工和在校学生成员席位。该领导小组是议事协调机构，用于处理专项性体育监督事务，属非正式职能机构，不占用行政编制。根据各高校情况，也可下设领导小组办公室，办公室主任由校办主任兼任，承担领导小组的日常运转。体育工作领导小组组织架构和工作职责设计如下：

一、人员组成

组长：校长/书记

成员：纪委书记、分管学生工作的副校长（副书记）、分管体育工作的副校长、分管教学工作的副校长、工会主席（副校级领导）、教职工代表、学生代表等

二、工作职责

1. 监督学校各部门贯彻落实中央、部委有关高校体育工作的文件法规情况；

2. 监督学校体育工作委员会行使决策职能情况；

3. 对高校体育相关职能部门开展体育工作过程与效果实施监督评价；

4. 对高校体育教学工作和学生体质健康工作进行监督；

5. 对高校体育相关工作实施监督与评价等。

（二）组建高校体育工作委员会

从历史和现实情况看，大学权力越来越依托各种委员会等组织来存在和运行①，作为高校公共事业和具体课程的高校体育，组建高校体育工作委员会是扩大治理主体范围，提高治理效能的重要手段，同时基于现实考虑和法理依据。

1. 现实考量。高校体育运动委员会，是对应"中华人民共和国体育运动委员会"而设置的，对高校体育工作行使领导、监督、决策、组织、协调的管理部门。根据对全国近百所高校"学校体育运动委员会章程"的文本分析，各高校对其的定位描述大致为："学校体育运动委员会是全校师生开展体育活动的管理和组织机构，在校党委、校行政领导下开展工作，并接受教育部、省教育厅和国家体育总局、省、市体育部门的指导"。从文本解析看，体委是高校体育的最高管理机构，但在校体委实际工作中存在的问题主要有：（1）大部分高校体委存在"三无"现象——无专职管理干部、无专职工作人员、无专属办公场所；（2）成员是委任而非选举产生，委员会成员多为"席位制"，是各院系和各职能部门的领导岗位的自然顺承，基本无任期规定；（3）工作方式以会议为主，委员会工作方式是每年举行1-2次全校体育工作会议；（4）具体工作一般交由学校体育教学部/学院全面承担，没有很好发挥应有职能；（5）对如何为学校师生提供优质体育资源缺少组织监管保障等。总体而言，高校体育运动委员会发挥的作用是不能忽视的，但距离"体育运动委员会章程"原则上赋予的管理职能还有很大差距。

针对上述问题，本研究认为破解之道，首先将该机构"实体化"，也即配备专门管理干部和专职工作人员，设立固定办公场所，制定工作制度，完善工作机制；其次是改革学校体育委员会，组建"学校体育工作委员会"，体现服务学校师生功能。设立体育工作委员会有利于整合学校

---

① 李旭炎：《现代大学内部治理结构研究》，人民教育出版社2016年版，第266页。

资源，避免体育工作碎片化，职能更加全面、机构更加规范、运行更加稳定、组织更加健全①。

2. 法理依据。组建高校体育工作委员会、配备专职管理干部和工作人员的政策依据是：（1）《关于进一步加强学校体育工作若干意见的通知》（国办发〔2012〕53 号）指出，校长是所在学校体育工作的第一责任人，要确保学校体育各项工作任务的具体落实。（2）《基本标准》指出，"设置体育工作机构，配备专职干部、教师和工作人员，并赋予其统筹开展学校体育工作的各项管理职能；实行学校领导分管负责制（或体育工作委员会制）；学校各有关部门积极协同配合，合理分工，明确人员，落实责任；制订规范文件、健全管理制度、加强过程监测"。（3）《条例》条款，第二十四条："学校应当由一位副校（院）长主管体育工作"；第二十五条："普通高等学校可以建立相应的体育管理部门，配备专职干部和管理人员；辅导员应当把学校体育工作作为一项工作内容；学校的卫生部门应当与体育管理部门互相配合，搞好体育卫生工作；总务部门应当搞好学校体育工作的后勤保障""高校要面向全体学生设置多样化、可选择、有实效的锻炼项目，组织学生每周至少参加三次课外体育锻炼"。（4）《意见》要求，"健全体育锻炼制度，广泛开展普及性体育运动，组建体育兴趣小组、社团和俱乐部，推动学生积极参与常规课余训练和体育竞赛"。

3. 具体设计。高校体育工作委员会具体人员组成与工作职责设计如下：

一　人员构成
主任：副校长（分管教学工作或体育工作）
常务副主任：专职干部
副主任：专职干部、体育部/学院、教务、学工、工会、团委、

---

① 这里特别说明的是，学者肖继宁早在 1985 年就撰文指出，"使体委由过去的群众组织变成行政领导机关，由过去的协调机构变为决策机构，由过去的虚设机构变为常设机构"。时至今日学界依旧发出此类呼吁，足见校体育运动委员会机构改革之艰巨，也反映了该问题解决的必要性。详见肖继宁《高校体育管理工作的改革设想》，《四川体育科学学报》1985 年第 3 期。

校办领导

委员：教学院系党委副书记、各职能部门负责人，以及体育部/学院分管群体工作领导、教职工代表、本科生代表、研究生代表，等等

工作人员：专职，4人

二　工作职责

（一）主任职责

1. 全面主持体育工作委员会日常工作；

2. 召集和主持体育工作委员会会议，检查体育工作委员会决议的落实情况；

3. 审核学校体育工作规划，并推动相关工作；

4. 审核学校体育工作委员会年度经费预算，学校体育场馆设施建设与维修报备；

5. 完成学校党委、行政交办的其他相关工作。

（二）常务副主任职责

1. 主持体育工作委员会日常工作；

2. 起草学校体育工作规划，落实体育工作委员会决议；

3. 具体落实体育教育教学、群体竞赛、学生体质健康测试等工作；

4. 编制学校体育工作年度经费预赛，负责学校体育工作委员会年度总结表彰工作；

5. 协调校际间、学校各单位及单项体协之间开展体育交流活动；

6. 负责高校体育公共服务和体育后勤保障工作。

7. 负责体委印鉴保管、使用。

（二）副主任职责

1. 具体组织落实本部门各项体育工作，促进教职工和学生形成体育锻炼习惯；

2. 协助常务副主任落实学校各项体育工作；

3. 专职副主任做好分管工作。

（四）委员职责

1. 参加体育工作委员会会议，提出体育工作意见或建议；

2. 参与讨论、制定并落实学校体育工作规划与计划；

2. 参与筹备开展全校性体育活动；

3. 指导、组织本部门师生开展各项体育运动；

4. 保障群众体育、竞技竞赛和体育交流活动的顺利进行，推动体育文化建设与宣传；

5. 完成体育工作委员会交办的其他相关工作。

（五）工作人员职责

1. 根据岗位职责，有效完成负责具体工作；

2. 对接服务所负责部门、院系有关体育事务；

3. 收集、整理学生、教职工体育工作建议与意见，及时反馈给常务副主任；

4. 完成主任、副主任交代各项日常工作。

（三）成立高校体育服务中心

近年来，大学生体育需求的多元化，体育组织形式的多样化，师生体育健身的个性化，日常体育健身的智能化，都为传统以教学为主要职责的高校体育管理体制和运行机制带来新的挑战。高校体育的教育教学职能逐渐向教学与服务并重转变，管理上从单一主体行政管理模式向多元参与协同联动的治理模式转变。高校体育为校内师生提供体育公共服务的能力，逐渐成为检验高校体育工作效果的重要衡量标准之一。调查显示，中国普通高校体育整体而言，师生体育服务效能有待提升，个中缘由有客观现实局限、有管理体制积弊、有体育重视不足等，但服务机构设置的合理性，是一个十分有必要考量的因素。比如西安交通大学将体育教学部更名为"体育中心"，配备了专职管理和工作人员，细分了教学、训练、群体、竞赛和科研事务各项事务。

1. 政策法规依据。提升高校公共服务能力，制度保障和组织保障是关键。制度层面，《条例》指出，"普通高等学校的体育，是指体育课教学、课外体育活动、课余体育训练和体育竞赛"，也即是说，高校体育不仅是体育课教学。《基本标准》要求，"体育工作及其效果作为高校办学评价的重要指标，纳入高校本科教学工作评估指标体系和'双一流'建设成效评价","为师生提供优质体育资源与服务"。文件中这些体育服务性工作,现行做法是主要由体育部教师接受行政指令、带有无偿性(尽管教育部文件规定应该核定为教师工作量,但因服务时间长、时段不统一、教务部门难以认定,这些工作量实际上较少体现在工资报酬中)的教学工作之外的额外付出。

2. 职能拓展所需。高校体育可简单分为"课内"和"课外",课内即为教育部规定的公共体育必修课程;课外是指:学生日常体育锻炼和教职工业余体育健身、学生体质测试与健康管理(教育)、学校内外体育竞赛与体育文化活动、学校体育场馆设施建设维护与运营管理、高校体育社会服务与科学研究,等事务。组织建设方面,目前高校的体育治理结构沿袭多年,已不能很好服务师生体育需要,根据高校体育所涉及的内容,将"课外"部分进行分类治理,是高校精细化治理的具体体现。对现有体育治理机构和部门设置进行优化创新,显得十分必要,也十分紧迫。成立高校体育服务中心,配备专职工作人员,将非教育教学类事务从体育教学部/学院剥离,一则可以使体育部/学院有更多精力进行体育教学教研改革创新,二则成立专门职能机构可使高校内部体育公共服务的效能得到提升。

3. 具体组织形式。如前文分析,高校体育不仅仅是"高校体育课+校运会+学生体测",还包括其他与师生有关的促进身心健康、体魄强健的所有发生在高校场域内的一切身体活动总和。高校体育的传统管理组织架构,越发难以适应新时代学生和教职工的多元体育需求,亟须专门部门进行承接这些服务职能。鉴于此,本研究认为,高校成立"体育服务中心"的时机渐趋成熟,具体构想如下:

一 人员构成

主任:专职 体育工作委员会副主任兼任

工作人员:专职 2—3 人

二 工作职责

1. 负责高校体育面向全校师生的各项体育公共服务事务;

2. 负责实施学生体质测试工作,建立学生健康档案,实施运动健康干预与教育；

3. 负责学校各体育代表队管理、服务，校际体育竞赛、对外体育竞赛后勤保障；

4. 负责高校学生体育社团、俱乐部管理与服务，为学校教职工体育锻炼提供支持；

5. 完成体育工作委员会分配其他工作。

四 高校体育治理"塔式"结构具体职能剖析

高校体育工作，体育课教学是主要内容，学生体质健康测试是评价手段，而规律性的体育锻炼、经常性比赛交流，是实现"每天锻炼一小时，健康工作五十年，幸福生活一辈子"的重要保障，学校体育还应帮助学生"享受快乐、增强体质、锤炼意志、健全人格"。高校体育工作内容多、涉及广，非某一部门和某一群体可全部实施完成，高校治理新常态下，体育工作的模块服务与精准治理，是破解当前高校体育工作困局的有益尝试。据此，本研究将高校体育工作划分为16个模块，分别归类4个机构实施精准治理，体育整体工作接受学校体育工作领导小组监督，接受学校体育工作委员会领导（见图7—2）。根据"SPE"协同理论，尽管进行分类治理，这些工作内容存在一定的重叠和交叉，这就意味着4个治理主体需要进行沟通协作，应形成协同治理格局。下面将对各治理主体的负责工作进行解读，阐释高校体育工作分类治理的逻辑。

（一）高校体育教学部负责的体育工作解析

高校体育教学部，是专门从事高校体育教学工作的学校二级单位，同时承担着高校几乎所有其他体育事务，在服务于人才培养、科学研究、社会服务、文化传承创新与国家交流工作中，做出了巨大贡献，但目前高校普遍存在的这种"事无巨细，体育部来担"的定势思维与工作模式，一定程度上讲影响着高校体育治理效果。根据责任主体责、权、利对等原则，原属于高校体育教学部的工作应进行细分，实施归口管理和精准治理。高校体育教学部除完成教学任务外，应成为高校群体工作、日常训练和校内外竞赛的"参谋部"。

根据高校体育教学部的资源占有、人员构成和职能划分，应专注于

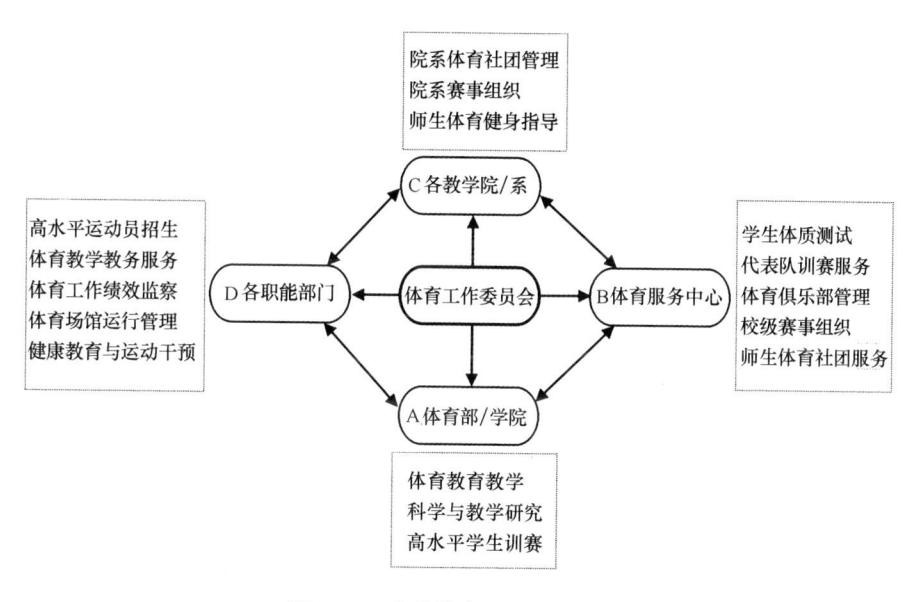

```
                    ┌─────────────────┐
                    │ 院系体育社团管理 │
                    │ 院系赛事组织     │
                    │ 师生体育健身指导 │
                    └─────────────────┘
                            │
                      ┌───────────┐
                      │C 各教学院/系│
                      └───────────┘
高水平运动员招生                              学生体质测试
体育教学教务服务  ┌────────┐ ┌──────────┐ ┌────────┐  代表队训赛服务
体育工作绩效监察  │D各职能 │─│体育工作  │─│B体育服务│  体育俱乐部管理
体育场馆运行管理  │部门    │ │委员会    │ │中心    │  校级赛事组织
健康教育与运动干预└────────┘ └──────────┘ └────────┘  师生体育社团服务
                      ┌───────────┐
                      │A 体育部/学院│
                      └───────────┘
                    ┌─────────────────┐
                    │ 体育教育教学     │
                    │ 科学与教学研究   │
                    │ 高水平学生训赛   │
                    └─────────────────┘
```

图7—2 高校体育工作分类治理

（1）全校本科生和研究生的公共体育教育教学；（2）体育科学研究与教学研究；（3）学校高水平运动员学生的训练与竞赛；（4）体育文化传承创新与国际交流。该职能划分依据，首先，公共体育课教学面向全校本科生和研究生，体育教师是该项工作的主要承担者，实地调研获悉，高校体育教师平均每周承担教学任务约为20学时，远高于其他学科教师工作量，保质保量上好每一节体育课，是体育教师的本质要求；其次，高校体育教师要进行科学研究与教学研究工作，该方面工作主要目的是提升教育教学质量，同时与教师职级晋升也有关系，会分割体育教师一部分精力和时间；再者，高校高水平运动员招收，是基于体育教学部师资力量和培养能力，该类学生的训练和竞赛，责无旁贷地由体育部教师全权负责，为体育教学部和体育教师增加一定的工作量。因此，上述工作既是体育部工作职责也是体育教师能力和精力所及，交由体育教学部负责，符合高校体育工作实际。

（二）高校体育服务中心负责的体育工作解析

高校内部治理结构改革，是当前高校寻求内涵式发展的重要举措，改进机关工作作风，提高机关工作服务质量、办事效率和管理水平，则是高校更好地为师生员工服务的具体体现，高校除了拥有一流的硬件，还应有一流的管理服务水平。比如，华中科技大学成立了学校"师生服务中心"，凡涉及学校学生、教职工的大部分日常事务，做到了一次性受理、一站式服务，有效提升了服务效能，广受好评。深圳大学的学校场馆建立了职能服务系统，方便师生场馆预订和使用，很好地服务于师生的体育健身锻炼需求。作为高校体育工作新成立机构，高校体育服务中心的工作职责主要集中于：（1）学生体质健康测试工作组织与管理；（2）学校体育运动队日常服务与管理；（3）体育俱乐部服务与管理；（4）学生与教工体育社团后勤服务保障；（5）全年校内体育赛事活动的组织与策划；等等。据图7—1所示，学校体育服务中心工作人员围绕为师生提供体质健康测试、日常健身锻炼和体育群团组织服务等，同时，还应兼顾其他部门和机构的体育事务，中心在学校体育工作委员会领导下，相对独立开展工作。

上述这些事务性工作，当前大部分是由体育教学部负责，学校团委对学生社团的意识形态方面实施审核与监管。体育教师是高校体育工作的主要力量，尽管《基本标准》文件中，"将体育教学、课外体育活动、课余训练竞赛和实施学生体质健康标准等工作纳入教师工作量"，但笔者调查发现，体育教师可承担具体实施工作，对于管理与协调工作基本不愿承担，配备专职工作人员具体负责落实协调十分必要。因此，随着高校体育服务职能的进一步转变，成立学校体育服务中心，是更好保障师生体育权利的举措，亦是解决当前问题的一条道路。

建议高校成立学校"体育服务中心"，配备专职工作人员，围绕学校育人中心工作，按照高校体育的工作内容与类别，进一步明确岗位职责和工作服务流程，要定岗定责，细化责任，对每一项工作都要具体到人，切实体现服务高校师生员工的水平和能力。另外，借助智慧校园建设，除了"实体化"的一站式体育服务中心，可将"一站式网上服务大厅"同步开通，也可对学生体育健身进行大数据管理，如通过APP服务学生日常体育锻炼、体育健身伙伴互动社区等。

（三）高校相关职能部门负责的体育工作解析

根据高校体育工作类型划分和高校职能部门业务分类情况，部分高校体育工作应由部分职能部门负责执行或监督执行，具体包括：（1）高水平运动员招生；（2）体育教育教学服务；（3）高校体育工作绩效检察；（4）体育场馆运行与管理；（5）大学生健康教育与运动健康干预。各职能部门对应体育事务归类如下：

（1）高水平运动员招生工作：应归口到"高校招生就业处"，根据教育部和国家体育总局公布数据，截至2020年，具备招收高水平运动员学生的高校约为284所，尽管具备招生资格的高校仅占普通本科高校总数约为20%，但有逐年递增之势。因此，根据多年来国家推行的"阳光招生行动"，该类体育属性的大学生应由高校招生就业处负责，体育教学部配合。

（2）体育教育教学服务工作：传统管理模式而言，体育课教学是由体育教学部组织实施并考核评价，据笔者调查，尽管教务处属于全校教务职能部门，但在体育课排课、选课、配备教师方面，多由体育部负责。本研究认为，体育教育教学工作中的"三自主（学生自主选择老师、自主选择上课内容、自主选择上课时间）"切实落实，应交由教务处或本科生院负责。另外，高校体育课教学监督与评价，应作为提高课堂教学质量工程的组成部分，教务处牵头负责实施。

（3）高校体育工作绩效检察：这里的"高校体育工作"是指包括了"课堂"与"课外"所有体育事项，对该项工作的检察，尽管教育部的检查重点只有开启开足体育课和大学生体质健康测试，但高校自身必须有清醒地认识：没有课外规律的体育锻炼佐之经常性体育竞赛，大学生体质健康水平和体育隐形教育功能，不可能产生效果。因此，建议高校体育工作领导小组牵头，学校体育工作委员会配合，充分发挥监督职能，制定详尽的评价标准、问责机制和工作机制，展开高校内部体育工作绩效评估。

（4）体育场馆运行与管理工作：据调查，目前大部分高校成立了"学校场馆中心"，该中心有的隶属学校"国资管理处"，有的隶属于"体育教学部"，笔者认为，高校体育场馆划归高校的国资管理部门较为合适。原因在于，高校体育场馆设施，是国有资产，除体育课教学与训练之外，应为全体学生、教职工甚至附近居民健身锻炼使用，在课余时段首先面向校内师生低价有偿使用，其次向附近市民有偿开放。这项工作涉及收费，需要专门机构负责，作为教学单位的体育部，不适合进行体育场馆的运行与管理工作。建议该项工作由国资处牵头，体育教学部、财务处负责配合。

（5）大学生健康教育与运动健康干预工作：根据教育部颁布的《普通高等学校健康教育指导纲要》（教体艺〔2017〕5号）要求，"把健康教育作为高校学生素质教育的重要内容，纳入学校教育教学体系。明确一名校领导具体负责健康教育工作，完善教务、学工、校医院、团委等多部门各负其责、协同推进的健康教育工作机制"。根据文件精神，高校大学生健康教育要纳入通识性课程体系，应由学校教务处应作为牵头单位；校附属医院、体育教学部、学工部作为配合单位，协同推进该项工作。

（四）高校教学院系负责的体育工作解析

高校中的教学院系，也即中国常说的二级教学单位，是人才培养的主体单位，关系扎根中国大地办大学的成效和人才输出质量。关于"怎么才算得上合格人才"，在此不做深入讨论，有一点可以断言，没有体魄强健做底色，合格人才是不全面的。教育部印发的《关于深化本科教育教学改革全面提高人才培养质量的意见》（教高〔2019〕6号）中明确指出，"大学生不能达到《国家学生体质健康标准》合格要求者不能毕业"，2020年中共中央办公厅、国务院办公厅颁发的《意见》指出，大学生体质健康状况是衡量高校教育工作的重要内容，应纳入"双一流"评估体系。因此，承担为党育才、为国育人的使命，教学院系有责任和义务为学生和本单位教职工的身心健康、体魄强健贡献力量。本研究认为，高校教学院系应负责事务有：（1）本学院学生体育社团管理与服务；（2）本学院各项体育赛事的组织与实施；（3）本学院学生和教职工的课余体育锻炼组织与协调。上述工作在整个高校体育工作布局中，可能与其他部门有重叠和交叉，这就要求教学院系积极发挥工作主动性，破除多年来该项工作的缺位障碍，协同推进学生体质健康和体魄强健相关工作。

第三节　高校体育治理结构优化的落实建议

高校体育治理结构优化，是新时代高校体育职能拓展、科学管理、服务提升和人才战略的应时而动、顺势而为；在全民健身、健康中国、体育强国等关乎大学师生健康的国家战略回应下，高校体育应理顺关系、厘清责权、协同创新，进一步发挥学科优势。传统的高校体育管理体制和机制面对日益复杂的体育获得感诉求和新时代教育改革发展的新要求，表现出体制机制上的路径依赖，其科层化的管理理念、单一化的组织架构、行政化的治理手段都显现出一定程度的时代背离。抓住新时代对高等教育改革发展的新要求，对高校体育治理结构进行现代化优化与重构，是实现高校体育内涵式发展，办好师生满意体育事业的重要保障。本研究认为，在高校体育治理结构优化中，可参考如下建议：重塑主体联动型的高校体育治理关系、构建高效协同化的高校体育治理组织架构、健全科学规范性的高校体育治理制度体系、营造校内外政策一体化的高校体育治理环境。

一　搭建高效协同的高校体育治理主体组织架构

组织是权力运行的基本载体，治理主体往往通过特定的组织行使治理权力。体育组织架构是高校内部体育权力关系运行的基础，组织形态是权力分配和利益诉求以及治理活动得以顺利进行的前提，直接关系到高校体育的发展活力和发展动力。优化高校体育治理组织结构，是美国、德国与英国等西方发达国家高校体育治理的经验之一，尽管西方发达国家高校体育治理组织结构设计不尽相同，但参与治理的主体均具有多样化特征。中国普通高校虽然沿袭了原来的"国家运动委员会"的组织体制，相应建立了"高校体育运动委员会"，通过集中高校决策系统，以"科层"式的治理模式，加强高校体育的统一领导与集中治理。近年来，面对高校体育工作的新形势、新变化、新需求，这一组织架构，普遍存在职责范围不清晰、组织功能弱化、与体育部关系模糊等问题，使之在高校体育治理中难以发挥应有的统领作用，有必要对其进行结构改革，以期形成流程高效，权责对应、分工明确，科学管理的高校体育治理组织架构。

（一）高校体育治理组织架构应具有合法性

组织的合法性对其在生存环境中发展至关重要，具备合法性的组织可以获取必要资源以及持续的支持。合法性不仅影响到利益相关者如何看待组织，也影响到利益相关者如何理解组织的活动和战略。包括高校内部组织在内，组织的合法性是群体作为一个整体接受或支持组织的行为模式，而非个体对于政治行为的价值判断。合法性强调事物不仅要符合法律规范，还要符合道德规范，更要符合事物的内在之理[1]。高校体育治理结构中的监督、决策、执行均以组织的形式，在高校体育治理活动中发挥合法性与规律性。

有鉴于此，高校体育治理结构的组织架构认同，是实施高校体育治理的先决条件。其存在的合法性一是高校体育工作的发展形势使然，二是基于如下国家法规文件：（1）中共中央办公厅、国务院办公厅《意见》，"建立加强学校体育工作部门联席会议制度，健全统筹协调机制"；（2）教育部、国家体育总局《关于实施"国家学生体质健康标准"的通知》，"在校长领导下，由学校体育教学部门、教务部门、校医院、学工部门、辅导员协同配合共同组织实施"；（3）教育部《基本标准》，"设置体育工作机构，配备专职干部、教师和工作人员，并赋予其统筹开展学校体育工作的各项管理职能。实行学校领导分管负责制（或体育工作委员会制）"；（4）国务院办公厅《关于强化学校体育促进学生身心健康全面发展的意见》，"按照职责分工，落实好深化学校体育改革的各项任务"；（5）《条例（2017修订）》，"由一位副校（院）长主管体育工作，可以建立相应的体育管理部门，配备专职干部和管理人员，辅导员应当把学校体育工作作为一项工作内容"；等等。

本研究构建的高校体育治理结构优化模型（见图7—1）中，以在校学生为例，学生作为直接利益相关者，不仅是学校管理和服务的对象，

---

[1] 刘云、Wang G. Greg：《基于评价者视角的组织合法性研究：合法性判断》，《外国经济与管理》2017年第5期。

同时也是教育教学和管理活动的重要参与者,学生的主体地位不仅为学习权利提供了合法性基础,也构成了学习权利的重要来源,在合理范围内赋予学生一定的权利,既是尊重和维护学生主体地位的重要体现,也是大学履行育人职能,保障学生受教育权,促进学生健康成长,促进学校科学发展实现的需要。

(二) 高校体育治理组织架构要体现包容性

包容性是指尊重差异前提下的接纳与合作。协商合作是包容性治理的核心行动,责任担当是包容性治理的人格指向,利益共享是包容性治理的目标导向[1]。高校体育治理组织架构为何要体现包容性呢?诚如本书第四章所述,高校体育管理体制僵化问题已存续多年,高校体育治理结构碎片化日益凸显,责、权、利边界模糊。优化高校体育治理结构,旨在体现组织的包容性,使高校体育治理主体有机会、有动力参与到高校体育治理中,从而更好体现共治共享理念,从而尊重和保障高校体育各利益相关者的权益,尤其是主体利益表达方式、表达机制、表达机会和能力等。

多年来,行政主导下的高校体育管理体制和工作机制,自觉不自觉地将关联度不高的部门、群体和个人排除在治理活动之外,通过行政摊派方式对高校体育各项工作施加影响。高校体育运动委员会的成员,多由行政人员构成,其身份获得是行政职位的自然顺承,较少遵从个人意愿;在高校体育教学中,教师的权威地位长期存在,学生的学习主体地位搁浅或边缘化;在高校校园体育活动竞赛组织中,行政性资源调配方式,使得在校学生与教职工较难自主发挥组织行为;学生体质健康测试中的学生主体参与地位也难以得到很好保障,基本上是"一测了之",后续的健身处方与运动干预缺失。要解决问题,就需要各治理主体在达成共识基础上进行合作。没有达成共识,就难以进行合作。上述问题,反映了高校体育利益相关者在主张体育权益时,组织依托缺位,个体行为很难获得足够尊重,因此,在高校体育治理组织架构设计中,体现主体包容性参与。

---

[1] 邓集文:《包容性治理的伦理向度》,《伦理学研究》2020年第6期。

(三) 高校体育治理组织架构须考虑协同性

利益主体的有效参与，才有可能带来价值共享的可能。近年来大学生体质健康状况不佳，引起国家、社会的高度关注，高校体育价值与功能得到了更广泛认可，推动了高校师生体育公共服务需求的不断攀升。但当前高校在体育管理工作中，依然存在一个部门（体育教学部）说了算，其他部门协作难，师生参与渠道不畅，体育运动委员会职责发挥不充分的情况。在优化高校内部治理结构的时代背景下，高校体育治理组织架构应纳入高校整体改革框架，不应被边缘化。就高校内部而言，体育事业所面临的问题，是体育利益相关者自身体育参与热情有待激发，体育健康促进规律告诉我们，没有科学而规律的健身实践，体育促进健康的效果很难体现。在校学生尽管体育锻炼的意识较之新冠肺炎疫情前，有明显增强，但距离"体育获得感惠及全体学生"的目标还有很大的差距。这里面的原因很多，调查中，师生反复提到体育治理的参与度不高，不清楚高校体育工作的方针、政策以及本校体育发展规划。职能部门在体育事务上，形成了体育工作应该是体育教学部来负责的"路径依赖"。

高校体育是关乎每位在校学生和教职工身体健康的工作，在建立健全体育治理体系中，组织建设是根本性的，学生与教工的参与，职能部门的充分协作，才能够形成聚合效应，协同推进整体工作的有序开展。因此，根据"SPE"协同理论，高校体育治理组织架构须赋予各行为主体的参与权，尤其是在学校体育工作委员会中，增设学生代表席位和非职务教职工席位，并形成制度固定下来，定期举行学校体育工作会议，审议、决策体育日常事务。

二 重塑多元主体联动的高校体育治理关系

"SPE"协同理论强调，行为主体既是社会规则系统的"创造者"，又是社会规则系统的实践者与传递者。同样，高校体育治理主体是高校体育治理结构的创造者与实践者。在研究高校体育治理主体联动的前提，要分析清楚高校体育利益相关者主体有哪些，这些利益相关者基本是以群体形式出现，包括：学校领导层、各职能部门和二级学院领导群体、体育教师群体、教职工群体、在校学生（本科生和研究生）等。这些群体参与高校体育治理主要依托组织有：学校体育运动委员会、学校教工代表大会、学校学生代表大会、职能部门、教学院系、体育教学部等。高校体育各利益相关的主体通过上述组织参与学校体育治理多维联动，将是高校体育治理效能提升的重要前提。密切和强化高校体育治理主体间的联动关系，是优化高校体育治理结构的核心，其路径在于优化高校体育治理的组织结构、平衡权力配置、扩大民主参与渠道，形成共建共治共享的治理新局面。

（一）高校体育治理主体的涵盖面应广泛

高校是一个由多元主体构成的共同世界，不同治理主体之间存在角色、地位、作用、诉求、价值观念、利益等差异。高校内部结构治理的目的是把多元治理主体聚拢在一起，促进着高校治理主体公共精神的发育。利益相关者的广泛而有效参与，保障了高校师生参与体育公共生活的权利，形成高校体育治理共同体强大的凝聚力。多元治理主体的价值认同在生成公共价值标准的同时，还促成着身份认同、利益认同和情感认同[①]，为高校体育治理创新提供了强大的精神支持。

高校体育工作始终坚持的目标，是使在校学生和教职工有体育幸福感和获得感，除了包括丰富课余生活、实现体魄强健，还应包括体育的知情权和参与权。因此，在深化高校内部治理结构改革，倡导高校内部事务治理主体多元化的背景下，高校体育应从管理走向治理，改变过去主要由一个部门说了算的工作局面，构建利益相关主体广泛参与的治理结构。普通高校体育治理组织结构的优化，应注重"自我更新"，促进高校体育治理组织结构中各部门、系统、各主体的联动性、合作性与协同性，使之形成一个有机的整体，提高高校体育治理整体效能。

学生是高校存在的基础，同样，学生体育需求是高校体育存在的底层逻辑。这里对大学生群体参与高校体育治理有必要进行着重阐述。大学生是高校体育治理不可或缺的主体，保障和发展学生民主参与权益，

---

① 杨仁忠、张诗博：《社会治理共同体的公共性意蕴及其重要意义》，《河南师范大学学报》（哲学社会科学版）2021年第1期。

需要建构系统地参与运行机制，既需要明确参与范围、拓宽参与渠道、丰富参与方式，也需要强化动力驱动与条件支持（见图7—3）。

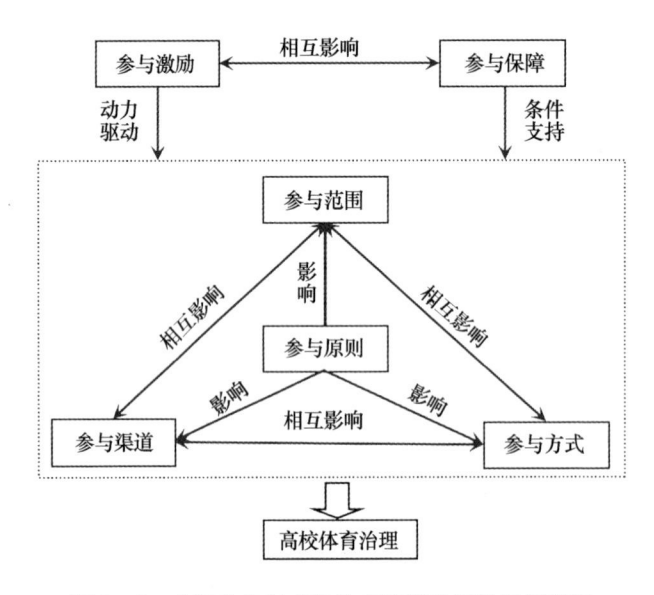

图7—3　大学生参与高校体育治理机制的运行机理

首先，强化学生参与高校体育治理的意识与能力。学生作为大学内部的核心利益相关者，是推动形成多元主体"共治"格局的主要力量[①]。理论与实践表明，行为态度与参与意愿具有显著的正相关[②]。因此，应注重培育大学生参与高校体育治理的意识与观念，通过入学教育、文化宣传等，强化其高校体育治理的主人翁意识，激发起参与高校体育治理的热情，增强其参与高校体育治理的能动性与积极性。诚然，仅有参与意愿是远远不够的，还需有参与治理的能力与水平。参与治理能力是一个实践的过程，需要在参与高校体育治理的过程中逐步提升。其次，拓宽学生参与高校体育治理的范围与渠道。从学校的决策到班级的具体实践，

---

① 王晓茜、姚昊：《大学生参与大学内部治理行为的影响因素研究——基于多群组结构方程模型的实证分析》，《重庆高教研究》2021年第1期。

② 冯遵永：《我国大学内部治理中学生参与研究》，博士学位论文，中国矿业大学，2019年。

从体育课程的内容设置到体育教学管理，从体育比赛前的策划到比赛过程中的组织与服务，从体育场地建设到使用等，均应引入学生参与。在参与渠道上，应拓宽大学生意见表达、监督投诉等渠道，通过机构或组织、高校网站平台、维权等多种渠道与形式，参与高校体育各项事务的治理。最后，完善学生参与高校体育治理的保障机制。通过政策引导、教师指导、体育场地设施供给、经费支持等，激励和引导广大学生参与高校体育治理。

(二) 高校体育治理主体的权力调配应均衡

高校中的教师和学生的参与管理权，虽然也是独立的权力形态，但其话语权和影响力仍十分微弱，他们在高校治理中的作用没有得到充分发挥[1]。治理的基本特征是表现在主体间的多元性客体或对象的共同性治理过程性及其协调性，可见，多元主体共同治理是治理理论的重要特征。高校体育治理组织结构的运行，其实质是一种权力运行。因此，如何科学配置、调整、平衡权力结构，成为高校体育治理组织结构运行的核心与关键。美国1200多所高校结盟的NCAA，将竞技体育治理权力配置于三级领导委员会，并设立了权责明晰的管理机构以及完善的内部监督机制，强化对各相关权力主体的制衡与监督。德国与英国各高校普遍建立了学校体育不同的治理组织机构，通过制定相关规章制度，平衡内部相关主体的利益与权力冲突。这一治理经验启示我们，促进高校体育治理组织结构高效运行，必须建构和优化高校体育治理权力结构。

高校体育利益主体有不同的利益诉求，有不同的参与主渠道，不应越位、错位和缺位，权利与责任是对等的权利，责任就是权力的边界，这应该是高校体育治理的本意所在。建构和优化高校体育治理组织架构，其终极目的在于提升高校体育治理效能，达成高校体育治理组织目标。但高校体育治理组织架构仅仅是一种"骨架"，其"灵"与"肉"在于组织权力的治理，在于高校体育治理权力与均衡。就高校体育治理而言，高校体育语境中存在的权力结构，主要体现为政治权力、行政权力、体育权力、民主监督权力，具体而言：(1) 政治权力，中国特色社会主义

---

[1] 李旭炎：《现代大学内部治理结构研究》，人民教育出版社2016年版，第53页。

高校办学体制高校党委处于体育治理的政治权力中心；（2）行政权力，学校领导层处于高校体育治理中的行政权力中心；（3）监督权力，由高校体育工作领导小组主要行使体育治理的监督职能，包含了学生代表和教工代表共同对高校体育工作进行履职监督；（4）体育权力，由高校体育工作委员会主体履行全校学生和教职工的体育权力保障职责。在校学生和教职工的体育权益的获取，还需要强大的支持系统，如学校体育服务中心、相关职能机构和教学院系等，共同协助校体育工作委员会履行各项体育职能（见图7—4）。

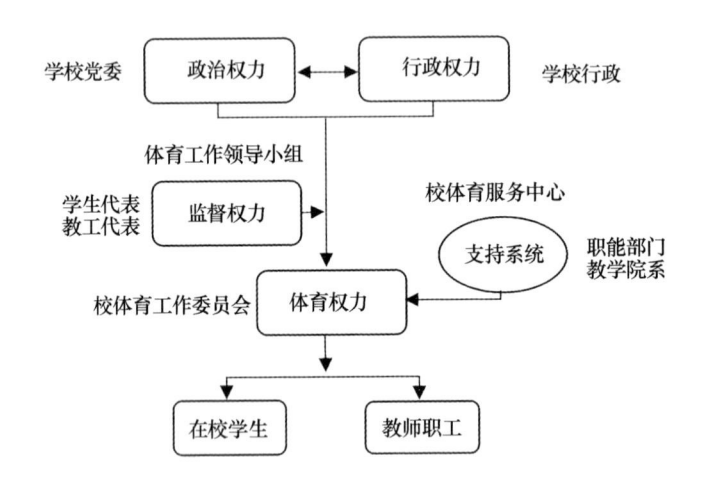

图7—4 高校体育治理各行为主体权力

由"SPE"协同理论可知，根据组织职权层级，强化不同层级间的权力配置，密切权力互动，增强组织运行中的周延性控制，从而提升组织价值创造能力。事实上，高校体育治理组织框架都是一种权力分化的结果。调查显示，部分高校的体育教学部的组织框架中，从体育分管副校长，到体育部主任，再到体育教师，均是由阶层、职权等要素而产生的垂直向度上的分化，彼此之间是一种管理与被管理、控制与被控制的关系；在横向上，每个角色又由所承担的任务而产生一种水平向度上的分化，彼此之间是一种合作与分工的关系。高校体育治理权力结构的优化，既应优化垂直分化的权力配置，也应优化横向维度的权力互动。通过整合机制，强化各权力主体之间的沟通、协调与合作，从而增强高校体育治理结构的凝聚力与向心力。

（三）保障高校体育治理的主体参与应常态化

保障和发展高校体育治理师生民主参与权益，是西方发达国家高校体育治理中普遍的做法与经验。在美国，高校体育治理不论是起初的以学生与校友自治为主导，后来的以教工委员会为主导，还是目前的以校长为主导，始终注重教师与学生的参与，并建立了一系列的制度机制，保障与维护教师与学生的参与权益。在德国，高校体育强调"共治"，高校体育治理组织机构中的成员主要有管理人员、评议会员、教师、学生会、学生、合作学校、体育部等方面的代表，共同负责高校体育的训练、学生体育兴趣培养、体育竞赛的组织与承办、体育场馆的免费供给等任务。在英国，高校内部均建立有"体育部"，其人员配备主要是教练与管理人员，配备的教练员指导和服务学生业余体育活动以及学校运动队训练，体现了高校体育治理主体的多元化。西方发达国家高校体育治理的这一做法与经验告诉我们，增强学生体质、提升其身心健康水平、促进其全面发展，是高校体育价值的内核、最本真的追求、最根本的目标任务；而探求高校体育规律、研究和传授体育知识与技能、组织和引导学生体育参与的主要是教师。广大师生民主参与高校体育治理如何，不仅关系着教师与学生的互动关系，而且也直接关系着高校体育治理的效能。因此，应注重和着力保障和发展高校体育治理师生民主参与权益。高校体育治理是一个长期的过程，不可能一蹴而就，高校体育治理主体的参与也应是常态化过程。

三　健全科学规范的高校体育治理制度体系

高校体育治理结构优化应加强制度建设，用制度规范权力的运行。依据"SPE"协同理论，高校体育治理制度体系是利益相关者不断改进与完善的"规则系统"，规范和约束着利益相关者互动行为，是优化高校体育治理结构的关键环节、提升高校体育治理效能的根本保障。西方发达国家高校体育治理制度建设是大学体育得以长足发展的基石，也为中国高校体育治理制度构建提供了重要经验与启示。高校体育行为主体权力运行方式、权益保障机制，离不开制度建设。有鉴于此，并结合前文中的问题分析，建议应从完善科学决策体系、高效执行体系及务实监督体系三个方面着手发力，力争形成系统完备、科学规范、运行有效的高校体育治理制度体系，保证高校体育的共治、善治和长效治理。

（一）建构和完善公平制衡性的科学决策体系

高校体育治理制度的科学建构，其具体标准体现为制度内容的科学性，即把国家政策法规与高校广大师生员工实际有机结合起来，使之更加切合实际、更加符合师生员工的需求与期待；制定程序的规范性，按照"调研—论证立项—起草—征求意见—会议审核—修订—签发—实施"的逻辑，制定和完善高校体育治理制度，提升其科学性与有效性；制度的完备性，即根据国家政策法规，结合高校实际，从各个部门、各个领域、各个层面、各个环节建构和完善高校体育治理制度，使之覆盖高校体育事务的方方面面，为高校体育治理提供全方位、系统性的制度保障。

这一"科学决策"建构与完善，其前提是组织制度、权力平衡机制的完善，即以良法促善治；其过程是组织制度落实、权力博弈的过程。因此，高校体育治理制度的科学建构，关键与核心在于完善高校体育组织制度与权力制衡机制。基于组织体系，应建构高校体育组织制度体系。高校体育组织的建构与完善，其根本任务在于整合、优化高校体育资源，在于深入挖掘、有效激活和充分释放作为"第一资源"的各类人才的能动性与积极性。换言之，高校体育组织治理的重点与核心在于"人"，在于如何为"人"服务。因此，建构与完善高校体育组织制度，在制度理念上，应坚持与突出"以人为本"。同时，应注重建构和完善多元化的激励机制，以此增强广大师生员工的归属感、幸福感，增强高校体育的认同度与凝聚力。

基于权力结构，应建构和完善高校体育治理权力制衡机制。建构和完善高校体育治理权力制衡机制，其根本目的就在于规范和制约各利益相关者之间的互动关系，以实现高校体育善治。一方面，基于多元共治关系的建立，应强化顶层设计，明确党委在高校体育治理中的领导地位，强化高校体育工作委员会在高校体育治理中的总揽全局、协调各方的功能；理顺体育部、职能部门、教学院系、体育服务中心四大权力主体的权力关系，明确四大主体权力的边界及运行规则，增强制度的约束性与可操作性。基于多元共治格局的形成，应建构完善协调机制，增强各个权力主体之间的利益协调性、高校体育治理目标的协同性。

(二) 制定和强化务实科学化的高效执行体系

制度的生命在于执行。虽然，国家层面出台了相对完善的学校体育政策法规体系，高校也不乏相关规章制度，但其执行情况并不理想。刘斌指出，现有学校体育制度落实后到具体层面较少，导致学校体育侵权现象不断出现[1]；孙波指出，学校体育制度执行中普遍存在执行偏差、价值冲突、资源缺乏等问题[2]；唐文玲研究发现，学校体育制度执行中存在领导重视不够、组织执行力不强、执行效率低下等问题[3]。因此，优化高校体育治理结构、强化高校体育治理，在强化高校体育制度建设的同时，应高度重视和强化执行力建设。

首先，增强制度认同。执行制度，首先要了解制度、认同制度。因此，高校应加强国家学校体育政策法规、内部规章制度的宣传，使高校体育管理者、广大师生员工熟悉之、认同之，自觉执行之。教务处、学工部、体育部等部门应把内外部学校体育制度宣传纳入校园文化建设之中，通过宣传栏、学生会、校广播站、内部网站等途径，深入宣传国家学校体育制度，使之深入与融入广大师生员工的生活。校团委、学生会、体育组织应积极开展体育活动，并在体育活动中传播内学校体育法规文件，使学生认同制度、接受制度，切实把学校体育制度转化为具体的体育行为。

其次，平衡体育利益。公共政策理论告诉我们，在制度执行过程中，其参与主体并非是单一的，而是多方利益相关者[4]。只有平衡多方利益相

---

[1] 刘斌：《学生体育权利的实现——基于学校体育政策法规执行机制构建视角》，《西安体育学院学报》2018年第4期。

[2] 孙波、傅琴：《健康中国战略下学校体育治理的问题与对策》，《广州体育学院学报》2019年第4期。

[3] 唐文玲、王娟：《中学学校体育政策执行现状实证研究——以上海市20所中学为例》，《上海体育学院学报》2014年第6期。

[4] 孙庆祝、刘红建：《论群众体育政策执行中的利益主体与表达》，《南京体育学院学报》(社会科学版) 2013年第3期。

关者体育权益、从中找到契合点,才能强化制度执行的力度与效度。各方利益主体由于利益追求、能力差异等方面的原因,其制度执行行为也必然存在较大的差异。如教育部体育制度的执行往往具有"选择性",而且使之"偏差性"地"向自身靠拢",或者是片面强调制度与执行的"当下合理性",根据自身利益追求取舍体育制度的内容与精神,如片面追求学生的体质健康发展指标,而忽略了学生发展的全面性。体育教师虽然对制度的认同度较高,但其执行者毕竟有限,加之其待遇与职业发展机会缺乏均等化的保障,其体育教育教学精力与成本未能得到应有回报,其体育制度执行难免存在偏差或"打折扣"的现象,如主观降低体育教学难度、回避有风险的体育项目等。大学生由于缺乏对体育制度的了解与认同,加之其体育参与的动机在于提升"必修课"体育成绩、能够顺利毕业,其体育参与具有"自利性"行为特征[①]。由此可见,高校体育制度执行主体间存在显著的利益冲突。如果缺乏彼此之间利益协调与沟通,必然造成制度偏差、截留、替代等执行行为困境。因此,高校体育治理与体育制度执行,应注重在多方利益相关者之间找到契合点,平衡体育制度执行过程中的利益分配,以促进体育制度高效有效执行。

最后,提升执行能力。高校体育制度执行主体的功利性、短视性,不仅造成体育制度的失灵与失效,更是侵犯了学生体育权益。因此,高校体育制度执行主体应强化职业道德建设,确立科学的体育利益观,增强体育制度的认同感与认知力,提升体育制度执行的效率与效益。校长是学生健康成长的第一责任人,高校体育制度执行不力、大学生体质健康水平不断下降,校长应负有主要责任。著名教育家张伯苓强调,"不懂体育者,不可以为校长"[②]。校长应重视体育、懂得体育、支持体育,带头执行体育制度,促进高校体育治理制度化、规范化和常态化。作为处于高校体育教育教学一线的教师,其个人的体育制度认知与态度、执行能力与水平的高低,直接影响着体育制度的执行效果。因此,教师应强

[①] 朱二刚、陈晓宏、武展:《高校体育政策执行偏差的表现、原因与纠正策略》,《石家庄学院学报》2019年第6期。

[②] 张伯苓:《不懂体育者,不可以当校长》,https://www.sohu.com/a/249352135_718721。

化职业道德建设与人格修养，增强执行体育制度的责任感与使命意识，带领学生执行高校体育制度、付诸实践。

（三）构筑和推进严格规范化的评估监督体系

为增强体育制度制定的科学性与执行效力，高校应建构和完善评估与监督体系。在制度评估上，建构由各利益相关者参与的高校体育内部规章制度评估委员会，运用多种科学方法，加强对制度需求、成本、执行力、满意度以及制度的影响与结果等进行量化分析与质性描述[1]，并针对发现的问题不断修订和完善。以高校体育教学评价为例，由于社会理性化、功利化以及观念固化的影响，高校体育教学评价体系普遍存在评价目的偏离、评价主体与方法单一、评价指标烦琐等问题[2]。对此，在评价目的上，摆脱体育教学评价功利性追求，确立体育教学效能检测、评价结果直观获取、教师体育教学能力提升的目的观，为提升体育教学质量提供了决策参考。在评价主体上，摆脱体育教学评价主体行政化倾向，促进评价主体多元化，教师与学生是体育教学的主体，专家评议小组应吸收教师与学生代表参与，将专家评价、教师评价与学生评价有机结合起来，增强体育教学评价的科学性。在评价指标上，针对因体育教学评价指标重点不突出、操作烦琐而造成的评价效率低下问题，应增强评价指标的侧重性，根据体育项目不同、教学场景不同而采取不同的评价指标，增强体育教学评价的针对性。在评价过程上，针对评价过程的形式化问题，应建立和完善评价监督机制，加强对评价过程的监控，增强评价结果的信度与效度。在评价方法上，针对单一的量化评价方法的弊端，应把定性与量化评价方法有机结合起来，以增强评价结果的可信度。在评价手段上，针对人工化的评价手段存在的数据获取与统计困难、评价结果时效性与客观性不足等问题，通过采用匿名远程数据统计等手段，快速获取与精准分析相关数据，提升体育教学评价的效率和质量。

在监督上，高校应在建构多元化的激励机制的基础上，建立和完善

---

[1] 潘凌云、王健：《改革开放40年我国学校体育改革与发展的政策审思》，《体育科学》2019年第5期。

[2] 魏胜辉、颜海波：《我国高校体育教学评价体系的异化与规划》，《广州体育学院学报》2014年第5期。

监控机制，切实保障各项体育制度落实执行。首先，强化高校党政权力主体的责任意识，自觉承担起执行国家有关高校体育制度、促进学生身心健康发展、保障师生员工体育权益的责任，并明确各利益相关者的主体责任，着力提升体育制度执行的伦理品性和实际效力。其次，畅通信息沟通，促进相关信息无障碍地"下行、上行、平行"。所谓"下行"，就是增强体育制度执行的公开性、透明性，将制度的内容、功能、价值以及体育工作的措施、程序、结果等公之于众，接受广大师生员工的监督。所谓"上行"，就是畅通体育制度执行的信息反馈、举报投诉机制，及时回应各部门、各利益相关者反映的情况与问题；同时，高校体育管理层应通过问卷调查等方式，深入广大师生员工之中，直接获取体育制度执行的真实情况，并完善师生员工体育利益表达渠道。所谓"平行"，就是在学校体育工作委员会指导下，高校体育治理机构，如高校体育服务中心、体育部教学院系、体育相关职能部门，应加强信息沟通与交流，在高校体育教学、训练、竞赛、体育资源配置等方面消除彼此之间的"信息壁垒"，加强合作与共治，从而提升高校体育制度执行效力与整体治理效能。最后，强化问责机制。高校应建立具有独立性的相关监督部门，如高校体育工作领导小组，明确和监督各利益相关者的主体责任，对于体育制度落实不力、产生不良效果的，应给予责任追求，从而倒逼各利益相关者切实履行体育制度执行主体责任，维护和发展各利益相关者的体育权益。

四　营造校内外双循环的高校体育治理环境

环境是高校体育治理结构的重要构成要素，它不仅决定着各利益相关者的主体行为，而且制约着各利益相关者主体行为的选择方面与内容。根据"SPE"协同理论，高校体育治理中的利益相关者的主体行为，只有适应环境要素的要求，才能够有效地参与高校体育治理，提升高校体育治理的效能，进而能动地影响环境、改造环境、创造环境。诚然，利益相关者的主体行为对于环境的作用与影响是潜在的、隐性的。西方发达国家高校体育治理较为重视环境建设，在外部，强化高校体育与政府与社会主体的互动；在内部，注重和强化高校校园体育文化建设和相关制度建设。这一经验启示我们，高校作为一个相对独立的社会系统，其体育治理并非是孤立地存在的，而是与国家治理诉求与社会发展需求密切相连的，应基于一个相对宏大的视角建构和优化高校体育治理环境。

就中国普通高校体育治理而言，其外部环境是指国家机构如国务院、教育部、体育总局等部门出台的与高校体育有关的政策法规，主要包括：高校体育工作基本标准、健康中国战略、体育强国战略、教育强国战略、体教融合政策、全民健身计划、新时代教育评价改革意见等；普通高校体育治理内部环境，主要是指高校寻求自身发展和体育事务有效治理而出台的工作制度条例和体育事业发展所需软硬件条件。事物的发展离不开其周围环境的制约和促进，中国普通高校体育治理工作，单纯从外部环境来加强或者内部环境来促进，都较难达到其良治善治目的，应将高校体育治理的外部环境和内部环境进行有效整合，形成内外双循环一体化的治理环境，方能为高校体育治理带来环境驱动力。

（一）改善和深化政府与高校体育治理的互动关系

改善和深化政府与高校的互动关系，是西方发达国家高校体育治理给予我们的重要经验启示。美国、德国和英国等西方发达国家主要是通过法律法规，规范政府与高校之间的互动关系，给予高校体育必要的服务与支持，如美国联邦政府通过立法，采用税收优惠、政府拨款与补贴等形式，强化对学校体育治理的促进；德国将学校体育管理权与监督权下放各州教育部门，各州通过立法、制定高校体育课程标准等，为高校体育自治提供法律保障；英国通过以立法的形式，为高校体育治理提供目标引领、机制保障与物质支持。

新中国成立以来，特别是改革开放以来，颁布了一系列政策法规，以强化高校体育治理的引导与支持。但由于政府与高校之间是一种领导和被领导的关系，政府对高校体育治理具有绝对的控制权、审批权、监管权与处罚权，高校体育治理缺乏较强的自主性。诚然，坚持党和政府的领导，是中国高校体育治理的重要法宝、经验与特色，为高校体育治理提供了有力的政治保障。但由于政府权力的强势渗透以及服务意识的缺失，在强调高校体育政治、经济与社会功能的同时，却在一定程度上忽略了高校体育治理结构的内在运行规律与逻辑。近年来，虽然国家在不断深化高等教育体制改革，扩大高校体育办学自主权，但下放给高校的这种自主权的范围、大小、程度，却由政府说了算，使得扩大高校体育办学自主权具有一定的局限性。正是由于政府的影响，我们看到，高校体育治理的组织设置、权力结构、制度安排基本与政府同构[1]。

重塑政府与高校的关系，逐步去除行政主导下的高校体育治理模式，成为高校体育治理结构改革的重要议题。转变政府权力单一化、中心化，促进政府与公民社会多元合作共治，是现代治理理论的内核。就高校外部而言，高校体育治理的本质在于重构政府管理高校体育的权力，使高校体育治理从单一管理走向政府与高校共治，这为优化高校体育治理结构提供了新的方向与契机。政府应转变角色，切实扩大高校体育办学自主权、治理自主权，并基于教育强国、体育强国、健康中国与人才强国战略的维度，给予高校体育更多的治理创新自主权限。

转化政府权力，重塑政府与高校的互动关系。从深层次看，高校体育治理结构失衡的根源，在于政府权力的一元化、中心管理模式带来的路径依赖。优化高校体育治理结构，需要政府切实转变高校体育治理权力，一方面，要弱化、分化和转化政府手中的高校体育治理权力。所谓弱化，即削减政府手中的部分高校体育治理权力，弱化其对高校体育的微观治理、直接管理职能，重新厘清政府管理权与高校体育自主权的合理界限。所谓分化，即在高校体育治理过程中，应对政府、高校、社会等利益相关者的主体权力进行重新科学分配，使政府高校体育管理权力从集权走向分权。所谓转化，即在高校体育治理的过程中，推动政府管理权力转化为高校的权利。另一方面，要强化、法治化政府手中的高校体育治理权力。所谓强化，即在高校体育治理中，对于高校无法依靠自身力量解决或解决不好的事项，政府应强化相关权力，给予高校体育治理以宏观调控、综合协调。比如，在高校体育基础设施建设上，政府应通过财政支持、市场化协调等手段，解决高校体育基础设施薄弱、经费不足的问题；再比如，高校举办或承办的校外体育竞赛活动，政府应以

---

[1] 龙献忠：《从统治到治理——治理理论视野中的政府与大学关系研究》，博士学位论文，华中科技大学，2005年。

其强有力的调控与协调权力与能力，在交通、卫生、安保等方面，给予有力的支持与保障。

需要强调的是，重构政府与高校的互动关系，既不是排斥政府对于高校体育的管理、治理权力及行为，也不是弱化政府在高校体育治理中的地位、作用与责任。恰恰相反，我们强调的是政府在高校体育治理中的责任与作用的强化，使其权力为高校体育治理带来更的权利，促进高校体育治理结构更加高效运行。如果弱化政府的责任与作用，片面地强调和扩大高校体育治理自主权，同样不利于高校体育治理结构的科学运行，也难以取得预期的治理效能。

(二) 建设和发展高校内部体育治理文化环境

建设和发展高校校园体育文化是优化高校体育治理结构、提升高校体育治理效能的必要条件。美国、德国、英国等西方发达国家高校高度重视校园体育文化建设，在理念上，在普遍以尊重传统、深度融合、以人为本的理念，引导高校校园体育文化建设与发展。在保障上，一方面，注重校际联盟，通过建立常态化的高校与高校之间的互动机制，促进高校校园体育文化建设；另一方面，注重自主治理，即在本国法律法规的保障与支持下，完善体育场馆设施，打造体育品牌，培育高水平运动员，强化校园体育文化传播。在实践上，重视和加强大学生体育社团的建设与治理，呈现出多样化、专业化、规范化的特征。

2020年，中共中央办公厅、国务院办公厅分别印发了《关于深化体教融合 促进青少年健康发展的意见》（简称"《融合意见》"），国务院同一年连续印发关于学校体育的政府文件，在政策制定历史上是不多见的。尤其是文件强调了学校体育是教育事业的重要组成部分，是培养合格社会主义建设者和可靠接班人的重要渠道。教育部领导解读文件时谈到，学校体育应围绕"教会、勤练、常赛"来进行学校体育治理改革，建议高校建立多主体联动机制，完善健全体育制度法规，营造综合育人内外环境，为促进高校师生体魄强健贡献体育力量。

1. 高校校园多维体育文化构建模式。本书认为，构建以高校政策内循环为主，有效借助外循环机遇，打造适应新时代高校体育治理规律的校园体育文化，是高校体育治理结构改革的重要选择。围绕高校体育教学，应发挥体育工作委员会、体育教学部门、学校体育治理委员会及教务纪检等部门形成纪律规范，打造高校教学文化，使学生在体育课中学会运动技能，为终身体育建立好技能储备。体育日常锻炼是提升高校师生身体素质的重要手段，在打造高校体育锻炼文化中，应充分发挥学校工会、社团组织、后勤场馆服务、体育教学部门和学校体育工作委员会等部门的联动职能，开展广泛的日常体育锻炼和运动健康促进。高校体育竞赛文化，是检验高校体育教学成果和日常锻炼效果的有效手段，高校体育管理部门、学工系统、团委系统，在学校政策支持下充分开展高校内部竞赛活动和校际联赛，共同营造学校体育运动健身环境。从而形成高校体育治理文化内循环建设示意图（见图7—5）。

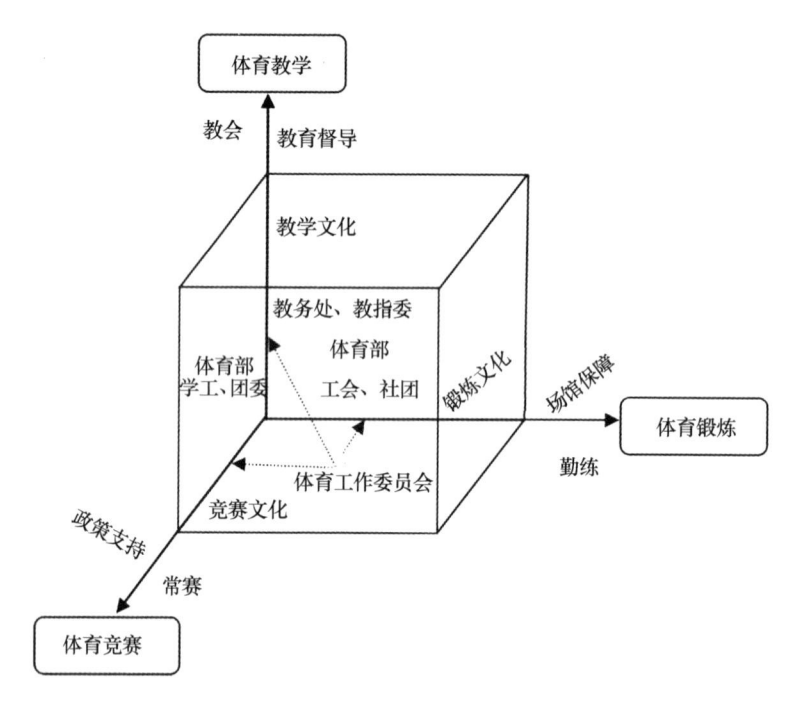

图7—5 高校体育治理文化内循环建设图示

根据《意见》精神，要求高校以"教会、勤练、常赛"为工作抓手，大力推进新时代高校体育工作体制机制创新，其中的"教会"则由体育教学部分负责具体实施，学校体育工作委员会会同教务处、校教学指导委员会负责教学内容、课时安排和课程评价等方面的工作协调。"勤练"方面，则由体育部总体业务指导，大学生体育社团/俱乐部、教职工体育协会/俱乐部、工会等部门具体实施。"常赛"方面，由体育工作委员会组建院、校两级运动队，聘请专兼职教练负责日常训练和校级体育竞赛等。鉴于此，立足高校体育新发展阶段，重视高校体育组织建设和治理制度建设，营造助力高校体育事业蓬勃发展的校园体育环境，是高校体育治理现代化的重要保障。

如何建设和发展高校校园体育治理文化，多年来国内无论在理论上还是在实践上，都进行了积极的富有成效的探索。立足高校体育新发展阶段，应聚焦"教会、勤练、常赛"，在高校体育校园文化教育目标上，促进学生非智力因素发展，增强学生体育精神行为能动性，提升学生体育文化素养与社会适应能力[1]。在高校体育校园文化教育内容上，强调以品质教育、情操教育、准则教育为基本内容；在高校体育校园文化教育过程上，强调注重以体育活动为载体，强化学生的体育认知体验与领悟内化过程；在高校体育校园文化教育方法上，强调发挥教师的"引"与"导"的作用，把"有形"教育方法和"无形"教育方法有机结合起来；在高校体育校园文化教育平台上，强调建构以教师引导为主的"体育课堂平台"、以运动体验为主的"体育竞赛平台"、以学习内化为主的"人文活动平台"，以及以熏陶感染为主的"校园环境平台"[2]。郑婕等人强调建构高校校园体育文化建设服务支持体系，把体育元素植入高校校园文化建设之中，在植入原则上，强调以师生为本、注重多元化、注入体育精神、传承与创新相结合；在植入内容与方法上，强调优化体育硬件设施，美化体育环境空间，植入体育理念、"健康第一"观念、体育风尚、体育道德、体育意志，注重体育课程设置人本化、制度设计人格化、激励机制多样化、体育教学课程精品化、体育社团规模化、高水平运动

---

[1] 梁伟、毛常明、陈克正：《高校体育教学改革特征与路径探索——基于历届国家级教学成果奖的实证分析》，《中国高教研究》2021年第5期。
[2] 杨玲：《高校体育文化"三位一体"教育模式构建》，《北京体育大学学报》2015年第1期。

队品牌化、群体竞赛日常化、信息交流网络化、宣传方式多样化[①]。在实践上，清华大学、北京大学、南开大学、南京理工大学等高校进行了积极且富有成效的探索，并产生了良好的治理效能和影响力。

2. 高校校园体育文化环境构建理念。基于高校校园体育文化理论研究与国内外的实践经验，以及高校体育治理的需求，应着重围绕理念人本化、目标精准化、组织规范化、活动常态化、保障多元化，建构高校校园体育文化体系。

（1）理念人本化，即建设和发展高校校园体育文化以大学生发展与体育需求为逻辑起点，使之更好地影响学生、熏陶学生，自觉养成体育运动的习惯，实现学生体魄强健，是高校体育治理的根本目的。建设和发展高校校园体育文化，应坚持以学生为本的理念，着眼于大学生体育兴趣、体育意识的培养及其体育权益诉求，以及全民健身与体育强国的需求，建设和发展高校校园体育文化。

（2）目标精准化，即着眼于大学生的发展，确立与新时代要求相契合的高校体育治理目标。回顾新中国成立以来高校体育的发展目标，从初期的注重体育知识与技能学习到改革开放前期增强学生体质转变，再到新世纪以来"育人"目标的确立[②]，高校体育治理目标随着时代的发展而不断变化，引领着高校体育与时代同频共振。在新时代背景下，高校体育的治理价值取向日益趋向多元化，基于国家发展，高校体育治理的价值取向在于为"健全中国""全民健身"战略提供服务；基于社会发展，在于实现终身体育与民主化体育教育；基于高校发展，在于强体兴校、促进高校治理现代化；基于学生发展，在于促进学生身心健康、全面发展[③]。应根据高校体育治理的多元价值取向，以及高校体育教育教学的目标与规律，确立建设和发展高校校园体育文化的目标。总体上，这

---

① 郑婕、齐云飞：《在高校校园文化建设中植入体育元素研究》，《北京体育大学学报》2011年第7期。

② 辛利、邓玉兰：《新中国以来我国学校体育目标的衍变与存在问题》，《广州体育学院学报》2016年第1期。

③ 张鑫华：《学校体育现代化价值取向及其实现路径研究》，《武汉体育学院学报》2018年第12期。

一目标应是培养学生终身体育意识、树立良好体育习惯,为全面与可持续发展提供动力与支持。

(3)组织规范化,即注重提升大学生体育社团治理的规范化、制度化水平。大学生体育社团是大学生"自我教育、自我管理、自我服务"的良好平台,高校体育课堂的重要补充,是促进大学生身心健康、培育终身体育习惯的有效途径[①]。基于美国、德国、英国等西方国家高校体育社团的治理经验,促进大学生体育社团规范化建设,其一,优化大学生体育社团组织机构。目前由于大学生体育社团缺乏具体规定,其治理较为混乱。教育、体育行政部门应出台"大学生体育社团管理",对其培育与发展的目标、任务、运行等做出具体的规定和指导,并将其纳入高校体育治理的整体规划之中,由高校体育服务中心对其统一进行领导和指导。其二,完善大学生体育社团审批制度。由于大学生体育社团的审批制度较不完善,其成立条件、审批门槛较低,造成大学生体育社团质量不高。建议严格大学生体育社团成立的条件,通过多方论证、严格审查,提升大学生体育社团的质量。其三,强化大学生体育社团资金保障。许多大学生体育社团之所以难以运转和开展活动,其主要原因在于经费不足。高校应加大资金支持力度,并鼓励其通过设立基金会、吸纳社会赞助等,拓宽经费来源渠道。同时,应为大学生体育社团赋权增能,如在聘用指导教师方面,将是否聘请的权力交由大学生体育社团,高校体育工作委员会或体育服务中心只负责指导教师的资质审核、认定与推荐,指导教师负责指导而不参与大学生体育社团的决策与管理等。

(4)活动常态化,即经常性地开展校园体育文化活动。学校运动会是高校校园体育文化最具代表性的活动。现有的学校运动会普遍重竞技性项目、重技术轻体力、重成绩与排名,参与人学生和教工多为少数体育"特长生",虽然推动高校校园体育文化建设,还其广度与深度还有待拓展。应改革现有学校运动会,使之从以运动竞技项目为主向综合运动项目转变,从单纯的技术体力为主向身心兼具的目标转变,从对比名与

---

① 杨连生、胡继冬:《美国高校学生社团发展的历史考察及评述》,《文化学刊》2011年第6期。

排名的追逐向激发体育兴趣、扩大体育参与转变，从以少数体育"特长生"参与为主向师生员工参与转变，以提升学校运动会的覆盖面与影响力。同时，利用学校网站、广播、自媒体等加强校园体育文化活动宣传，营造浓厚的校园体育文化氛围。

（5）保障多元化，即高校内部各权力主体应重视、支持和参与校园体育文化建设。党政权力主体应从体育设施、制度建设、资金保障、运行管理等方面，加强对校园体育文化的整体规划、建设完善与科学管理；学术权力主体应加强校园体育文化的研究，挖掘和解读校园体育文化的内涵、功能，研究和探索传承与创新相结合、课堂体育与课外体育相协调、"硬件"与"软件"相匹配的高校校园体育文化体系，增强校园体育文化的自我话语权；民主权利主体应积极参与校园体育文化的规划与建设，通过提升体育教育教学质量、扩大体育民主参与等，推动高校校园体育文化建设与发展。

综上所述，高校体育在校园体育文化建设中将"学、练、赛"的有机融合，具体体现在上好国家规定体育必修课，形成体育教学文化；做好学生日常体育锻炼与训练指导，形成体育锻炼文化；组织学生参加校内外各项体育赛事，形成体育竞赛文化，三者相互促进彼此兼顾，形成体育治理环境生态网络。

（三）整合和利用内外循环一体化治理环境

2020年9月1日，习近平总书记在中央全面深化改革委员会第十五次会议上强调，加快形成以国内大循环为主体、国内国际双循环相互促进的新发展格局，是根据中国发展阶段、环境、条件变化做出的战略决策，是事关全局的系统性深层次变革。中国经历贸易逆全球化、国内产业转型，特别是2020年全球新冠肺炎疫情之后，提出构建以国内大循环为主体、国内国际双循环相互促进的新发展格局的中国经济发展战略，是当前经济社会发展中的关键和枢纽，由此开启了国家经济发展新局面[①]。中国经贸领域的国内外双循环战略是应对当前国内外经济形势而做

---

① 罗雨泽：《准确理解"双循环"，积极开拓谋发展》，《中国发展观察》2020年第8期。

出的战略选择，促进经济转型社会发展，国家振兴将起到巨大推动作用[1]。站在新的历史发展方位，国家提出"双循环"新发展格局是面对百年未有之大变局的重大战略安排[2]。国内国际双循环的发展格局符合唯物主义基本原理，没有运动和流动就没有循环，体现在高校体育的校内外双循环战略，其目标是从多方面推进高校体育治理体系的重构，如国家教育部对高校体育的监督不能仅停留在颁布文件上，应为高校体育事业发展提供强大的外面支撑；高校内部确立各部门权力边界、完善权力运行监督，将高校体育内涵式发展作为内生动力，构建校内外体育资源、技术和信息等有序流动格局。

在一定条件下，环境要素对系统功能的实现有决定性的影响或作用，环境制约着系统功能的正常发挥，环境发生变化，决定或影响系统功能的实现[3]。随着高校师生体育公共服务需求的空前高涨，体育综合育人价值的进一步彰显，高校体育由外部"政策大循环"型行政驱动战略，向政策文件和校内软硬件建设相结合的"校内外双循环"战略转变，同时借助高校体育治理内外环境一体化驱动力生态环境，构建高校体育治理新格局。多年来，高校体育治理是得益于外部治理环境和内部治理环境的双向发力，但内外两种治理环境在共同促进高校体育治理中尚待形成有效合力。

近年来，为促进学校体育（包括高校体育）高质量发展，国务院、教育部和各省市教育部门，而出台了多部法律法规，可谓政策存量颇丰、政策环境优渥，如：学校体育法规、高校体育工作标准、体育强国战略、健康中国战略、全民健身计划、体教融合意见等，这些文件法规为高校体育质量构建了强有力的外部治理环境。国家对学校体育的日益重视，为高校体育职能进一步拓展提供了契机和动力，也为高校体育软硬件建设提供了政策依据。高校内部体育治理的基础，包括了全校对体育工作的重视，体现为校领导和职能部门对体育工作的支持；体育教学活动有

---

[1] 张燕生：《构建国内国际双循环新发展格局的思考》，《河北经贸大学学报》2021年第1期。
[2] 马陆亭：《"十四五"时期高等教育发展的历史方位》，《江苏高教》2021年第5期。
[3] 栾玉广：《系统自然观》，科学出版社2003年版，第53—58页。

序开展，体现为学生对体育课和教师工作给予积极评价；体育治理制度较为健全，体现为全校体育工作健康有序开展；校园体育文化丰富多彩，体现为学生具有积极参加体育锻炼和体育竞赛的意愿较为强烈；校园体育公共服务体系较为完善，体现为全校师生体育健身有专人指导和场馆设施可满足锻炼需要等。因此，上述高校体育治理的内外政策与资源环境，可为高校体育治理结构优化提供了协同驱动力，高校体育部门应因势利导、顺势而为、主动求变，完善优化学校体育治理结构。高校体育治理结构优化的内外环境要素（见图7—6）。

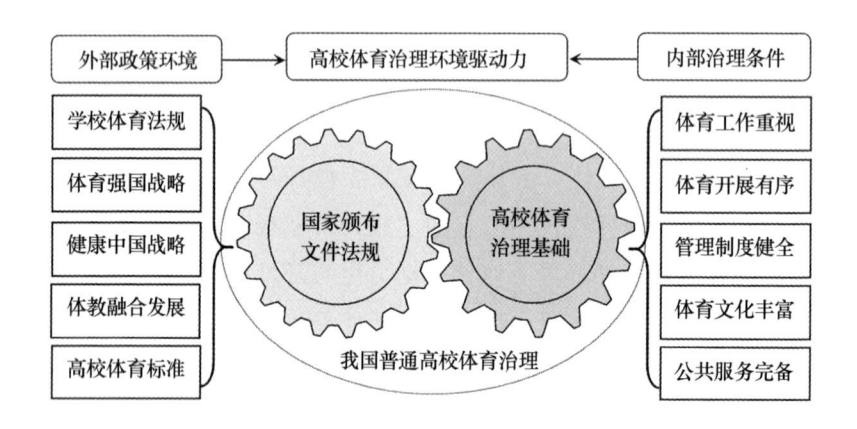

图7—6 高校体育治理环境的内外循环双驱动

新中国成立70多年来，高校体育作为高校常设的一门公共课程，走过了半个多世纪，其间基本沿袭了政策导向性的课程开设路径依赖，国家政策作为高校体育的指挥棒和风向标，为体育的常态化开展提供了政策保障和法律依据。近年来，高校体育发展中仅遵循国家政策和政治意识，已无法满足广大师生对体育美好生活的向往和体育切身需求。当然，若高校脱离国家政策指引而进行自主型的高校体育发展之路，可能会导致体育资源的分布不均和公共产品服务特性出现偏离，体育发展规律监管缺失而导致高校体育治理的不可持续。因此，构建高校体育治理环境的内外循环双驱动发展生态，是解决上述不足的有益尝试。党和国家对学校体育的重视和期望，为形成内外治理环境双向驱动的工作格局已经成熟，各高校应因势利导，根据各校特色来充分利用好双向驱动治理政策环境。

此外，以体育文化引领来营造高校体育治理环境的内外协同。高校体育育人环境对学生综合素质培养的促进作用，在很大程度上取决于学生对体育育人环境中文化元素的吸收、消化和应用，因此，无论是体育教学活动还是学生在体育育人环境下的行为改进，都需要充分保障学生在体育活动中的主体地位①。高校要充分发挥体育的综合育人功能，提供构建体育服务体系助力大学生体育运动习惯养成，重视高校体育"学、练、赛"的有机融合，营造体育课程思政育人氛围②。具体而言，高校应充分融合校内外体育政策资源，制定实施推动高校体育文化创新的举措，引领大学体育人文精神育人氛围，打造高校体育文化精品工程，促进体育文化理念融入高校体育各项工作，发挥体育文化在高校立德树人中的作用③。形成重视高校体育人才队伍建设、积极参与体育人才培养的政策氛围，积极探索构建高校体育课程思政协同育人环境，不断完善高校体育人才培养的内外政策环境互动，推动高校体育在人才培养中真正发挥重要资源作用。

高校体育，从课程教学走向体育公共服务供给、从教授学生运动技能到影响学生终身体育生活理念、从注重学生体质测试数据到学生全年级体育健康促进指导，是新时代对高校体育工作的现实期盼和重新定位。"体育治理"治的是权力，理的是关系，推进高校体育治理体系和治理能力现代化，关键是理顺高校体育各利益主体之间的关系，营造学校体育发展的良好环境，引导和规范高校体育主体责任不断回归。诚然，本书所构建的高校体育治理结构优化模型以及提出的优化建议，是一种比较理想的治理范式，现实场景中该治理结构模式可能会面临诸多难题，如

---

① 袁威：《高校体育的育人功能及育人环境构建策略》，《教育理论与实践》2020年第15期。

② 杨娜：《大学体育文化建设的西方经验与中国选择》，《北京教育》（高教）2020年第2期。

③ 高小平、崔成前：《高校体育文化育人功能与建设路径研究》，《江苏高教》2019年第10期。

由于体育育人价值认同偏移，高校成立体育工作委员会是否会遇到阻力；体育方面的事情由体育部门包揽的惯性思维还未转变，跨部门协同机制推进是否有难度；师生公共精神和公民意识还不强，如何激发其参与体育事务的活力与行动力；等等。因此，高校体育治理结构优化的过程，会面临着制度和机制上的困难，需要有壮士断臂的决心，需要有明天会更好的信心，也要有久久为功、善作善成的恒心。

第 八 章

结 论

第一节 主要观点

站在新时代的历史方位，高校体育治理应立足新发展阶段，构建新的治理格局。研究高校体育治理结构，有利于我们掌握影响高校体育组织成长的关键主体，有利于我们理顺高校体育治理中各权力的关系及其运行路径，还有利于我们制定科学合理的组织制度以设置组织架构、配置组织权力、规范人员行为，实现高校体育治理效能的更好发挥。高校体育治理是对体育管理的超越和升华，是对体育本质属性和价值功能的重新定位，是解决当前高校体育发展困境的有效手段。在高校体育治理诸要素中，高校体育治理结构改革创新，是高校体育管理变革的核心。通过对高校体育治理结构理论辨析、高校体育治理历史考察、高校体育治理结构现状调研、高校体育治理结构问题剖析、域外发达国家高校体育治理经验镜鉴以及中国高校体育治理结构策略探索，形成了本书的主要观点：

一 优化高校体育治理结构是新时代高校体育履行职责使命的必然选择

高校体育治理是近十年来学者才逐步关注的领域，不是因为高校体育没有治理的必要，而是高校体育治理主体间的利益冲突不像高校学术权力与行政权力那么尖锐明显。加之高校体育更多体现了政府行政意志，学界对治理现状与问题的关注多体现在体育课程教育教学改革和校园体育文化构建等层面。随着党和国家对高校体育工作的进一步重视，学生公民意识增强带来的体育治理话语权的需求，以及教职工体育健身权利的诉求显性化，传统管理体制和模式显然已经难以适应新时代要求，高校体育亟须从"课程+体测"管理思维向体育治理结构优化创新的纵深拓展。鉴于此，提升高校体育治理效能，优化治理结构势在必行。

二 "塔式"结构模型可作为高校体育治理结构优化的努力方向

在高校体育治理结构设计中，基于高校的党委与行政主导型高校治理结构框架，对高校体育治理监督体系、决策体系与执行体系进行组织结构重新安排，以明晰高校体育事务各责任主体的责权边界，并形成相对合理的权力制衡约束机制和权力运行传导机制。本书构建了高校体育决策、执行于监察相对独立又相互协同的三层"塔式"治理结构模型——以学校体育工作领导小组为代表的监察层；以学校体育工作委员会为代表的决策层；以体育部、教学院系、职能部门和体育服务中心为代表的执行层。该模型不同于高校体育传统的科层式管理结构，亦不同于西方发达国家高校的职能型治理结构，而是将两种结构予以融合创新，形成了决策、执行和监察三个模块相互协同的新时代高校体育治理结构模型。

三 构建高效协同化的组织架构是高校体育治理优化的组织保障

组织是权力运行的基本载体，治理主体往往通过特定的组织行使治理权力。体育组织架构是高校内部体育权力关系运行的基础，组织形态是权力分配和利益诉求以及治理活动得以顺利进行的前提，直接关系到高校体育的发展活力和发展动力。近年来，面对高校体育工作的新形势、新变化、新需求，这一组织架构，普遍存在职责范围不清晰、组织功能弱化、与体育部关系模糊等问题，使之在高校体育治理中难以发挥应有的统领作用，有必要对其进行结构改革。研究认为，高校体育治理组织架构应具有合法性、高校体育治理组织架构要体现包容性、高校体育治理组织架构须考虑协同性，以期形成流程高效，权责对应、分工明确，科学管理的高校体育治理组织架构。

四 利益相关主体间的联动是高校体育治理结构优化的行动者保证

高校体育治理主体是高校体育治理结构的创造者与实践者，密切和强化高校体育治理主体间的联动关系，是优化高校体育治理结构的核心。高校体育积极履行新时代"为党育人、为国育才"的职责与使命，充分发挥职能部门和教学院系在体育治理中的协同效力，同时积极创造条件为在校学生和教职工参与高校体育治理提供组织和制度保障。增强师生参与体育治理的能力与意识，强化高校职能部门体育治理事务协同机制，重塑普通高校体育治理主体间联动关系，优化高校体育治理的组织结构、平衡权力配置、扩大民主参与渠道。

五 科学务实的制度建设是高校体育治理结构优化的系统保证

高校体育治理制度体系是利益相关者不断改进与完善的"规则系统"，规范和约束着利益相关者互动行为，是优化高校体育治理结构的关键环节、提升高校体育治理效能的根本保障。科学务实的制度建设，是提升高校体育公共服务能力、保障高校师生体育权益的前提和基础。在推进高校体育结构改革中，应健全普通高校体育治理制度体系，建构和完善公平制衡性的科学决策体系、制定和强化务实科学化的高效执行体系、构筑和推进包容规范化的评估监督体系。

六 内外环境循环驱动是高校体育治理结构优化的动力保证

环境是高校体育治理结构的重要构成要素，它不仅决定着各利益相关者的主体行为，而且制约着各利益相关者主体行为的选择与内容。高校充分领会国家有关高校体育治理政策文件，细化政策执行办法，洞察师生体育权利需求，营造体育公共服务环境，形成高校内外体育人合力。通过改善政府外部环境与高校内部体育治理的互动关系，协调外部资源参与高校体育治理的运行机制，优化高校内部循环治理软硬件保障，构建高校内外循环一体化的体育治理环境。

第二节 研究局限

20世纪90年代，治理（Governance）作为新兴的概念，最先产生于北欧地区，后经过不断深化发展成为当今一个非常"时髦"的话语。从政府治理、公司治理到大学治理，"治理"看似是一个可以置于人类社会若干组织名词之后的修饰语。治理之所以被运用于不同类型组织之中，也反映了人们对治理的偏爱和美好期待，人们希望通过治理变革身处其中的组织，以进一步完善组织制度、优化组织结构、拓展组织职能、提高组织效率、增强组织的功效，借助"治理"满足人类社会不断发展的需要，实现或接近人们心中关于未来组织形式的愿景[①]。诚然，本书对高校体育治理研究尚处于初步探索阶段，尽管触及了高校体育治理中的深层次问题——治理结构，但在研究中的着力点的精确把握、问题的精准聚焦、结论的精妙适切，有待在实践中进一步检验。但因各种主客观条件的限制，一定会存在一些局限和不足之处。

一 样本分布的广泛性与样本抽取的代表性

在调查样本选取上，由于中国普通高校数量众多、分布规范、层次不均，选取具有代表性高校的体育部门领导作为调查对象有一定挑战性；加之受2020年新冠肺炎疫情影响，为调查选择和实施调研带来不便，尽管笔者已最大限度地克服现实困难，仍难以保证问卷调查样本和访谈样本具有典型性和代表性，上述困难可能会对研究分析造成一定的影响。

二 高校类型的差异性与研究结论的适切性

随着"双一流大学"建设和"应用型"地方本科高校建设的推进，高校面临着优势先行和错位发展的考虑，所带来的人才培养定位和校内

[①] 胡建华、王建华、陈何芳：《大学内部治理》，南京师范大学出版社2020年版，第13页。

资源有效分配也会出现差异。各高校在体育事业发展中，可能会出现机构建设、资源供给、重视程度、治理方式、制度建设等方面较大的差异性，那么，本书所得出的研究结论可能会在部分高校出现"水土不服"或"策略失灵"的情况发生，本研究将在未来研究中充分考虑高校差异，有针对性地进行分层、分类研究。

第三节 后续研究设想

于笔者而言，高校体育治理是一个"每天身在其中"的实践工作，也可能是终身从事的事业。高校体育治理领域的探究既是志趣亦是使命，"既然选择了远方 便只顾风雨兼程"，高校体育治理是惠及全校师生的重要工作，还有许多难题有待破解，体育治理结构优化的探索是一个长期的过程，本着不忘初心持续求索的精神，本人将就如下领域继续开展研究：

一 针对本书的结论拟展开实证探索

本书基于历史考察、现状调查和域外经验镜鉴，提出了中国普通高校体育治理结构优化策略，由于受研究设计所限，没有对所提出的优化策略实施效果进行实践验证。在接下来的深入研究中，笔者将对研究提出的优化模型和策略展开实证探究。

二 高校体育治理效能评价标准研究

目前，针对高校体育治理或者体育工作绩效评价，主要依据的是教育部颁布的《条例》和《基本标准》，文件中重点指出了评估高校体育工作的两个方面，一是开足开齐体育课，本科生要修完144学时体育课方可获得相应学分；另外是大学生体育健康测试合格率，如果大四这年体质健康测试没有通过合格测试，不能获得学位证书。就高校体育工作而言，其内容远远不止这些，还涉及"本与标"的问题。建立科学全面的高校体育绩效评价体系，是笔者未来深入研究的重要方向。

三 社会力量参与高校体育治理探究

高校体育不是孤立于社会系统的存在,在深化高校治理现代化的当下,高校体育在引智聚力、资源获取、合作共赢、服务社会、科学研究等方面,与社会主体深入合作、共同治理的空间巨大。笔者将就社会主体参与高校体育治理方面拟进一步研究。

参考文献

一 著作类

陈振明：《公共管理学》，中国人民大学出版社2017年版。

池建：《竞技体育发展之路：走进美国》，人民体育出版社2009年版。

郭俊：《成长：学生参与大学治理的权利研究》，中国社会科学出版社2018年版。

胡建华、王建华、陈何芳：《大学内部治理》，南京师范大学出版社2020年版。

黄健荣：《公共管理新论》，社会科学文献出版社2005年版。

李冬梅：《论中国现代普通高校体育制度的变迁》，北京体育大学出版社2009年版。

李旭炎：《现代大学内部治理结构研究》，人民教育出版社2016年版。

刘爱生：《美国大学治理：结构、过程与人际关系》，中国社会科学出版社2017年版。

刘一民：《体育行为学》，人民体育出版社。

栾玉广：《系统自然观》，科学出版社2003年版。

毛泽东：《毛泽东选集》第一卷，人民出版社1951年版。

王士慎：《池北偶谈（下）》，中华书局1952年版。

吴春霞：《我国普通高校体育管理组织结构的研究》，北京体育大学出版社2010年版。

熊公哲注释：《荀子（上）》，重庆出版社2009年版。

杨朝明、宋立林：《孔子家语通解》，齐鲁书社2009年版。

俞可平:《治理与善治》,社会科学文献出版社 2000 年版。

张俊宗:《现代大学制度》,中国社会科学出版社 2004 年版。

张永宏:《组织社会学的新制度主义学派》,上海人民出版社 2007 年版。

张永雷、刘从译注:《汉书》,中华书局 2009 年版。

赵文华:《现代大学制度:问题与对策》,上海交通大学出版社 2007 年版。

[法]让—皮埃尔·戈丹:《何谓治理》,钟震宇译,社会科学文献出版社 2010 年版。

[瑞]汤姆·R. 伯恩斯:《经济与社会变迁的结构化:行动者、制度与环境》,社会科学文献出版社 2010 年版。

[美]道格拉斯·G. 诺斯:《经济史中的结构变迁》,陈郁、罗华平译,上海三联书店 1994 年版。

[美]亨利·罗索夫斯基:《美国校园文化——学生·教授·管理》,谢宗仙等译,山东人民出版社 1996 年版。

[美]詹姆斯·N. 罗西瑙:《没有政府的治理》,张胜军、刘小林等译,江西人民出版社 2001 年版。

二 论文类

鲍传友:《提升学校治理能力需要进一步完善学校内部治理结构》,《教育发展研究》2017 年第 20 期。

边宇、刘明、吕红芳:《美国大学体育的历史沿革及阶段性特征》,《体育学刊》2013 年第 3 期。

卜长莉:《"差序格局"的理论诠释及现代内涵》,《社会学研究》2003 年第 1 期。

曹光荣、黎嫦娟:《关于高校治理结构理论和实践问题的思考》,《高等教育研究》2005 年第 5 期。

曹盛民、史万兵:《基于价值链—政策工具二维框架的我国高校体育政策研究》,《东北大学学报》(社会科学版)2018 年第 6 期。

曾小松、陈小蓉、李旺、陈斌宏:《深圳大学体育场馆的有效管理》,《体育学刊》2016 年第 1 期。

陈富成:《英国大学体育专业体系建设,治理特征与启示》,《体育文化导刊》2019年第12期。

陈刚:《治理理论的中国适用性及中国式善治的实践方略》,《湖北社会科学》2015年第2期。

陈欢欢、陈芳芳、陈秋如:《高校体育管理工作中"可持续发展"理念的创新与运用》,《黑龙江工业学院学报》(综合版)2021年第1期。

陈慧、任为民、汪俊峰:《大学体育课程安全管理的价值与实施》,《学校党建与思想教育》2011年第33期。

陈慧:《我国大学体育学科建设研究》,博士学位论文,武汉大学,2011年。

陈颇:《中国体育事业财政投入与经济增长关系的实证研究——基于1977—2010年的时间序列数据分析》,《武汉体育学院学报》2012年第5期。

陈曙、王健:《健康中国视域下学校体育的时代使命、现实困境及发展路径》,《北京体育大学学报》2020年第5期。

陈希:《变革时期我国大学体育的组织与管理》,《体育科学》2002年第4期。

陈相明、陈金圣:《国外大学治理研究述评》,《山西师大学报》(社会科学版)2013年第3期。

陈向明:《扎根理论在中国教育研究中的运用探索》,《北京大学教育评论》2015年第1期。

陈阳:《高校传统权力结构模式的缺陷及优化研究》,《黑龙江高教研究》2012年第2期。

陈悠、汪晓赟、高路:《国际视野下的高校学生体育健康促进路径探索》,《江苏高教》2021年第2期。

仇军:《21世纪大学体育的使命》,《清华大学学报》(哲学社会科学版)2002年第4期。

丛灿日、付冬梅:《我国高校体育工作失范的归因及应对——〈高等学校体育工作基本标准〉引发的思考》,《体育学刊》2015年第6期。

崔天意、邹琳:《智慧校园背景下高校体育教学管理平台建设研究》,《当代体育科技》2021年第7期。

邓集文：《包容性治理的伦理向度》，《伦理学研究》2020年第6期。

丁辉：《对美国大学体育正负面效应的文化学审视》，《体育科技》2019年第2期。

丁煜：《多重治理：机制、模式与关联》，《中国人民大学学报》2008年第3期。

董轩、何梦蕊：《感同身受：教育民族志方法的情感向度》，《教育学报》2020年第1期。

杜明峰、范勇、史自词：《学校治理的理论意图与实践进路》，《教育研究》2021年第8期。

樊莲香、孙传方、庄巍：《治理视域下学校体育政策执行过程机制研究》，《体育学刊》2020年第6期。

冯刚、陈飞：《新时代高校体育的育人蕴涵与实现路径》，《中国高等教育》2020年第12期。

冯遵永：《我国大学内部治理中学生参与研究》，博士学位论文，中国矿业大学，2019年。

冯作龙、王星宇：《上海高校女生锻炼与健康管理研究》，《体育科学研究》2019年第4期。

傅光磊：《德国学校体育俱乐部特点及其对我国高校体育俱乐部的启示》，《哈尔滨体育学院学报》2002年第4期。

傅亮：《试论美国"高校体工队"模式下的竞技体育人才培养——基于典型个案调研》，《南京体育学院学报》2019年第7期。

高鹏、林娜：《新时代高等体育院校体育教师教育模式改革研究》，《北京体育大学学报》2021年第9期。

高鹏飞：《具身道德：学校体育何以"立德树人"的困境与治理》，《体育与科学》2020年第2期。

高桥幸一、李通江：《浅谈日本大学的体育管理》，《桂林师范学院学报》1999年第3期。

高伟、曾玉华、秦海权：《高校体育运动委员会治理研究》，《体育文化导刊》2017年第8期。

高小平、崔成前：《高校体育文化育人功能与建设路径研究》，《江苏高教》2019 年第 10 期。

高焕清：《互动中的行动者与系统力：我国县级政府政策执行研究——基于 ASD 模型的分析框架》，博士学位论文，华东师范大学，2012 年。

龚怡祖：《漫说大学治理结构》，《复旦教育论坛》2009 年第 3 期。

巩庆波、耿家先等：《大学生体育环境感知、体育参与、体育收获相互关系的实证研究》，《西安体育学院学报》2021 年第 2 期。

巩庆波、沈奕圻等：《"健康中国 2030" 背景下高校公共体育供给侧改革研究——以体育价值、政策、参与为视角》，《西安体育学院学报》2019 年第 4 期。

郭卉：《大学治理中教师与行政人员的关系：基于社会资本的研究》，《现代大学教育》2005 年第 3 期。

郭磊、刘英辉：《高校公共体育教学中的供给侧改革研究》，《西安体育学院学报》2018 年第 4 期。

郭平、黄正夫：《大学内部治理结构的功能及其实现路径》，《教育研究》2013 年第 7 期。

韩丹：《国际规范性体育与运动的基本概念解说》，《体育与科学》1999 年第 5 期。

郝鑫鑫、王大磊、欧阳海宁：《美国一流大学体育治理研究及启示》，《当代体育科技》2019 年第 2 期。

何劲鹏、杨伟群、韩文娜：《我国学校体育"微改革"力量的培育》，《北京体育大学学报》2014 年第 12 期。

何劲鹏、杨伟群：《我国学校体育政策执行"不良心态"本质透析与制度性化解》，《北京体育大学学报》2018 年第 2 期。

何玲、弓衡：《英国大学体育现状探析》，《体育科技》2018 年第 4 期。

何晓芳：《大学治理场域中的资本、惯习与关系》，《大连理工大学学报》（社会科学版）2012 年第 3 期。

贺兆轩、朱道辉：《推进我国高等体育院校治理体系和治理能力现代化的思考》，《成都体育学院学报》2020 年第 3 期。

胡悦：《高校体育管理工作管窥》，《体育世界》（学术版）2017 年第 1 期。

胡子祥：《高校利益相关者治理模式初探》，《西南交通大学学报》（社会科学版）2007年第1期。

花勇民：《关于欧洲学校体育概念的研究》，《中国体育科技》2006年第3期。

华雪玲：《高等学校体育管理工作初探》，《体育科学研究》2005年第3期。

黄美蓉、丁三青、张元：《我国大学体育价值流变探析》，《体育与科学》2016年第1期。

黄世华、王胜：《加强普通高校体育管理的调查与思考》，《重庆科技学院学报》（社会科学版）2007年第1期。

黄晓明：《论我国普通高校体育管理的组织职能》，《体育文化导刊》2003年第6期。

黄兴胜、黄少成：《改革开放40年中国高校内部治理嬗变、动因与启示》，《复旦教育论坛》2018年6期。

贾文彤、梁丹青、郝军龙、李元敬：《高校体育改革若干政策法规的回顾与分析——从改革开放后谈起》，《河北师范大学学报》（教育科学版）2009年第2期。

贾志强：《新时期我国体育管理体制与运行机制研究》，《北京体育大学学报》2007年第9期。

姜朝晖：《新时代高校人才培养的战略定位与发展路径》，《重庆高教研究》2018年第1期。

姜志明、王涛：《新时期中国大学体育的困惑、问题和思考》，《山东体育学院学报》2018年第2期。

James J. Zhang、James W. Du、Jerry J. Wang、张轶：《体育管理研究与理论构建、检验中的核心问题——体育管理学研究设计、测量和分析系列》，《上海体育学院学报》2016年第1期。

康晓磊、刘鎏：《高等教育普及化背景下我国高校体育发展的困境与出路》，《山东体育学院学报》2018年第4期。

李冬梅、薄雪松：《中国现代普通高校体育制度的历史演变与特征分析》，《成都体育学院学报》2006年第5期。

李芳、司虎克、尹龙：《中外体育教师教育研究前沿与热点对比分析》，

《首都体育学院学报》2015年第4期。

李国、孙庆祝：《我国体育产业发展与国民经济增长关系的实证研究》，《武汉体育学院学报》2019年第1期。

李恒：《校长领导力对学校体育发展的体现研究》，《青少年体育》2018年第11期。

李辉：《优化党内政治生态建设的动力机制——基于行动者—系统—动力学理论》，《廉政文化研究》2019年第10期。

李慧萌：《学校体育多元治理主体协同育人的困境与策略》，《淮南师范学院学报》2020年第5期。

李佳：《我国普通高校体育管理体制研》，《科技信息》（科学教研）2007年第33期。

李锦标：《中国体育发展与经济增长》，《安徽体育科技》2013年第1期。

李立国、张海生：《国家治理视野下的高等教育治理变迁——高等教育治理的变与不变》，《大学教育科学》2020年第1期。

李立国：《大学治理的转型与现代化》，《大学教育科学》2016年第1期。

李宁、蒋钦：《北京大学清华大学体育比较研究》，《体育文化导刊》2013年第2期。

李齐、方春妮：《英国大学休闲体育专业发展特点研究》，《体育文化导刊》2016年第7期。

李如海：《美国"教师参与决策研究"述评》，《教育学术月刊》1997年第6期。

李素华：《对认同概念的理论述评》，《兰州学刊》2005年第4期。

李维安：《大学治理症结：行政治理与学术治理的错位》，《南开管理评论》2017年第1期。

李现平：《美国西点军校发展大学体育运动的经验》，《比较教育研究》2008年第8期。

李小伟：《学校体育要抓住时代发展新机遇》，《上海教育》2020年第33期。

李晓峰、臧贵雪：《安徽省体育产业与经济增长关系的实证研究》，《华东经济管理》2019年第1期。

李洋、王辉：《利益相关者理论的动态发展与启示》，《天津财经学院学报》2004年第4期。

李永亮：《高等学校内部治理结构优化研究》，博士学位论文，山东大学，2016年。

李元奎：《西点军校体育运动的开展及启示》，《教育科学文摘》2014年第5期。

梁伟、毛常明、陈克正：《高校体育教学改革特征与路径探索——基于历届国家级教学成果奖的实证分析》，《中国高教研究》2021年第5期。

林建华：《面向未来的中国高等教育》，《教育研究》2019年第12期。

凌平：《中美高校大学生体育运动竞赛管理体制的比较》，《体育与科学》2001年第3期。

刘爱生、王文利：《中国高校内部治理的现状、优化及其创新》，《重庆高教研究》2018年第2期。

刘爱生：《为什么我国大学教师不太愿意参与治校——基于组织公民行为理论的探讨》，《高教探索》2020年第2期。

刘斌：《学生体育权利的实现——基于学校体育政策法规执行机制构建视角》，《西安体育学院学报》2018年第4期。

刘纯献、刘盼盼：《学校体育改革的成就、问题与突破》，《北京体育大学学报》2020年第2期。

刘纯献、刘盼盼：《中国共产党以人民为中心的体育价值观研究》，《体育学刊》2021年第4期。

刘海元、周登嵩：《论体育教学指导思想及其提出的基本思路》，《北京体育大学学报》2002年第1期。

刘红光：《利益相关者视角下的现代大学共同治理机制探析》，《黑龙江高教研究》2020年第8期。

刘凯：《普通高等院校学校体育工作管理中存在若干问题的思考》，《广西右江民族师专学报》2005年第6期。

刘亮、王鹤等：《全面深化改革背景下我国体育治理结构问题厘析与改革路径研究》，《天津体育学院学报》2015年第4期。

刘明、孙福胜：《浅论我国的大学治理结构》，《高教研究与实践》2014

年第 3 期。

刘攀：《大学体育课堂时间管理优化策略研究》，《辽宁体育科技》2018 年第 1 期。

刘恬、田土城：《公司构成理论与公司治理结构研究》，《中州学刊》2009 年第 1 期。

刘献国、贾俊杰、张欢：《我国学校体育治理研究热点嬗变——基于共词分析视角》，《河南师范大学学报》（自然科学版）2020 年第 6 期。

刘兴春：《学校管理中教师参与初探》，《现代教育管理》2002 年第 12 期。

刘阳、何劲鹏：《我国学校强制体育的合理性探析》，《体育学刊》2015 年第 5 期。

刘玉、朱毅然：《新时代我国体育治理的经验审视、时代使命与改革重点》，《天津体育学院学报》2021 年第 1 期。

刘云、Wang G. Greg：《基于评价者视角的组织合法性研究：合法性判断》，《外国经济与管理》2017 年第 5 期。

刘宗让：《大学战略：利益相关者的影响与管理》，《高教探索》2010 年第 2 期。

柳鸣毅、丁煌、张毅恒：《体育组织：一个新时代中国体育管理理论与实践的核心命题》，《成都体育学院学报》2021 年第 4 期。

龙献忠：《从统治到治理——治理理论视野中的政府与大学关系研究》，博士学位论文，华中科技大学，2006 年。

罗雨泽：《准确理解"双循环"，积极开拓谋发展》，《中国发展观察》2020 年第 8 期。

马德浩：《新时代我国高校体育发展的使命、挑战与对策》，《体育学刊》2018 年第 5 期。

马克·普莱特纳、宋阳旨：《反思"治理"》，《国外理论动态》2014 年第 5 期。

马丽：《新时代学校体育治理体系和治理能力现代化研究》，《体育学研究》2020 年第 3 期。

马陆亭：《"十四五"时期高等教育发展的历史方位》，《江苏高教》2021

年第 5 期。

马文杰：《大学体育"三个一流"建设改革探索》，《广州体育学院学报》2020 年第 1 期。

毛振明：《新中国 70 年的学校体育成就与新时代的发展方向》，《天津体育学院学报》2019 年第 6 期。

毛治和、彭庆文、伍娟：《新时期大学体育组织与管理的理念》，《沈阳体育学院学报》2011 年第 2 期。

米勒、陈鹏、纳德勒：《美国高等学校教师共同治理的组织结构与效率——以教师评议会为例》，《教育研究》2021 年地 6 期。

牛国胜：《美国大学生运动员培养模式及其对中国的启迪》，《南京体育学院学报》（社会科学版）2017 年第 3 期。

潘凌云、王健、樊莲香：《我国学校体育政策执行存在的问题与应对策略》，《体育学刊》2017 年第 2 期。

潘凌云、王健：《改革开放 40 年我国学校体育改革与发展的政策审思》，《体育科学》2019 年第 5 期。

潘前：《斯坦福大学体育运动现状探析》，《浙江体育科学》2012 年第 1 期。

潘绍伟：《改革开放 40 年中国学校体育思想探析》，《体育学研究》2018 年第 1 期。

彭国强、高庆勇：《美国大学竞技体育的制度治理及其特征》，《成都体育学院学报》2020 年第 4 期。

彭宇文：《高校法人治理结构的构建》，《教育研究》2005 年第 3 期。

彭宇文：《高校法人治理结构的若干要素分析》，《中国教育政策评论》2012 年第 1 期。

彭宇文：《中国特色现代大学制度建设的时代性》，《复旦教育论坛》2018 年第 4 期。

钱红辉：《论我国体育改革方向及其对体育教学事业发展的影响》，《长春师范大学学报》（自然科学版）2018 年第 4 期。

秦海权、姜丽萍、梁同福：《美国一流大学体育社团管理模式研究——以杜克大学为典型案例》，《武汉体育学院学报》2014 年第 5 期。

任蓓:《体育产业与国民经济关系的实证分析》,《重庆工商大学学报》(自然科学版) 2016 年第 1 期。

任海:《当代体育发展与体育概念的界定》,《成都体育学院学报》2019 年第 5 期。

任云兰:《试论高校体育管理的有效途径》,《河南机电高等专科学校学报》2005 年第 3 期。

沈佳丽:《法律和规章下的德国高校体育》,《体育学刊》2012 年第 4 期。

时晓虹、耿刚德、李怀:《"路径依赖"理论新解》,《经济学家》2014 年第 6 期。

史柏年:《治理:社区建设的新视野》,《社会工作》2006 年第 7 期。

史为临、毛丽娟:《体育发达国家学校竞技体育管理模式的比较研究》,《北京体育大学学报》2009 年第 10 期。

舒竞、易剑东、詹新寰:《英美大学校际竞技体育的发展及其对中国的启示》,《体育科研》2016 年第 3 期。

舒永久、李林玲:《高等教育治理体系现代化:逻辑、困境及路径》,《现代教育管理》2020 年第 6 期。

宋亨国、周爱光:《体育消费行为的系统动态学分析》,《体育学刊》2004 年第 6 期。

宋军生:《大学生体育权利的研究》,《体育科学》2017 年第 6 期。

孙鳌:《分数膨胀的博弈分析》,《现代大学教育》2016 年第 5 期。

孙波、傅琴:《健康中国战略下学校体育治理的问题与对策》,《广州体育学院学报》2019 年第 4 期。

孙杰远:《教育治理现代化的本质、逻辑与基本问题》,《复旦教育论坛》2020 年第 1 期。

孙绵涛:《大学治理:治理什么,如何治理》,《教育研究》2015 年第 11 期。

孙庆祝、刘红建:《论群众体育政策执行中的利益主体与表达》,《南京体育学院学报》(社会科学版) 2013 年第 3 期。

孙晓娥:《深度访谈研究方法的实证论析》,《西安交通大学学报》(社会科学版) 2012 年第 3 期。

谭福军:《基于利益相关者视角的高校治理机制研究》,《内蒙古民族大学学报》(社会科学版) 2020 年第 3 期。

唐丽霞:《大学体育教育管理的瓶颈探析》,《当代体育科技》2018 年第 8 期。

唐文玲、王娟:《中学学校体育政策执行现状实证研究——以上海市 20 所中学为例》,《上海体育学院学报》2014 年第 6 期。

陶骆定、庞徐薇:《高校体育工作面临的问题及基本思路》,《上海体育学院学报》2001 年增刊。

田标、唐永干:《论学校体育现代化外部环境治理主体的多元性》,《武汉体育学院学报》2010 年第 1 期。

田祖国、罗婉红、王秀强:《美国大学体育组织建构与运行机制及启示》,《体育成人教育学刊》2014 年第 2 期。

汪如锋:《我国普通高校体育治理结构现状及优化策略》,《体育文化导刊》2021 年第 9 期。

汪如锋、谭芬:《我国普通高校体育治理结构的历史回溯与展望》,《扬州大学学报》(高教研究版) 2022 年第 3 期。

汪全先、王健:《我国学校体育中的当代伦理问题及其消解路向》,《体育科学》2018 年第 1 期。

王保华、张婕:《重新划分高等教育管理阶段:范式的视角》,《教育研究》2007 年第 10 期。

王春生、胡燕生:《高校体育管理体制模式设想》,《武汉体育学院学报》1987 年第 2 期。

王道红:《坚持和完善党委领导下的校长负责制研究》,《思想理论教育》2016 年第 3 期。

王登峰:《完善学校体育制度体系和治理机制》,《中国教育科学》(中英文) 2020 年第 2 期。

王镝:《新时代背景下高校体育发展的功能定位、现实困境与实施策略》,《中国学校体育》(高等教育) 2018 年第 12 期。

王东亮:高校体育选项课发展模式分析和研究》,《山西广播电视大学学报》2013 年第 4 期。

王芳、田标：《学校体育现代化外部环境治理主体的缺位与应对》，《南京体育学院学报》（社会科学版）2008年第6期。

王丰超：《我国研究型大学内部治理结构研究》，博士学位论文，上海交通大学，2013年。

王海、曲霄红等：《战"疫"背景下高校体育信息化治理的启示》，《山西大同大学学报》（自然科学版）2021年第1期。

王海源、刘政潭：《德国大学健身体育的特点及对我国学校体育改革的启示》，《山东体育学院学报》2006年第5期。

王海源：《对德国大学体育的认知与探究》，《体育学刊》2004年第3期。

王会宗、张瑞林、王晓芳：《中国体育发展与经济增长的动态计量分析》，《体育学刊》2012年第3期。

王慧文：《我国退役运动员社会融入问题研究》，博士学位论文，上海体育学院，2020年。

王冀生：《现代大学制度的基本特征》，《高教探索》2002年第1期。

王凯、韩磊：《新中国70年来体育治理的历史演进、主要经验和趋势前瞻》，《天津体育学院学报》2021年第4期。

王凯、史健、李杰：《探讨如何构建大学体育教学管理系统》，《课程教育研究》2016年第27期。

王力：《新时代背景下体育的不平衡发展问题探析》，《当代体育科技》2019年第9期。

王亮、范成文：《英国体育治理特征及其启示——基于〈体育未来战略〉》，《体育成人教育学刊》2021年第4期。

王泮丽：《美国高校运动奖学金管理探析》，《体育文化导刊》2012年第3期。

王清和、邹晓红：《高校内部治理结构研究》，《社会科学战线》2012年第12期。

王书彦、周登嵩：《学校体育政策执行力的评价指标体系》，《体育学刊》2010年第6期。

王希勤、邹振宇等：《基于角色的高校分系列人事管理研究》，《国家教育行政学院学报》2017年第10期。

王晓茜、姚昊：《大学生参与大学内部治理行为的影响因素研究——基于多群组结构方程模型的实证分析》，《重庆高教研究》2021年第3期。

王远方：《大学体育治理要顺应时代潮流》，《河南教育》（教师教育）2021年第8期。

王占军：《大学何以有效治理：治理结构的视角》，《教育发展研究》2018年第19期。

王长在、王松、邢金明：《多元治理背景下学校体育场地设施治理结构研究》，《体育文化导刊》2020年第12期。

韦欧阳：《基于"校长负责制"制度下的中学生体质健康研究》，《体育科技文献通报》2017年第4期。

魏胜辉、颜海波：《我国高校体育教学评价体系的异化与规划》，《广州体育学院学报》2014年第5期。

魏叶美：《教师参与学校治理研究》，博士学位论文，华东师范大学，2019年。

温忠麟、张雷等：《中介效应检验程序及其应用》，《心理学报》2004年第5期。

文海燕、熊文、季浏：《对"体育管理体制"概念的解析》，《山东体育科技》2013年第1期。

邬大光：《探索高等教育普及化的"大国道路"》，《中国高教研究》2021年第2期。

吴春霞、钟秉枢：《我国普通高校体育管理组织结构变迁的影响因素研究》，《沈阳体育学院学报》2009年第5期。

吴春霞：《我国普通高校体育管理组织结构的研究》，博士学位论文，北京体育大学，2010年。

吴杰忠：《学校体育中管理与治理关系之研究》，《福州大学学报》（哲学社会科学版）2019年第5期。

吴金龙：《高校体育管理改革刍议》，《上海体育学院学报》1987年第4期。

吴肃然、李名荟：《扎根理论的历史与逻辑》，《社会学研究》2020年第2期。

武东海：《共建共治共享理念下大学生体质健康监测研究》，《武汉体育学院学报》2019 年第 9 期。

郝晓、陈家起：《英国高校体育联盟发展模式探究及镜鉴》，《湖北体育科技》2018 年第 6 期。

项立敏：《我国学校实施"强制体育"的理论与实践研究》，《北京体育大学学报》2013 年第 12 期。

肖继宁：《高校体育管理工作的改革设想》，《四川体育科学学报》1985 年第 3 期。

谢冬兴：《高校体育的身体危机与课堂危机》，《体育学刊》2016 年第 6 期。

辛利、邓玉兰：《新中国以来我国学校体育目标的衍变与存在问题》，《广州体育学院学报》2016 年第 1 期。

徐建华、谢正阳：《美国大学校际竞技体育发展的核心理念及对我国的启示》，《体育与科学》2016 年第 4 期。

徐蕾：《系统治理：现代大学治理现代化的现实路径》，《复旦教育论坛》2016 年第 2 期。

徐荥、谌俊斐、徐焰、廖文辉：《广东省大学生体质健康监测评价管理现状与对策研究》，《高教探索》2020 年第 8 期。

许智、谢冬兴：《高校体育公共性缺失与自律》，《武汉体育学院学报》2017 年第 3 期。

薛怡敏：《对我国学校体育概念和作用的初探》，《辽宁科技学院学报》2003 年第 2 期。

闫娜、罗建英、李康钊：《大学体育课堂管理评价指标体系的构建》，《杭州师范大学学报》（自然科学版）2016 年第 4 期。

杨成伟、唐炎、张赫、张鸿：《青少年体质健康政策的有效执行路径研究——基于米特—霍恩政策执行系统模型的视角》，《体育科学》2014 年第 8 期。

杨海龙：《中小学校长领导行为与学校体育绩效关系的研究》，硕士学位论文，山西师范大学，2010 年。

杨辉：《高校体育的困境与出路》，《体育学刊》2014 年第 4 期。

杨连生、胡继冬：《美国高校学生社团发展的历史考察及评述》，《文化学刊》2011 年第 6 期。

杨玲：《高校体育文化"三位一体"教育模式构建》，《北京体育大学学报》2015 年第 1 期。

杨敏、赵小惠等：《新中国成立 60 年我国体育发展战略的演变与未来展望》，《延安大学学报》（自然科学版）2009 年第 4 期。

杨娜：《大学体育文化建设的西方经验与中国选择》，《北京教育》（高教）2020 年第 2 期。

杨仁忠、张诗博：《社会治理共同体的公共性意蕴及其重要意义》，《河南师范大学学报》（哲学社会科学版）2021 年第 1 期。

杨雅晰、刘昕：《改革开放 40 年学校体育政策嬗变的回溯与展望》，《北京体育大学学报》2019 年第 5 期。

杨占武、李树旺：《美国大学体育自主治理传统的回顾与思考》，《武汉体育学院学报》2017 年第 7 期。

姚爱华：《我国高校群众体育协同治理的主体困境与优化》，《南京体育学院学报》2019 年第 11 期。

姚蕾：《新中国成立以来我国体育教学目标、内容与评价的回顾与展望》，《体育科学》2004 年第 1 期。

殷征辉、王宇：《大学体育场馆科学化管理思考》，《沈阳农业大学学报》（社会科学版）2015 年第 3 期。

俞宏建：《德国现代学校体育演进及其对我国的启迪》，《南京体育学院学报》（社会科学版）2007 年第 5 期。

俞可平：《全球治理引论》，《马克思主义与现实》2002 年第 1 期。

袁威：《高校体育的育人功能及育人环境构建策略》，《教育理论与实践》2020 年第 15 期。

张波、崔树林、李永华：《大学体育俱乐部课程化管理的育人价值》，《体育学刊》2018 年第 2 期。

张波、练碧贞：《大学体育治理的脉络、困境、路径》，《青少年体育》2020 年第 8 期。

张德祥：《1949 年以来中国大学治理的历史变迁——基于政策变革的思

考》，《中国高教研究》2016 年第 2 期。

张恩利：《我国普通高校阳光体育运动长效开展的制约与对策》，《南京体育学院学报》（自然科学版）2015 年第 6 期。

张海滨：《中国特色大学治理的历史演进、内在逻辑和推进路径》，《理论与评论》2021 年第 1 期。

张继红：《学术资本主义对高等教育的影响分析》，《当代教育论坛》2011 年第 1 期。

张金桥、王健、王涛：《部分发达国家的学校体育发展方式及启示》，《武汉体育学院学报》2015 年第 10 期。

张磊：《学校体育设施向社会开放的困境解析：基于制度互补性的视角》，《首都体育学院学报》2012 年第 1 期。

张凌志：《责权利的传统意识、现代视角及在管理工作中的应用》，《领导科学》2019 年第 12 期。

张强峰、汤长发等：《受众回应视角下的〈国家学生体质健康标准〉政策执行及其效果——基于 10 省 40 所普通高校的实证分析》，《中国体育科技》2020 年第 10 期。

张锐、胡琪、任洁：《美国大学体育联合会的立法分类与程序》，《北京体育大学学报》2003 年第 4 期。

张天雪、朱一琳：《教育治理现代化：基于概念再解的政策体系与行动》，《浙江师范大学学报》（社会科学版）2021 年第 4 期。

张文鹏：《美国学校体育政策的治理体系研究》，《体育文化导刊》2013 年第 10 期。

张鑫华：《学校体育现代化价值取向及其实现路径研究》，《武汉体育学院学报》2018 年第 12 期。

张燕生：《构建国内国际双循环新发展格局的思考》，《河北经贸大学学报》2021 年第 1 期。

张有武：《学校内部治理中的学生参与：缘由阐释、困境分析与对策探赜》，《教育理论与实践》2021 年第 16 期。

张玉超、康娜娜：《改革开放后我国学校体育思想的发展回顾与展望研究》，《南京体育学院学报》（社会科学版）2015 年第 4 期。

张玉磊：《高校利益相关者治理模式及其构建》，《黑龙江高教研究》2019年第4期。

张璋：《政府治理工具的选择与创新——新公共管理理论的主张及启示》，《新视野》2001年第5期。

张志华：《企业的契约性质、所有权理论及公司治理结构述评》，《财经科学》2006年第6期。

张志勇、赵新亮：《新时代我国教育治理体系新格局的现代化重构——基于教育权力配置的视角》，《国家教育行政学院学报》2021年第2期。

赵富学、陈慧芳等：《体育教师课程思政建设能力的生成特征、核心构成与培育路径研究》，《沈阳体育学院学报》2020年第6期。

赵景华、张吉福、李永亮：《中央文化企业治理机制优化研究——基于行动者—系统—动力学理论视角》，《中央财经大学学报》2018年第8期。

赵子建、杨松：《中国学校体育思想历史回顾及发展趋势》，《南京体育学院学报》2003年第4期。

褚宏启：《教育治理：以共治求善治》，《教育研究》2014年第10期。

郑婕、齐云飞：《在高校校园文化建设中植入体育元素研究》，《北京体育大学学报》2011年第7期。

周光礼：《重构高校治理结构：协调行政权力与学术权力》，《中国高等教育》2005年第19期。

周娜：《学生主体参与大学治理的机制研究》，博士学位论文，西南大学，2017年。

周翼翔、郝云宏：《从股东至上到利益相关者价值最大化：一个研究文献综述》，《重庆工商大学学报》（社会科学版）2008年第5期。

周长城：《汤姆·R.伯恩斯及其行动者—系统动态学理论》，《国外社会科学》1998年第3期。

朱传耿、王凯等：《改革开放40年来我国体育政策对发展理念演变的响应及展望》，《体育学研究》2018年第6期。

朱二刚、陈晓宏、武展：《高校体育政策执行偏差的表现、原因与纠正策略》，《石家庄学院学报》2019年第6期。

朱二刚、杜天华：《多重制度逻辑下高校体质健康政策执行困境研究》，《哈尔滨体育学院学报》2020 年第 1 期。

朱桂林：《我国高校竞技体育竞赛体系组织结构的现状及发展对策研究》，《西安体育学院学报》2009 年第 2 期。

朱海莲：《高校生理性弱势学生体育教育的改革诉求与优化路径研究》，《浙江体育科学》2019 年第 6 期。

朱思鹏、周璐：《基于权变理论的高校体育组织机构建设管理》，《湖北体育科技》2019 年第 12 期。

庄逸方、庄永达：《高校学生体育伤害事故的社会治理研究》，《浙江体育科学》2021 年第 4 期。

卓晗、周超、周正卿：《大学生体质健康干预研究》，《学校党建与思想教育》2020 年第 21 期。

三　外文类

Abdul Waheed, Qingyu Zhang, Yasir Rashid, "The Impact of Corporate Social Responsibility on Buying Tendencies from the Perspective of Stakeholder Theory and Practices", *Corporate Social Responsibility and Environmental Management*, Vol. 15, No. 2, February 2020.

Angela Lumpkin, *Introduction to Physical Education, Exercise Science, and Sport Studies*, New York: Mc Graw Hill Companies, 2002 (5th Edition).

Beggs B. A., Elkins D. J., Powers S., "Overcoming Barriers to Participation in Campus Recreational Sports", *Recreational Sports Journal*, Vol. 29, No. 2, February 2005.

Cay L Timken, Jeff McNamee, "New Perspectives for Teaching Physical Education: Preservice Teacher' Reflections on Outdoor and Adventure Education", *JTPE*, Vol. 31, No. 1, January 2012.

Christian K. Anderson, Amber C. Fallucca, *The History of American College Football: Institutional Policy, Culture, and Reform*, London: Taylor and Francis: 2020.

Crowley J. N., Pickle D., Clarkson R., *In the Arena: The NCAA's First Cen-*

tury, Natl Collegiate Athletic Assn, 2006.

Dennis J. Gayle, Bhoendradatt Tewarie A. Qninton White., "Governance in the Twenty – First Century University", *ASHE – ERIC Higher Education Report*, Vol. 30, No. 1, January 2003

Harry de Boer & Peter Maassen, "University Governance and Leadership in Continental Northwestern Europe", *Studies in Higher Education*, Vol. 45, No. 10., October 2020.

Harry de Boer, Bas Denters, Leo Goedegebure, "On Boards and Councils: Shaky Balances considered the Governance of Dutch Universities", *Higher Education Policy*, Vol. 11, No. 2, July 1998.

Hartman C. L., Evans K. E., Barcelona R. J., Brookover R. S., "Constraints and Facilitators to Developing Collaborative Campus Wellness Partnerships", *Recreational Sports Journal*, Vol. 42, No. 2, February 2018.

J. A. Brunton & C. I. Mackintosh, "Interpreting University Sport Policy in England: Seeking a Purpose in Turbulent Times?" *International Journal of Sport Policy and Politics*, Vol. 9, No. 3, July 2017.

Johanna A. Adriaanse, "The Influence of Gendered Emotional Relations on Gender Equality in Sport Governance", *Journal of Sociology*, Vol. 55, No. 3, March 2019.

Johnsen Rasmus, Skoglund Annika, Statler Matt, "Understanding the Human in Stakeholder Theory: A Phenomenological Approach to Affect-based Learning", *Management Learning*, Vol. 52, No. 2, February 2021.

Julie Brunton & Chris Mackintosh, "University Sport and Public Policy: Implications for Future Research", *International Journal of Sport Policy and Politics*, Vol. 9, No. 3, March 2017.

Knowles, A., Wallhead, T. L., & Readdy, T., "Exploring the Synergy Between Sport Education and in – school Sport Participation", *Journal of Teaching in Physical Education*, Vol. 37, No. 2, April 2018.

Kooiman J., Vliet., *Modern Governance: Government Society Interactions*, London: Sage, 1993.

Kristen R., Muenzen, "Weakening Its Own Defense? The NCAA's Version of Amateurism", *Sports L Rev*, Vol. 13, 2003.

Makubuya T., Kell Y., Maro C., Wang Z., "Campus Wellness Facility, Student Contentment and Health", *Recreational Sports Journal*, Vol. 44, No. 1, January 2020.

Martin Trow, "Governance in the University of California: the Transformation of Politics into Administration", *Higher Education Policy*, Vol. 11, No. 4, October 1998.

Mc Neil, Michele, "Race to Top Districts Personalize Plans", *Education Week*, Vol. 32, No. 26, November 2013.

Michael Shattock, "Re-Balancing Moderm Concepts of University Governance", *Higher Ed, ucation Quarterly*, Vol. 56, No. 3, October 2002.

Moe, Terry M., "An Education in Politics: The Origin and Evolution of No Child Left Behind", *Political Science Quarterly*, Vol. 129, No. 2, April 2014.

Musselin Christine, "University Governance in Meso and Macro Perspectives", *Annual Review of Sociology*, Vol. 47, No. 2, February 2021.

Nam Hong; Marshall Hong, "Conflicts Among Stakeholders Regarding the New Academic System in the Korea University Sport Federation", *International Journal of Sport Policy and Politics*, Vol. 10, No. 3, June 2018.

Organization for Economic Cooperation and Development (OECD), *Tertiary Education for the Knowledge Society*, Paris: OECD Publishing, 2008.

Raimond Gaita, "Academics Must Fight", *The Age*, Vol. 24, No. 2, March 1998.

Saara Isosomppi, "Research Handbook on Sport Governance", *European Journal for Sport and Society*, Vol. 17, No. 3, March 2020.

Satzung und Ordnung, "Gedreckt von Allgemeinem Deutschem Hochschul Sportverband", *Stand*, 2003.

Scott R. Jedlicka, Spencer Harris & Danyel Reiche, "State Intervention in Sport: A Comparative Analysis of Regime Types", *International Journal of*

Sport Policy and Politics, Vol. 12, No. 4, September 2020.

Seungmin Kang & Per G. Svensson, "A Framing Analysis of Organizational Communications in Sport for Development", *Managing Sport and Leisure*, Vol. 25, No. 2, August 2021.

Shulman J. L., Bowen W. G., *The Game of Life: College Sports and Education Values*, Princeton: Princeton University Press, 2011.

Smith R., *Sports and Freedom: The Rise of Big-Time College Athletics*, New York: Oxford University Press, 1988.

Stylianou Michalis, Kulinna Pamela Hodges, Cothran Donetta, et al., "Physical Education Teacher' Metaphors of Teaching and Learning", *Journal of Teaching in Physical Education*, Vol. 32, No. 1, January 2013.

Susan Capel, Sid Hayes, Will Katene, et al., "Philipa Velija: The Interaction of Factors Which Influence Secondary Student Physical Education Teacher' Knowledge and Development as Teachers", *European Physical Education Review*, Vol. 17, No. 2, March 2011.

Varvasovszky, Zsuzsa & Brugha, Ruairi, "Stakeholder Analysis", *Health Policy and Planning*, Vol. 15, No. 3, May 2000.

Wilson OWA, Walters S. R., Naylor M. E., Clarke J. C., "University Students' Negotiation of Physical Activity and Sport Participation Constraints", *Recreational Sports Journal*, Vol. 43, No. 2, March 2019.

Yüner, B. & Burgaz, B., "Evaluation of the Relationship Between School Governance and School Climate", *Education and Science*, Vol. 44, No. 3, March 2019.

四 报纸、网络文献类

罗志敏：《高校治理改革：怎么做才是"真改革"》，《光明日报》2015年6月23日第13版。

李旭炎：《完善大学治理结构》，《人民日报》2014年11月4日第7版。

习近平：《决胜全面建成小康社会　夺取新时代中国特色社会主义伟大胜利——在中国共产党第十九次全国代表大会上的报告》，《人民日报》

2017年10月28日第1版。

周叶中：《高度重视体育的育人功能（新论）》，《人民日报》2021年4月9日第7版。

《说说世界一流大学的体育与休闲》，https：//www. sohu. com/a/333881095_100006123。

《英国体育的骄傲：拉夫堡大学体育专业》，https：//www. douban. com/note/237159684。

《最爱运动的大学——巴斯大学》，https：//www. sohu. com/a/319585648_100057778。

张伯苓：《不懂体育者，不可以当校长》，https：//www. sohu. com/a/249352135_718721。

BUCS takes On Tokyo, https：//www. bucs. org. uk/resources - page/bucs - takes - on - tokyo. html.

College Sports proves Integral to Olympic Movement, https：//www. ncaa. org/about/resources/media - center/news/olympic - glory - starts - here.

Mark Considine, The Enterprise University & New Governance Dynamics, http：// www. fabian org. au/library/event、papers - 2001/1081757599 - 434. html, 2020 - 9 - 27.

NCAA Student - Athlete Insurance Programs National Collegiate Athletic Association. Home page, http：//www. ncaa. org, 2021 - 5 - 23.